▶ 国家自然科学基金"腐败，社会资本与权益资本成本"（项目编号：72072049）

▶ 国家自然科学基金"法律诉讼，社会网络与债务契约"（项目编号：71772154）

▶ 浙江省新兴（交叉）学科重大课题"新冠疫情背景下数字化助力民营企业纾困的机制和对策研究"（项目编号：21XXJC03ZD）

▶ 浙江省哲学社会科学规划领军人才培育课题"区块链支撑的数字经济高质量发展的关键要素与实现路径研究"（项目编号：22YJRC05ZD）

社会资本与信用债券契约

——理论和证据

肖作平　刘辰嫣◎著

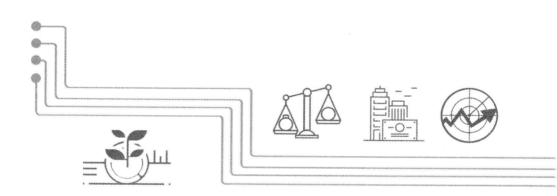

Social Capital and
Debenture Bond Contract:
Theory and Evidence

经济管理出版社
ECONOMY & MANAGEMENT PUBLISHING HOUSE

图书在版编目（CIP）数据

社会资本与信用债券契约：理论和证据 / 肖作平，刘辰嫣著. -- 北京：经济管理出版社，2024. -- ISBN 978-7-5096-9984-3

Ⅰ．F812.5

中国国家版本馆 CIP 数据核字第 2024E7X331 号

组稿编辑：曹　靖
责任编辑：郭　飞
责任印制：张莉琼
责任校对：陈　颖

出版发行：经济管理出版社
　　　　　（北京市海淀区北蜂窝 8 号中雅大厦 A 座 11 层　100038）
网　　址：www. E-mp. com. cn
电　　话：(010) 51915602
印　　刷：唐山昊达印刷有限公司
经　　销：新华书店
开　　本：720mm×1000mm/16
印　　张：22. 25
字　　数：342 千字
版　　次：2024 年 11 月第 1 版　　2024 年 11 月第 1 次印刷
书　　号：ISBN 978-7-5096-9984-3
定　　价：88. 00 元

前　言

　　债券发行是公司债务融资的重要来源之一。信息不对称以及证券发行人与资本提供者之间的利益冲突给资本提供者带来了巨大的信息和代理风险（Beatty 和 Ritter，1986）。这些风险表现为证券发行人与资本提供者之间存在股利支付、索取权稀释、资产替代和次级投资四类冲突（Bebchuk，2002）。契约理论认为，金融契约在缓解信息不对称和代理问题方面发挥着关键作用（Jensen 和 Meckling，1976；Smith 和 Warner，1979；Smith，1993；Tirole，2006）。金融契约通过根据未来事件在债权人和股东之间分配控制权来减缓契约的不完备性，以防止股东掠夺债权人财富（Chava 和 Roberts，2008）。契约对缔约方（投资者和发行人）的价值来源于债券契约限制内部人潜在机会主义行为的能力，如发行更高优先级的债券和投资净现值为负的项目（Miller 和 Reisel，2012；Nikolaev，2010）。通过限制这些行为，债券契约可以降低违约的可能性，或在违约的情况下增加追偿金额。债务融资正逐渐成为全球各国公司获取外部资金的最重要来源之一，尤其对股票市场不发达的新兴市场国家而言，债务融资的成交额度通常比股票成交额度大。中国是最大的新兴市场经济体，中国金融体系的特点之一是公司债券市场疲软，尽管公司债券市场发展很快（Pessarossi 和 Weill，2013）。为了缓解公司融资约束问题，政府相关部门积极发展公司债券、企业债券、中期票据和短期融资债券等信用债券融资工具。中国债券市场在服务经济、提升融资比重、支持融资供给侧改革方面发挥了巨大的作用。债券市场正逐渐成为中国企业获得资本的重要渠道，合理、规范地设计债券契约可以促进更大的经济增长。受经济周期性下行、行业政策调控等影响，债券违约事件频繁发生，违约债券规模快速增加。因此，在债券违约常态化背景下，非常有必要针对中国债券市场研究债券契约。这些为我们提供了一个市场化的环境来审视债券契约在新兴市场的作用。同时，由于债券契约实践的制度差异以及公司治理、公司融资和财务报告实践的模式和趋势差异，研究中国这样的主要新兴国家信用债券契约的使用具有重要的理论意义和实践意义。规范的债券契约如何合理设计不仅是金融监管部门、实务界和理论界共同关注的焦点，而且是中国债券市场建设实践亟待解决的关键问题。

关于债券契约的研究主要集中在三个方面：一是债券契约的治理效应；二是债券契约的影响因素；三是债券契约违约的后果。有关债券契约治理效应的研究主要集中在债券契约能够降低资本成本（Miller 和 Reisel，2012；Bradley 和 Roberts，2015；Mansi 等，2021）、财务困境成本（Lou 和 Otto，2020）和掠夺风险（Boubakri 和 Ghouma，2010），有利于公司获得债务资金（Billett 等，2007），提高会计稳健性（Nikolaev，2010）和公司投资水平（Jung 等，2016）。有关债券契约影响因素的研究主要集中在公司特征（Malitz，1986；Nash 等，2003）、正式制度（法律制度）（Qi 和 Wald，2008；Qi 等，2011；Awartani 等，2016）和公司治理因素上（Chava 等，2010；Honigsberg 等，2014；Lin 等，2023）。此外，还有部分文献探讨了债券契约违约的后果（Nini 等，2012；Bhaskar 等，2017）。

近年来，大量文献研究了重要的非正式制度（社会资本）对公司财务行为的影响（Jha 和 Chen，2015；Jin 等，2017；Habib 和 Hasan，2017；Jha，2019；Ferris 等，2017a，2017b；Ferris 等，2019；Davaadorj，2019；Hoi 等，2023；Chowdhury 等，2024）。这些研究表明社会资本在公司财务学、会计学中的重要性。然而，社会资本究竟如何影响债券契约的研究仍处于初步阶段。现有文献主要聚焦社会资本对融资便利性、融资约束和权益资本成本等融资行为的影响（Houston 和 James，2001；Itzkowitz，

2015；Gupta 等，2018）。最近的研究开始关注社会资本对贷款契约的影响（Hasan 等，2017a；Fogel 等，2018），但鲜有文献关注社会资本对债券契约的影响，尤其是债券契约的非价格条款。

由于文化和制度的差异，西方发达国家开发出来的公司融资理论可能并不适用于新兴市场经济体，非正式制度（如"关系"）通常被视为证实制度（如法律）的替代机制，从而促进金融交易顺利进行（Allen 等，2005）。中国经常被认为是金融和经济增长文献中的反例。中国涉及金融的法律和监管制度相对薄弱，但中国依旧是世界上增长最快的经济体之一（Allen 等，2005）。考虑到中国强劲的经济增长和相关的制度结构，人们感到困惑："中国如何在保持（这样）制度秩序的同时实现快速增长？"尽管这个有趣的谜题有很多答案，但部分答案似乎在于管理者培养的跨越组织边界的人际关系，这种"关系"可作为正式制度的替代品，并在动荡环境中获得资源（Peng 和 Heath，1996）。在法律、法规等正式制度约束较弱的环境中，非正式制度（如社会资本）在促进经济增长方面可能发挥更重要作用，从而对公司行为产生重大影响。Antonio 和 Santos（2004）认为，在商业过程中"关系"（或社会网络）是正式制度发展或正式合同的替代品。Guiso 等（2004a）认为，在法律执行力较弱的国家，社会资本与金融发展之间的正向关系更强。在中国，社会规范、商业文化和法制外的机制在促进高水平经济活动方面发挥了重要作用（Allen 等，2005）。与西方社会相比，中国的转型过程带来了更具有活力的社会交流。中国的社会交往深深植根于当地的文化和历史传统。尽管世界各地的企业管理者都投入大量的时间和精力来培养人际关系，但中国的企业管理者可能更依赖个人关系的培养来应对他们处境的紧急情况。因此，中国可能是探索"关系"的一个理想研究实验室（Peng 和 Luo，2000）。中国的一个显著特征是在经济发展中对"关系"管理的重视。中国社会是一个典型的关系型社会，非常重视非正式制度的潜在规则（Yeung 和 Tung，1996）。Talavera 等（2012）指出，中国正处于经济转轨时期，金融交易的关系型导向更为明显。中国自古以来就是一个关系型社会，各种社会关系的建立和维护有利于获取稀缺资源，对企业的经营和发展有着至关重要的作用（饶品贵和徐子慧，2017）。这一理想研究实验室为检验社会资本与债券契约之间关系提供难得的机会，使我们对社会资本如何影响债券契约的研究感兴趣。作为一种关键的非正式机制，社会资本通过社会网络关系构建资源互利共享的合作机制，把资源连接成一个有机整体（Durlauf，2002）。在经济转型时期的中国，市场环境深受各种问题的困扰，而社会资本作为正式制度的一种替代机制，有助于限制机会主义行为（Coleman，1988；Gupta 等，2018；Mun 等，2024），约束自利行为（Knack 和 Keefer，1997），克服"搭便车"问题（Guiso 等，2008）和有效执行社区规范（Spagnolo，1999），并通过多种途径给企业带来融资优势（Haselmann 等，2018）。信息和代理冲突的存在造成金融摩擦（信息和代理问题），形成缔约双方的交易壁垒（Benson 等，2018）。作为信息流动的一种有效途径，社会资本在信息不对称的不完全交易中支持信任交易（Knack 和 Keefer，1997），传播知识、思想、文化和技能（Fracassi，2017），提高公司声誉，惩罚网络成员的越轨行为（Burt，1992；Putnam，1993）。此外，社会资本所带来的信任和声誉机制可以保障金融契约的执行力（Ferris 等，2017a）。社会资本的信任、信息流动、惩罚和声誉等机制能够缓解金融摩擦，降低金融契约的执行成本，因此可能在债券契约中发挥重要作用。由此可见，契约理论的确需要持续不断地吸收和借鉴相关社会学理论才能得到更好的发展。在中国，研究社会资本与债券契约之间的关系具有重要的理论意义和现实意义。

本书立足中国债券市场，构建了一个描述社会资本如何影响信用债券契约的理论架构，用经验检验社会资本对信用债券契约的影响，以及社会资本影响信用债券契约的渠道机制，并进行内生性、稳健性检验和异质性分析。综上研究，使我们能够深刻理解社会资本在信用债券契约中的作用机理，提升人们对信用债券契约如何受社会资本影响的理解，拓展公司金融学、制度经济学和社会学之间的跨学科交叉研究，充实现代公司金融理论体系。在理论和实证研究的基础上，针对这些研究对象，结合制度比较和专家咨询，提出解决方案，为公司管理者和债券投资者等市场参与者有效防范债券契约违约、提升债券契约效率和改善债券契约完备性等方面提供政策建议，为金融监管者制定监管政策提供启示，推动融资规范化进程，促进债券市场健康发展。

全书共分7章：

第1章 导论。本章主要论述研究背景及研究意义、研究的主要内容及框架、研究方法，以及研究的创新和学术贡献等。

第2章 文献研究综述。本章对相关研究文献进行系统综述，分别从债券契约的理论和实证研究以及社会资本的理论和实证研究等方面展开综述，评价现有研究文献存在的问题和不足之处，掌握国内外研究脉络和研究动态。

第3章 中国融资制度背景。本章对中国的融资制度背景进行系统分析，主要从社会资本（非正式制度）、法律制度、经济政策不确定和融资体系等方面深入展开分析，并进行国际比较，以便为解释信用债券契约条款提供现实背景和依据，有助于我们深刻了解信用债券契约条款影响因素背后的经济力量。

第4章 中国信用债券契约特征。本章对中国的信用债券契约特征进行分析，主要从中国信用债券发展历程、信用债券市场发展特征、信用债券发行现状以及债券契约特殊性条款等展开讨论，并与美国债券市场的特殊性条款进行国际比较，以便对中国的信用债券契约特征有整体的认识。

第5章 社会资本影响信用债券契约的理论研究。根据信息不对称理论、委托代理理论、制度经济学理论、债券契约理论和社会资本理论等，理论分析社会资本影响信用债券契约（包括价格条款和非价格条款）的作用机理，提出研究假设。本章主要从社会资本的信任、信息流动、声誉和惩罚等机制视角理论分析社会资本与信用债券契约之间的关系。社会资本不仅促进了信任、信息交流和声誉，也抑制了公司内部人机会主义行为，还能为公司融资提供隐性担保，可作为正式和非正式借贷安排中的社会抵押品，帮助公司获得融资资源。社会资本可被视为社会监控系统，促进债券发行人和债券投资者之间的信任和合作，缓解市场摩擦（信息和代理冲突），帮助公司签订宽松的债券契约。

第6章 社会资本影响信用债券契约的实证研究。本章根据前面的理论分析，实证检验社会资本对信用债券契约的影响。构建计量经济模型，应用普通最小二乘法（OLS）、倾向匹配得分（PSM）、二阶段最小二乘法（2SLS）、Heckman 两阶段检验和工具变量（IV）等方法实证研究社会资本如何影响信用债券契约，以及社会资本影响信用债券契约的渠道（信息透明度和公司治理），并进行异质性分析、内生性检验和稳健性检验。

第7章 结论。在上述各章基础上，总结本书的主要研究结论，并根据本书所获得的结果，结合制度比较和专家咨询，为债券投资者利益保护、公司管理者社会关系网络的建设和维护、公司信用债券契约条款的设计、政府监管部门相关政策的制定和债券市场的高质量发展等提出政策性建议。

本书研究发现：

第一，中国的银行主导了整体融资体系，直接融资占比低，间接融资占比高；直接融资结构中，直接融资以债券融资为主，权益融资占比低；在债券市场结构中，政府债券和金融债券占比高，非金融企业债券占比相对较低。

第二，中国债券市场发行规模最大的是超短期融资债券，对短期债券融资有强烈需求；中国银行间市场在信用债发行上占据主力地位；中国信用债券的信用评级普遍存在等级虚高，发债主体信用级别分化程度较小；中国早期信用债券的特殊性条款存在部分条款实施条件模糊不清、条款设计较为单一等问题。

第三，高级管理者社会资本越丰富，债券信用利差越低。这表明在中国的社会文化背景下，高级管理者的社会关系网络在债券契约定价中扮演着重要角色，特别是在信息披露机制不完善的情况下，社会资本可以有效地传递信息，减缓代理问题，减少债券投资者对其信用风险的担忧，从而降低债券投资者要求的债券信用利差。

第四，高级管理者社会资本越丰富，信用债券发行规模越大。这表明在一个关系型社会中，高级管理者的社会关系网络在公司融资活动中扮演着重要角色，通过利用其广泛的社会关系网络，能帮助公司获得更多的融资资源，并在债券市场上募集到更多的资金。

　　第五，高级管理者社会资本越丰富，信用债券契约特殊性条款越少。这表明在中国，高级管理者的社会资本作为缓解金融摩擦的一种重要的非正式机制对信用债券契约特殊性条款产生积极的作用，社会资本越丰富，金融摩擦越少，债券投资者对公司的信任度越高，从而减少了对严格监督和控制的需求，进而减少了信用债券契约特殊性条款数量。

　　第六，高级管理者社会资本通过缓解信息不对称和改善公司治理两条路径影响债券契约。这表明高级管理者的社会资本有助于缓解金融摩擦，减缓信息不对称问题，限制管理者机会行为和克服"搭便车"问题，从而帮助公司获得宽松的债券契约条款。

　　第七，在破产风险高、行业集中度高，以及债券违约多的行业所处的公司，高级管理者社会资本与信用债券契约之间的关系更明显，尤其是债券信用利差和信用债券契约特殊性条款。这表明高级管理者社会资本与信用债券契约之间的关系因破产风险、债券违约和行业集中存在差异，社会资本在破产风险高、债券违约多和行业集中度高的环境中，社会资本更能充分地发挥对信用债券契约的作用。

　　本书的创新和学术贡献主要体现在：

　　第一，在理论思想上的创新。本书从非正式制度（社会资本）视角开展债券契约研究，搭建一个描述社会资本与信用债券契约之间关系的理论框架，并探索社会资本影响信用债券契约的渠道机制。债券发行人往往会利用私人信息从事掠夺债券投资者财富行为，从而导致逆向选择和道德风险等经典的契约问题。本书重点关注社会资本在信用债券契约设计中的作用。先前文献考察了社会资本与金融契约之间的关系，但主要聚焦贷款契约。最近的研究开始关注社会资本与债券契约之间的关系，但主要集中在债券契约的价格条款（利率）。唯一例外的是，Cao 和 Xie（2021）研究了一国的信任水平与债券契约特殊性条款之间的关系，但该研究只涉及社会资本中社会规范的信任水平，没有考虑社会资本中的网络结构。本书将为债券契约文献提供重要、新颖的贡献。本书通过把非正式制度（社会资本）与信用债券契约，尤其是非价格条款（如特殊性条款）联系起来，从而为我们深刻了解非正式机制（社会资本）如何影响债券契约的设计，拓展先前的研究文献，探讨公司金融学、制度经济学和社会学之间的跨学科交叉问题，研究视角和研究思想新颖、独特。

第二，在研究设计上的创新。本书在理论分析社会资本如何影响信用债券契约的基础上，构建计量经济模型实证检验社会资本如何影响信用债券契约，以及社会资本影响信用债券契约的渠道（信息透明度和公司治理），进行相关异质性分析。此外，本书采用倾向得分匹配（PSM）、工具变量（IV）、Heckman 两阶段模型等方法对系统内生性问题进行检验，并进行一系列稳健性检验等。

第三，在变量设计上的创新。关于解释变量——社会资本，国内先前的研究主要聚焦社会连带，鲜有文献考虑社会网络结构。考虑到中国社会是"差序格局"或人情关系社会，本书对社会资本的度量聚集网络结构，分别构建了社会网络的点度中心度、中介中心度和特征向量中心度，并采用主成分分析法，构建了综合中心度指标来度量社会网络关系。关于被解释变量——信用债券契约，国内先前的研究主要考虑债券契约的价格条款（利率），较少考虑债券契约的非价格条款，尤其是债券契约的特殊性条款。本书全面考察了债券契约的价格条款和非价格条款，包括债券信用利差、债券发行规模和债券契约特殊性条款。

第四，先前的研究表明，各国的价值观、社会规范和态度各不相同（Knack 和 Keefer，1997），本书分析了社会资本如何在与西方发达国家不同的制度背景下影响公司融资行为。因此，本书对社会资本和债券契约之间关系的有限文献做出了贡献。此外，本书发现经验证据也可以增加关于非正式制度和价值观对公司融资行为影响的不断增长的文献流。先前的研究强调正式制度、公司治理机制和信息质量在债券契约中的重要性

（Miller 和 Puthenpurackal，2002；Bhojraj 和 Sengupta，2003；Ortiz-Molina，2006；Cremers 等，2007；Boubakri 和 Ghouma，2010；Mansi 等，2011；Chen 等，2013）。与上述研究不同，本书考虑了非正式机制（社会资本）是否在债券契约中发挥重要作用。

第五，近年来，社会资本等非正式机制越来越受到监管机构、投资者和其他企业利益相关者的关注（Lawrence 等，2011；Akbas 等，2016）。在这方面的研究中，本书试图通过调查高级管理者社会资本对信用债券契约的影响来填补文献空白。本书的研究建立在越来越多的文献基础上，将高级管理者社会资本与经济行为联系起来。最近的研究记录了社会资本对公司各种决策活动的重大影响，包括公司绩效、投融资政策、股利政策、现金持有量、财务报告质量、风险承担、欺诈和贷款契约等（Peng 和 Luo，2000；Guiso 等，2004a；Jha，2013；Jha 和 Chen，2015；Habib 和 Hasan，2017；Fogel 等，2018；Ferris 等，2019；Gao 和 Xie，2021；Hoi 等，2023），但我们对社会资本如何影响债券契约知之甚少，尤其是债券契约的非价格条款。据我们所知，这是第一项评估中国上市公司高级管理者社会资本与信用债券契约（尤其是非价格条款）直接联系的研究，扩展和补充了社会资本的研究文献，以及为社会环境如何影响债券契约的文献做出了贡献。

目　录

第1章 导论

1.1 研究背景及研究意义

1.1.1 研究背景

公司实际上是由一系列契约组成的联合体（Jensen 和 Meckling，1976），债券契约就是这一契约联合体中极其重要的一种，其规范程度或完备程度决定了债券发行人和债券持有者之间的风险。详细写明债券发行事宜、发行人义务和投资者权益。主要包括价格（利率）和非价格条款（如特殊性条款等）。债券发行人和债券持有者在缔结契约时，通常会通过价格条款和非价格条款来维护自身利益，以保证契约的公正性。债券契约理论阐述了债券契约的核心原理：债券发行人与债券持有者之间存在股利支付、权益稀释、资产置换和次级投资四类冲突，理性的债券持有者能够识别股东实施自利行为的动机，通过设计合理的契约条款缓解代理冲突（Smith 和 Warner，1979）。债券融资正逐渐成为全球各国公司获取外部资金的最重要来源之一，尤其对新兴市场国家而言。信息不对称以及证券发行人与资本提供者之间的利益冲突给资本提供者带来了巨大的信息和代理风险（Beatty 和 Ritter，1986）。这些风险表现为证券发行人与资本提供者之间存在股利支付、索取权稀释、资产替代和次级投资四类冲突（Bebchuk，2002）。契约理论认为，债券契约在缓解市场摩擦（信息不对称和代理问题）中发挥关键的作用（Smith 和 Warner，1979）。债券契约通过根据未来事件在债券持有者和股东之间分配控制权来减缓契约的不完备性，以防止股东掠夺债权人财富（Chava 和 Roberts，2008）。契约对缔约方（投资者和发行人）的价值来源于契约条款限制内部人潜在机会主义行为的能力，如发行更高优先级债券和投资净现值为负的项目（Nikolaev，2010）。通过限制这些行为，契约可以降低违约可能性，或在违约情况下增加追偿金额。作为主要新兴市场经济体，中国金融体系的特点之一是资本市场发展不平衡，债券市场发展相对疲软（肖作平和廖理，2007）。近年来，为了缓解公司融资约束问题，政府相关部门积极发展公司债券、企业债券、中期票据和短期融资债券等信用债券融资工具，并出台一系列规范文件。例如，2004 年 1 月，国务院印发的《关于推进资本市场改革开放和稳定发展的若干意见》中认识到资本市场的有用性和发展公司债券市场的重要性。2007 年 8 月，证监会颁布的《公司债券发行试点办法》为公司债的发行提供了发行指导，中国第一只公司债（长江电力债）正式发行。这项重大改革极大地改变了中国债券市场的规则，被视为债券市场发展的里程碑。2008 年 12 月，国务院办公厅发布的《关于当前金融促进经济发展的若干意见》指出，要"扩大债券发行规模，积极发展企业债、公司债、短期融资券和中期票据等债务融资工具"。2014 年 5 月，国务院办公厅发布的《关于进一步促进资本市场健康发展的若干意见》中为债券市场的规范发展提供若干指导建议。2015 年 1 月证监会发布的《公司债券发行与交易管理办法》将加强市场监管、强化投资者保护作为主要内容，并对公司债契约条款作出引导性规定。随后，中国债券市场发展迅速，极大地改变了中国乃至全球的金融结构，现已成为世界第二大债券市场。据中国证券登记有限公司统计，2015 年公司债发行数量 472 只增至 2022 年的 3879 只，发行规模由 2015 年 1.00 万亿元攀升到 2022 年的 3.98 万亿元。债券市场正逐渐成为中国企业获得资金的重要渠道，在服务经济、提升融资比重和支持融资供给侧改革等方面发挥了巨大作用。合理、规范地设计债券契约可以促进更大的经济增长。值得注意的是，2014 年 3 月，上海"超日"未能支付利息，这是中国首例公司债券违约，打破了中国债券市场刚性兑付现象。同年共发生 6 只债券违约，涉及 5 家发行公司，违约债券规模达 13 亿元。随后，受经济周期性下行、行业政策调控等的影响，债券违约事件频繁发生，违约债券规模快速增加。因此，在债券违约常态化背景下，非常有必要针对中国债券市场研究债券契约。据 WIND 统计，截至 2022 年 12 月 31 日，已有 624 只债券违约（不含展期），涉及 185 家发行公司，违约债券规模达 5520.80 亿元。因此，债券投资者会更加关注债券契约的设计和使用，以保护自身利益。这为我们提供一个市场化环境来审视债券契约在中国的作用。同时，由于债券契约实践的制度差异以及公司治理、公司融资和财务报告实践的模式和趋势差异，研究中国这样的主要新兴国家的债券契约问题具有重要的理论意义和实践意义。文献表明，金融摩擦（信息和代理问题）是不发达金融市场的主要问题（Nguyen 和 Ramachandran，2006）。如何设计合理、规范的债券契约以保护债券投资者利益，防范债券契约违约，不仅是金融监管部门、实务界和理论界共同关注的焦点，也是中国债券市场建设实践亟待解决的关键问题。

关于债券契约的研究主要集中在三个方面：一是债券契约的治理效应；二是债券契约的影响因素；三是债券契约违约的后果。有关债券契约治理效应的研究主要集中在债券契约能够降低资本成本（Miller 和 Reisel，2012）、财务困境成本（Lou 和 Otto，2020）和掠夺风险（Boubakri 和 Ghouma，2010），有利于公司获得债务资金（Billett 等，2007）和提高公司投资水平（Jung 等，2016）。有关债券契约影响因素的研究主要集中在公司特征（Malitz，1986；Nash 等，2003）、正式制度（法律制度）（Qi 和 Wald，2008；Qi 等，2011；Awartani 等，2016）和公司治理因素上（Chava 等，2010；Honigsberg 等，2014；Lin 等，2023）。此外，还有部分文献探讨了债券契约违约的后果（Nini 等，2012）。

近年来，大量文献研究了重要的非正式制度（社会资本）对公司财务行为的影响（Jha 和 Chen，2015；Jin 等，2017；Habib 和 Hasan，2017；Jha，2019；Ferris 等，2017a，2017b；Ferris 等，2019；Davaadorj，2019；Hoi 等，2023；Chowdhury 等，2024）。这些研究表明社会资本在公司财务学、会计学中的重要性。然而，社会资本究竟如何影响债券契约的研究仍处于初步阶段。现有文献主要聚焦社会资本对融资便利性、融资约束和权益资本成本等融资行为的影响（Houston 和 James，2001；Itzkowitz，2015；Gupta 等，2018）。最近的研究开始关注社会资本对贷款契约的影响（Hasan 等，2017a；Fogel 等，2018），但鲜有文献关注社会资本对债券契约的影响，尤其是债券契约的非价格条款。

由于文化和制度的差异，西方发达国家开发出来的公司融资理论可能并不适用于新兴市场经济体，非正式制度①通常被视为正式制度（如法律）的替代机制从而促进金融交易顺利进行（Allen 等，2005）。中国的投资者法律保护薄弱，但仍经历了高水平的经济增长。中国经常被认为是金融和经济增长文献中的反例。中国的金融体系虽然存在弱点，但中国依旧是世界上增长最快的经济体之一。Allen 等（2005）认为，在中国社会规范、商业文化和法制外的机制在促进高水平经济活动方面发挥了重要作用。Antonio 和 Santos（2004）认为，在商业过程中"关系"（或社会资本）是正式制度发展或正式合同的替代品。Guiso 等（2004a）认为，在法律执行力较低的国家，社会资本与金融发展之间的正向关系更强。中国的一个显著特征是在经济发展中对"关系"管理的重视。中国社会是一个典型的关系型社会，非常重视非正式制度（如"关系"）的潜在规则（Yeung 和 Tung，1996）。Talavera 等（2012）指出，中国正处于经济转轨

---

① 非正式制度，又称非正式约束、非正式规则，是指人们在长期社会交往过程中逐步形成，并得到社会认可的约定俗成、共同恪守的行为准则，包括价值信念、风俗习惯、文化传统、道德伦理、意识形态等。在非正式制度中，意识形态处于核心地位，因为它不仅可以蕴含价值观念、伦理规范、道德观念和风俗习性，而且还可以在形式上构成某种正式制度安排的"先验"模式。

时期，金融交易的关系型导向更为明显。中国自古以来就是一个关系型社会，各种社会关系的建立和维护有利于获取稀缺资源，对企业的经营和发展有着至关重要的作用（饶品贵和徐子慧，2017）。这一理想研究实验室为检验社会资本与债券契约之间关系提供了难得的机会，使我们对社会资本如何影响债券契约的研究感兴趣。社会资本作为一种重要的非正式制度，主要依靠社会网络关系将经济资源连接成一个有机的整体，从而形成一个资源共享和互利合作的机制。在经济转型时期的中国，市场环境深受人力和物质资源缺乏、管理不善与司法系统效率低下的困扰，而社会资本作为正式制度的一种替代机制，有助于限制机会主义行为（Coleman，1988）、约束自利行为（Knack 和 Keefer，1997）、克服"搭便车"问题（Guiso 等，2008）和有效执行社区规范（Spagnolo，1999），并通过多种途径给企业带来融资优势（Haselmann 等，2018）。由于信息和代理冲突的存在造成金融摩擦，形成缔约双方的交易壁垒（Benson 等，2018）。作为信息流动的一种有效途径，社会资本在高度信息不对称的不完全交易中支持信任交易（Knack 和 Keefer，1997），传播知识、思想、文化和技能（Fracassi，2017），提高公司声誉，惩罚网络成员的越轨行为（Burt，1992；Putnam，1993）。此外，社会资本所带来的信任和声誉机制可以保障金融契约的执行力（Ferris 等，2017a）。社会资本的信任、信息流动、惩罚和声誉等机制减少了金融摩擦，降低了金融契约的执行成本，因此可能在债券契约设计中发挥重要作用。众所周知，正式制度和公司治理在债券契约设计中扮演着重要角色。具体来说，先前的实证文献侧重于正式制度、公司治理/信息机制（管理者持股，大股东，信息质量、董事会结构和投资者法律保护）对债券契约的影响。然而，关于非正式机制（如社会资本）是否以及如何影响债券契约，目前尚无足够证据。正如 Davidsson 和 Honig（2003）所指出的，社会资本可以作为公司获取融资的关键因素。然而，如何理解社会资本在债券契约中的具体作用仍然存在许多未解之谜。由此可见，契约理论的确需要持续不断地吸收和借鉴相关社会学理论才能得到更好的发展。在中国，开展社会资本与债券契约之间关系研究具有重要的理论意义和实践意义。

本书把可能提高债券契约功效性的非正式制度（社会资本）纳入研究框架，探讨社会资本如何影响信用债券契约①，并进行了一系列的内生性检验（如 PSM、IV、2SLS 和 Heckman 两阶段等）、稳健性检验和相关异质性分析（包括基于破产风险、债券违约行业和行业集中度等异质性分析）。此外，本书实证检验了社会资本影响债券契约的渠道机制（信息透明度和公司治理）。本书的研究在一定程度上丰富了债券契约研究文献，提升我们对债券契约的理解。本书立足中国债券市场，系统研究社会资本与信用债券契约之间的关系，在一定程度上对既有研究文献提供有益的补充和拓展，丰富制度经济学、社会学和公司财务学的交叉学科研究。具体而言，本书将回答如下问题：①如何界定和度量社会资本？②社会资本如何影响信用债券契约？③社会资本影响信用债券契约的渠道机制有哪些？④社会资本对信用债券契约的影响因破产风险、债券违约和行业集中度的不同有何异同？这些无疑是中国债券市场发展过程中亟待回答和解决的理论问题和实践问题。在中国这样的主要新兴国家，开展社会资本与债券契约之间关系研究具有重要的理论意义和实践意义。

1.1.2　研究意义

1.1.2.1　理论意义

第一，有助于从社会资本视角拓展和深化非正式制度在信用债券契约中的作用机理研究，丰富社会学、制度经济学和公司财务学的交叉学科研究。近年来，社会资本和公司融资行为之间的跨学科研究正逐渐成为热点。作为正式制度的一种替代机制，社会资本能给公司带来筹资便利，主要体现在：首先，社会资本能够有效缓解金融契约中的信息不对称问题，从而影响公司融资行为；其次，社会资本有助于构建金融市场信任氛围，

---

①　信用债券主要包括公司债券、企业债券、中期票据和短期融资债券等。

弥补金融契约的不完备性，降低契约执行成本[1]；再次，社会资本能抑制公司内部人机会主义行为，克服"搭便车"问题，进而减缓缔约双方的代理问题；最后，社会资本能够为融资提供一种隐性担保，帮助公司获得融资资源和优惠的融资条件，促进信用关系良性发展。本书探讨社会资本在信用债券契约中的作用机理，为非正式制度（社会资本）和信用债券契约之间关系研究提供理论支持，拓展和充实社会学、制度经济学和公司财务学的交叉学科研究。

第二，有助于拓展和深化债券契约研究，丰富制度经济学、社会学和公司财务学的交叉学科研究，探讨债券契约研究的新视角、新思路，丰富现代公司金融理论体系。由于中国债券市场成立时间相对较短，与银行贷款、权益融资和商业信用等融资方式相比，国内目前关于信用债券契约的研究相对较少。本书以债券发行人与债券持有者之间的代理和信息问题为切入点，研究社会资本对信用债券契约（包括价格和非价格条款）的影响机理，丰富了社会资本的经济后果和信用债券契约影响因素的研究文献。

第三，由于数据收集问题，国内目前关于债券特殊性（限制性）条款的研究文献并不多见[2]。然而，债券契约的特殊性条款是债券契约的重要组成部分，能够有效地约束债券发行人的机会主义行为，减缓代理冲突。本书在系统研究信用债券契约特殊性条款类型的基础，进一步研究社会资本对信用债券契约特殊性条款强度的影响及其影响渠道机制，有助于丰富非正式制度（社会资本）在信用债券契约特殊性条款中的应用，拓

---

① 在美国金融协会（AFA）主席的就职演讲中，Diamond（2004）提出了一个重要的问题：在契约执行成本较高的环境中，如何提供外部融资？当公司濒临破产时，执行成本将降低债权人应得的索取额，并因此提高了公司的外部融资成本。在极端情况下，这种执行成本甚至导致外部融资市场的彻底瓦解。考虑到大部分新兴市场的法律环境较弱，金融契约的执行不仅消耗成本而且耗费时间，金融契约的执行成本较高，这是一个非常重要的问题。

② 债券契约特殊性条例（又称限制性条款或保护性条款），是指发行人和债券持有人经过协商，在债券契约或募集说明书中，可以设置一些特殊性或限制性条款以及债券持有人权益，是债券契约的重要组成内容。

展中国债券市场中的特殊性条款研究文献。

1.1.2.2 实践意义

第一，债券契约能够缓解信息和代理问题，限制公司内部人机会主义行为，保护债券投资者利益。近年来，中国政府为推动债券市场发展和加强债券市场监管、强化债券投资者保护等出台了一系列政策和文件。如2008年出台的"金融30条"，提出要加大对金融市场的支持力度，扩大包括企业债、公司债、短期融资券等债券发行规模。2015年出台的《公司债券发行与交易管理办法》将加强市场监管、强化投资者保护作为主要内容。由此可见，中国金融监管部门对债券市场和投资者保护的重视程度越来越高。本书有助于为金融监管者、公司管理层和债券投资者等提供关于非正式制度（社会资本）在信用债券契约中的关键性作用的新见解，有助于市场参与者了解债券募集说明书中风险信息对债券投资者的影响，为制定后续的监管政策提供参考建议和启示，帮助公司管理层制定预防措施，防范债券契约违约，保证金融交易有效运行，促进债券市场健康发展。

第二，社会资本作为一种重要的非正式机制，通过信任、信息共享、惩罚和声誉等机制减缓金融摩擦，降低交易壁垒。由于历史和体制原因，中国的制度环境质量低下，投资者法律保护不健全，金融市场体系不完善，关系型交易在中国传统文化中占据重要地位。在中国，作为一种关键的非正式机制，社会资本已逐渐成为正式制度的自然替代，用正式机制（如法律）来替代非正式机制（如"关系"）需要一个过程。社会资本能够有效地弥补正式制度的不足以保证金融交易有效运行。因此，在中国必须同样重视社会资本在债券契约中的重要作用，鼓励公司建立良好的社会规范和网络。本书有助于探寻提高债券契约功效性的非正式制度因素，提高金融契约完备性，完善社会规范体系，保证信用关系良性发展，促进资源有效配置。

第三，中国正处于计划经济向市场经济转型时期，公司面临融资渠道狭窄和过度依赖银行贷款。面对这一问题，党中央明确提出"建立多层次资本市场体系",“大力发展债券市场是一项重要的战略任务",“积极稳妥发展债券市场,改变债券市场发展相对滞后的状况,促进资本市场协调发展"等。与此同时,国内关于公司债券契约的研究刚刚起步,先前有关金融契约的文献主要聚焦在银行贷款契约上。然而,相比银行而言,数量多、金额小的债券投资者面临更严重的道德风险和逆向选择问题。此外,债券通常交易广泛,债券契约违约往往是不可谈判的,对公司声誉造成不良影响,并最终可能导致公司破产。因此,债券投资者会更加依赖债券契约以保护自身利益,降低债券契约违约的可能性。因此,本书重点关注社会资本与信用债券契约之间关系,系统研究社会资本如何影响债券契约,包括债券契约的价格条款(利率)和非价格条款(如特殊性条款)。本书有助于公司管理层认识到培养社会关系网络的建设和维护的重要性,特别是在公司的融资领域,从社会关系网络中获得最大的利益,推动债券市场高质量发展。

1.2　研究的主要内容及框架

首先,本书在债券契约理论和实证研究,以及社会资本理论和实证研究等相关研究文献回顾的基础上,分析了中国的融资制度背景(包括法律制度、社会资本、经济政策不确定性、信用债券市场发展状况和融资体系等);其次,根据信息不对称理论、委托代理理论、制度经济学理论、公司财务学理论、社会资本理论和债券契约理论等,理论分析社会资本如何影响信用债券契约,在控制公司特征、公司治理、行业、年度和信用债券类型等因素下,应用普通最小二乘法(OLS)、倾向匹配得分(PSM)、二阶段最小二乘法(2SLS)、Heckman 两阶段检验和工具变量(IV)等方法实证研究社会资本对信用债券契约的影响,以及社会资本影响信用债券契约的渠道机制,并进行内生性、稳健性检验和异质性分析;最后,根据本书得出的研究结论，并结合制度比较和专家咨询，为债权投资者利益保护、监管部门相关监管政策的制定和债券市场的高质量发展等提出政策性建议。

本书的研究目标在于进一步增强制度经济学和社会学理论在公司财务学研究中的应用。第一，通过理论分析和实证检验社会资本与信用债券契约之间的关系，进一步将制度经济学和社会学研究拓展到公司财务学研究中；第二，通过揭示社会资本在债券契约中的作用机理，防范债券契约违约，促进信用关系良性发展，保护债券投资者利益。

本书立足中国债券市场，构建一个描述社会资本如何影响信用债券契约的理论架构，经验检验社会资本对信用债券契约的影响，以及社会资本影响信用债券契约的渠道机制，并进行内生性、稳健性检验和异质性分析。综上研究，使我们能够深刻理解社会资本在信用债券契约中的作用机理，提升人们对信用债券契约如何受社会资本影响的理解，拓展公司金融学、制度经济学和社会学之间的跨学科交叉研究，充实现代公司金融理论体系。在理论和实证研究的基础上，针对这些研究对象，结合制度比较和专家咨询，提出解决方案，为公司管理者和债券投资者等市场参与者有效防范债券契约违约、提升债券契约效率和改善债券契约完备性等提供政策建议，为金融监管者制定监管政策提供启示，推动公司融资规范化进程，促进债券市场健康发展。

具体而言，本书的主要内容分为7章：

第1章　导论。本章主要论述研究背景及研究意义、研究的主要内容及框架、研究方法，以及研究的创新和学术贡献等。

第2章　文献研究综述。本章对相关研究文献进行系统综述，分别从债券契约的理论和实证研究，以及社会资本的理论和实证研究等方面展开综述，评价现有研究文献存在的问题和不足之处，掌握国内外研究脉络和研究动态。

第3章　中国融资制度背景。本章对中国的融资制度背景进行系统分析，主要从非正式制度（社会资本）、法律制度、经济政策不确定和融资体系等方面深入展开分析，并进行国际比较，以便为解释信用债券契约提供现实背景和依据，有助于我们深刻了解信用债券契约影响因素背后的经济力量。

第 4 章 中国信用债券契约特征。本章剖析中国信用债券契约特征，主要从中国信用债券发展历程、信用债券市场发展特征、信用债券发行现状以及债券契约特殊性条款等展开讨论，并与美国债券市场的特殊性条款进行国际比较，以便对中国信用债券契约特征有整体的认识。

第 5 章 社会资本影响信用债券契约的理论研究。根据信息不对称理论、委托代理理论、制度经济学理论、公司财务学理论、社会资本理论和债券契约理论等，理论分析社会资本如何影响信用债券契约，提出研究假设。本章主要从社会资本的信任、信息流动、声誉和惩罚等机制视角理论分析社会资本与信用债券契约之间的关系。社会资本不仅促进了信任、信息交流和声誉，也抑制了公司内部人机会主义行为，还能为公司融资提供隐性担保，可作为正式和非正式借贷安排中的社会抵押品，帮助公司获得融资资源。社会资本可被视为社会监控系统，促进债券发行人和债券投资者之间的信任和合作，缓解市场摩擦（信息和代理冲突），帮助公司签订宽松的债券契约。

第 6 章 社会资本影响信用债券契约的实证研究。本章根据前面的理论分析，实证检验社会资本对信用债券契约的影响。构建计量经济模型，应用普通最小二乘法（OLS）、倾向匹配得分（PSM）、二阶段最小二乘法（2SLS）、Heckman 两阶段检验和工具变量（IV）等方法实证研究社会资本如何影响信用债券契约，以及社会资本影响信用债券契约的渠道机制（信息透明度和公司治理），并进行异质性分析、内生性检验和稳健性检验。

第 7 章 结论。在上述各章基础上，总结本书的主要研究结论，并根据本书所获得的结果，结合制度比较和专家咨询，为债券投资者利益保护、公司管理者社会关系网络的建设和维护、公司信用债券契约条款的设计、政府监管部门相关政策的制定和债券市场的高质量发展等提出政策性建议。

本书的技术路线如图 1-1 所示。

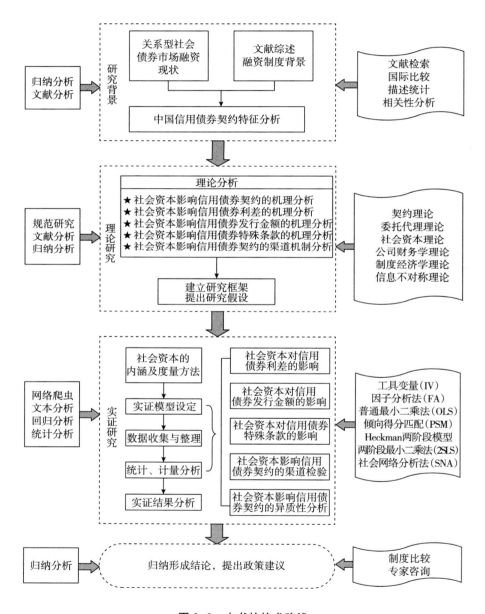

图 1-1　本书的技术路线

1.3　研究方法

本书涉及制度经济学、社会学和公司金融学的跨学科交叉研究，综合运用了制度经济学、社会学和公司金融学等相关学科所采用的前沿研究手段。本书主要采用理论和经验研究相结合的方法。具体包括：

第一，文献研究。收集、整理和阅读相关研究文献，系统掌握社会资本和债券契约相关领域的发展现状和趋势，厘清研究脉络，界定本书的增量贡献。

第二，规范研究方法。立足中国债券市场，应用信息不对称理论、委托代理理论、制度经济学理论、公司财务学理论、社会资本理论和债券契约理论等，搭建一个描述社会资本与信用债券契约之间关系的理论框架。

第三，社会网络分析法。通过构建和分析社会网络图，研究人际关系、信息传播的路径和网络中的重要节点，主要借助数学模型工具和综合运用图论等研究行动者（或称节点）与行动者、行动者与社会网络，以及社会网络与社会网络之间关系的一种结构分析方法。

第四，文本分析、网络爬虫。文本分析是一种运用计算机科学技术对文本数据进行相关处理的方法，如词频分析、语意分析、关系分析等。网络爬虫是一种按照一定的规则，自动地抓取万维网信息的程序或者脚本。

第五，实证研究方法。根据理论分析结果，采用大样本研究构建计量经济模型（如多元线性回归模型、中介传导模型等）实证检验社会资本如何影响信用债券契约条款。具体分析方法包括描述性统计、相关性分析、单变量分析、因子分析法（FA）、普通最小二乘法（OLS）、倾向匹配得分（PSM）、二阶段最小二乘法（2SLS）、Heckman 两阶段检验和工具变量（IV）等。

1.4　相关术语的定义

1.4.1　社会资本

社会资本是一个复杂的、无形的、多维的概念，在文献中有不同的定义。尽管关于社会资本的文献在过去几十年中一直在扩大，但仍然很难找到社会资本的独特定义①。根据社会学观点，社会资本表现在社会组织的特征中，如信任、规范和网络，它们可以通过促进协调行动来提高社会效率（Putnam，1993）。Portes（1995）② 将社会资本定义为个人凭借其在网络或更广泛的社会结构中的成员身份来控制稀缺资源的能力。这种能力被视为社会关系的产物，而不是个人的产物（Coleman，1990）。社会资本认识到经济过程的内在社会性质，由以下社会特征促进：①义务和期望。②规范和有效制裁。③权威关系。④家庭和友谊纽带。⑤志愿社会组织（Coleman，1990）。Coleman（1988）指出，社会资本使经济实体，如个人、社会团体、企业和政府以及它们所属的国家或区域经济，能够完成比没有这些资本禀赋时所能完成的更多事情。

总的来说，关于社会资本有三种观点：第一，侧重促进合作的非正式价值观、信念、态度、规范和社会信任，即社会规范（Fukuyama，1997；Guiso 等，2004a）；第二，侧重社会资本模型化为代理人之间的一组合作网络，以及个人或群体之间行为产生的利益预期，即社会网络，包括社会

---

① Alberto 和 Giuliano（2015）认为，社会资本的大多数定义并不满足成为"资本"所需的条件。根据 Solow（1999）的说法，在社会资本背后，必须有一个可识别的"投资"过程，它增加了存量，也可能有一个"贬值"过程，从存量中减去。

② Portes（1998）讨论了社会资本和其他形式的资本之间的区别。因此，主要区别在于经济资本在人们的银行账户中，人力资本在他们的头脑中，而社会资本则存在于他们的关系结构中。

连带和网络结构（Granovetter，1985；Coleman，1988；Burt，1992；Putnam，1993）；第三，将社会资本视为社会规范和社会网络的混合体（Woolcock，2001）。虽然来自不同学科的研究者对社会资本的定义有所不同，但社会规范或社会网络是这些定义的核心（Fukuyama，1997；Putnam，1993；Woolcock，2010）。

1.4.2　债券契约

契约的目的是规制未来的行为，以便在经济社会中形成更好的机制。债券契约是债券发行人和代表债券持有者利益的债券托管人之间签订的具有法律效力的协议。详细写明债券发行事宜、发行人义务和投资者权益。大多数债券契约条款是为保护债券持有人的利益而设置的。债券契约问题源于 Modigliani 和 Miller（1958）定理条件的放松，文献重点分析债券契约对于降低代理成本和提高经济效率的影响。财务经济学家认为债券契约的合理设计可以缓解信息和代理问题。比如，债券契约中增加限制性条款（Smith 和 Warner，1979；Myers，1977），包含限制股利支付或资产处置的契约，禁止发行优先证券；发行可转换公司债券或股票优先认股权证公司债券（Smith 和 Warner，1979；Mikkelson，1981）；发行可转换债券或具有保证条款债券（Jensen 和 Meckling，1976）；发行可赎回公司债券（Barnea 等，1985）；选择合理债券期限使负债与融资资产相匹配（Myers，1977）。

1.4.3　债券契约理论

债券契约理论是关于债券契约设计的总体方法，主要包括委托代理成本模型、信息不对称模型、公司控制权市场模型和不完全契约理论。成本（委托代理成本）契约假说认为，通过债券契约控制债券持有者与股东之间的冲突可以增加公司的价值（Smith 和 Warner，1979）。在信息不对称理论框架中，文献认为债券融资可被视为通过向市场提供可靠信号来减缓逆向选择问题（Akerlof，1970）。公司控制权市场模型中融资结构通过对投票权分配的影响进而影响接管竞争的结果。不完全契约理论认为，由于人们的有限理性、信息的不完全性，以及交易事项的不确定性，使得明晰所有的特殊权力的成本过高，拟定完全契约是不可能的，不完全契约是必然和经常存在的。

1.4.4　委托关系和代理成本

Jensen 和 Meckling（1976）将代理关系定义为一种契约，根据该契约，一个人或多个人（委托人）聘请另一个人（代理人）代表他们提供一些服务，这涉及将一些决策权委托给代理人。如果关系的双方都是效用最大化者，那么有充分的理由相信代理人并不总是以委托人的最佳利益行事。委托人可以通过为代理人制定适当的激励措施，并承担旨在限制代理人自由活动的监控成本，来限制与自身利益的分歧。代理成本是企业理论中契约理论的基石。Jensen 和 Meckling（1976）把代理成本定义为如下三种支出或损失的总和：①委托人的监督支出。②代理人的保证支出。③剩余损失①。即代理成本包括在利益冲突的各代理人之间建立、监督和组合一系列契约关系的成本以及契约实施的成本超过收益而造成的产值损失（Fama 和 Jensen，1983）。公司的代理冲突主要包括股东和管理层（Jensen 和 Meckling，1976；Jensen，1986）、股东与债权人（Jensen 和 Meckling，1976；Myers，1977）以及大股东和小股东之间的利益冲突（La Porta 等，1999）。

1.4.5　信息不对称

信息不对称是金融市场中的一个重要问题，尤其在债务融资中，股东与债权人之间的信息不对称可能导致市场失灵，影响企业的融资成本和条件（Stiglitz 和 Weiss，1981）。信息不对称导致的机会主义行为是经济学

---

①　代理人的决策与委托人福利最大化的决策之间会存在某些偏差。由于这种偏差，委托人的福利将遭受一定的货币损失，Jensen 和 Meckling（1976）把这种损失称为"剩余损失"。

中的经典问题，特别是在代理理论中得到了广泛讨论。这种不对称性使得拥有信息优势的一方可能采取机会主义行为，最大化自身利益，而不顾他方的利益。这种行为在代理关系中尤为突出，当代理人（通常是公司管理层）拥有比委托人（如股东）更多的内部信息时，他们可能会采取自利的行为，如过度消费、偷懒或者追求短期利益，而牺牲公司的长期价值（Jensen 和 Meckling，1976）。在公司财务学中，信息不对称是指公司的内部人，典型的是公司控股股东/高级管理者，比市场参与者对公司资产质量、公司盈利能力和投资机会等拥有更多信息这一观念。

1.4.6 公司治理

Berle 和 Means（1932）指出，美国公司的股权结构是普遍分散的，即尽管控制权集中在公司内部管理者手中，但所有权还是分散在小股东之间的。基于 Berle 和 Means（1932）"公司股权结构高度分散"的理论基础，公司治理的研究焦点主要集中于管理者与股东，以及股东与债权人之间的代理冲突上（Jensen 和 Meckling，1976；Grossman 和 Hart，1980；Fama 和 Jensen，1983）。近年来，大量文献对 Berle 和 Means（1932）的"股权结构分散"理论提出质疑并发现全球大多数国家的公司股权结构是高度集中的（La Porta 等，1999）。Berle 和 Means（1932）范式假设公司的所有权高度分散，实际控制权掌握在管理者手中，研究焦点是管理者的行为和激励，核心问题是管理者和股东，以及股东和债权人之间的利益冲突。La Porta 等（1999）范式则假设公司的所有权高度集中，公司控制权掌握在控制股东手中，研究焦点是控股股东的行为和激励，核心问题是控股股东和外部投资者（小股东/债权人）之间的利益冲突。

迄今为止，公司治理还没有一个统一的概念。如 Cochran 和 Wartick（1988）认为，"公司治理问题包括在管理者、股东、董事会和公司其他利益相关者的相互作用中产生的特定问题"。公司治理的核心问题：①谁从公司决策/高层管理者的行动中受益。②谁应该从公司决策/高层管理者的行动中受益？当两者存在矛盾时，公司治理问题就会出现。Blair

（1995）认为，狭义来说，公司治理是指有关公司董事会的功能、结构、股东权利等方面的制度安排。广义来说，公司治理是指有关公司控制权或剩余索取权分配的一整套法律、文化和制度性安排。Shleifer 和 Vishny（1997）认为，公司治理处理的关键问题是如何确保资本提供者自身可以获得的投资回报途径议题，即投资者利益保护。简而言之，公司治理是保证利益相关者权益的一整套制度安排。

1.5　研究的创新和学术贡献

本书是一项涉及制度经济学、社会学和公司财务学的交叉学科研究。本书的特色主要体现在：从非正式制度（社会资本）视角研究信用债券契约，包括债券契约的价格条款（利差）和非价格条款（如特殊性条款），理论和实证研究社会资本与信用债券契约之间的关系；通过理论分析与实证检验，揭示社会资本在债券契约中的作用机理，寻求有利于提高债券契约效率的非正式制度因素，防范债券契约违约，为相关研究文献提供有益的补充，推动制度经济学、社会学和公司财务学交叉学科研究的创新和发展。

本书的创新和学术贡献主要体现在以下五个方面：

第一，在理论思想上的创新。本书从非正式制度（社会资本）视角开展债券契约研究，搭建一个描述社会资本与信用债券契约之间关系的理论框架，并探索社会资本影响信用债券契约的渠道机制。债券发行人往往会利用私人信息从事掠夺债券投资者财富行为，从而导致逆向选择和道德风险等经典的契约问题。本书重点关注社会资本在信用债券契约中的作用。先前文献考察了社会资本与债务契约之间的关系，但主要聚焦贷款契约。最近的研究开始关注社会资本与债券契约之间的关系，但主要集中在债券契约的价格条款（利率）。唯一例外的是，Cao 和 Xie（2021）研究了一国的信任水平与债券契约限制性条款之间的关系，但该研究只涉及社会资本中社会规范的信任水平，没有考虑社会资本中的网络结构。本书将为债券契约文献提供重要、新颖的贡献。本书通过把非正式制度（社会资本）与信用债券契约，尤其是非价格条款（如特殊性条款）联系起来，从而为我们深入了解非正式制度（社会资本）在债券契约中的作用，拓展先前的研究文献，探讨制度经济学、社会学和公司财务学的交叉学科问题，研究视角和研究思想新颖、独特。

第二，在研究设计上的创新。本书在理论分析社会资本如何影响信用债券契约的基础上，构建计量经济模型实证检验社会资本如何影响信用债券契约，以及社会资本影响信用债券契约的渠道（信息透明度和公司治理），进行相关异质性分析。此外，本书采用倾向得分匹配（PSM）、工具变量（IV）、Heckman 两阶段模型等方法对系统内生性问题进行检验，并进行一系列稳健性检验等。

第三，在变量设计上的创新。关于解释变量——社会资本，国内先前的研究主要聚焦社会资本的社会连带，鲜有文献考虑社会资本的网络结构。考虑到中国社会是"差序格局"或人情关系社会，本书对社会资本的度量聚集网络结构，分别构建了社会资本的点度中心度、中介中心度和特征向量中心度，并采用主成分分析法，构建了综合中心度指标来度量社会资本。关于被解释变量——信用债券契约，国内先前的研究主要考虑债券契约的价格条款（利率），较少考虑债券契约的非价格条款，尤其是债券契约的特殊性条款。本书全面考察了债券契约的价格条款和非价格条款，包括债券信用利差、债券发行规模和债券契约特殊性条款。

第四，先前的研究表明，各国的价值观、社会规范和态度各不相同（Knack 和 Keefer，1997），本书分析了社会资本如何在与西方发达国家不同的制度背景下影响公司融资行为。因此，本书对社会资本和债券契约之间关系的有限文献做出了贡献。此外，本书发现的经验证据也可以增加关于非正式机制和价值观对公司融资行为影响的不断增长的文献流。先前的研究强调正式制度（法律制度）、公司治理机制和信息质量在债券契约中的重要性（Miller 和 Puthenpurackal，2002；Bhojraj 和 Sengupta，2003；Ortiz-Molina，2006；Cremers 等，2007；Boubakri 和 Ghouma，2010；Mansi 等，2011；Chen 等，2013）。与上述研究不同，本书的研究考虑了非正式机制（社会资本）是否在债券契约中发挥重要作用。

第五，近年来，社会资本等非正式机制越来越受到监管机构、投资者和其他企业利益相关者的关注（Lawrence 等，2011；Akbas 等，2016）。在这方面的研究中，本书试图通过调查高级管理者的社会资本对信用债券契约的影响来填补文献空白。本书的研究建立在越来越多的文献基础上，将高级管理者社会资本与经济行为联系起来。最近的研究记录了社会资本对公司各种决策活动的重大影响，包括公司绩效、投融资政策、股利政策、现金持有量、财务报告质量、风险承担、欺诈和银行贷款契约等（Peng 和 Luo，2000；Guiso 等，2004a；Jha，2013；Jha 和 Chen，2015；Habib 和 Hasan，2017；Fogel 等，2018；Ferris 等，2019；Gao 等，2021；Hoi 等，2023），但我们对社会资本如何影响债券契约知之甚少，尤其是债券契约的非价格条款。据我们所知，这是第一项评估中国上市公司高级管理者社会资本与信用债券契约（尤其是非价格条款）直接联系的研究，扩展和补充了社会资本的研究文献，以及为社会环境如何影响债券契约的文献做出了贡献。

第 2 章　文献研究综述

2.1　债券契约研究综述

契约的目的是规制未来的行为，以便在经济社会中形成更好的机制。债券契约理论是关于债券契约设计的总体方法。自 Smith 和 Warner（1979）正式提出债券契约理论以来，债券契约一直是金融研究的热点问题。先前有关债券契约的研究主要围绕其理论、治理效应、决定因素和违约后果等方面展开。

2.1.1　债券契约理论研究综述

债券契约问题源于 Modigliani 和 Miller（1958）定理条件的放松，文献重点分析债券契约对于减缓信息和代理问题，以及提高经济效率的影响。自 Modigliani 和 Miller（1958）的融资结构无关论以及 Stiglitz（1974）的债券期限无关性命题提出以来[①]，财务经济学家试图放松理论

[①]　在 Modigliani 和 Miller、Stiglitz 的模型中，假设公司的投资政策是固定的。只要公司总的净现金流量是固定的，公司价值就不会因保护性契约的存在或不存在而改变；在固定现金流量的情况下，契约给债券持有人带来的任何收益都是损失股东，反之亦然。契约只是改变了一组固定在公司索赔人身上的报酬的分配，而特定金融契约的选择与公司价值无关。

上的假设，将现代分析工具（如信息不对称理论、代理成本理论等）融入融资结构分析中，分析了市场不完备性对融资结构选择的影响（如交易成本、代理成本和信息不对称），提出了委托代理成本模型、信息不对称模型、公司控制权市场模型和不完全契约理论等，以对现实中的财务政策提供合理的解释①。

2.1.1.1 委托代理成本模型

契约关系理论将公司视为个人之间的一系列契约关系的集合。公司股东和债权人、公司股东和管理者之间充满了利益冲突。委托代理理论是对这些冲突的分析，是现在经济学文献的重要组成部分。成本（委托代理成本）契约假说认为，通过债券契约控制债券持有者与股东之间的利益冲突可以增加公司价值（Smith 和 Warner，1979）。债券契约被认为是成本高昂的。然而，债券契约即使涉及成本，也可以通过减少杠杆公司股东遵循不使公司价值最大化的政策而导致的机会损失，在债券发行时增加公司价值。此外，在债权稀释（仅涉及财富转移）情况下，如果契约降低了债券持有者监督股东的成本，收益将归公司的股东所有。有了这样的契约，公司债券发行的价值就更高。在成本契约假说下，存在一组唯一的最优金融契约，使公司价值最大化。然而，如果公司从未发行任何风险性债务，债券持有者与股东之间的冲突将得到解决，其相关成本将在没有金融契约的情况下降至零。但如果公司融资决策中有风险性债务是最佳选择，那么公司遵循这样的政策是代价高昂的。因此，成本契约假说的前提是将风险性债务纳入其中会带来好处。成本契约假说是 Jensen 和 Meckling（1976）、Myers（1977）工作的基础。基于代理成本的融资理论由 Jensen 和 Meckling（1976）正式提出，并由 Myers（1977）得到进一步发展。他们确立了两类融资代理冲突的情况。一是股东和管理者之间的利益冲突；

---

① 一旦脱离完美世界之后，如存在市场摩擦（信息不对称、代理成本和交易成本），融资结构政策必然会对公司价值以及一系列的财务政策产生重要的影响。

二是股东和债权人之间的利益冲突（Jensen 和 Meckling，1976）[1]。过度投资是前者的一个具体表现形式[2]。后者主要表现为两种具体形式：资产替代效应和投资不足问题。

　　Jensen 和 Meckling（1976）整合了代理理论、产权理论和金融理论的要素，发展了企业所有权结构理论。他们指出，代理成本和其他成本一样真实。代理成本的水平取决于成文法和普通法以及设计契约的人类创造力。与现代公司相关的法律和契约的复杂性都是历史过程的产物，在这个过程中，个人有强烈的动机将代理成本降至最低。为了说明与债务存在相关的激励效应，他们提供了一个框架，在这个框架内讨论了监督和担保成本、财富转移和代理成本的影响，考虑一个简单的情况，假设有一家经理所有的公司，在一个没有税收的世界里没有未偿债务。公司从两个相互排斥的等成本投资机会中选择一个机会，每个机会在未来（j=1，2）T 时期，产生随机收益 $\overline{X}_j$。生产和监控活动在时间 0 和时间 T 之间连续进行，在此期间，可以交易公司债权的市场持续开放。在时间 T 之后，公司没有生产活动，所以支付 $\overline{X}_j$ 包括所有剩余资产的分配。为简单起见，他们假设这两个分布是对数正态分布，并且具有相同的期望总收益 E（$\overline{X}$），其中 $\overline{X}$ 被定义为最终收益的对数。这些分布的不同之处在于它们的方差在 $\sigma_1^2 < \sigma_2^2$ 时，资本资产定价模型中每个分布的系统或协方差风险 β_j，假设是相同的。假设资产价格是根据资本资产定价模型确定的，上述假设意味着这些分布的总市值是相同的，用 V 表示这个值。

　　如果业主经理有权决定采取哪种投资计划，并且在他做出决定之后，他有机会以债务或股权的形式出售部分或全部投资结果，那么他将对这两种投资漠不关心。然而，如果股东有机会首先发行债券，然后决定采取哪

---

　　①　先前很多文献讨论了债权人和股东之间的利益冲突。如 Fama 和 Miller（1972）指出，在某些情况下，很容易构造出这样的例子，即最大化股东财富的生产计划不会最大化债券持有人财富；反之亦然。Black（1976）援引债券持有人与股东冲突的极端案例指出，对公司来说，没有比以股息形式支付所有资产，让债权人持有"空壳"更容易逃脱债务负担的方法了。

　　②　根据过度投资假设，管理者具有使公司成长超过最优规模和接受净现值为负数项目的激励。Jensen（1986）认为，当公司具有较多的自由现金流量和较少投资机会时，过度投资问题会加剧。

一种投资，最后在市场上出售全部或部分剩余的股权债权，他将不会再对两种投资漠不关心。原因是，通过承诺接受低方差项目并出售债券，然后接受高方差项目，他可以将财富从债券持有人转移到自己作为股权持有人身上。

设 X^* 为以无息债券形式出售给债券持有人的"固定"债权的金额，使得他们的总收益 R_j（$j=1$，2，表示经理选择的分配）为：

$$R_j = X^*, \quad if \overline{X}_j \geqslant X^* \tag{2-1}$$

$$R_j = X_j, \quad if \overline{X}_j \leqslant X^* \tag{2-2}$$

设 B_1 为投资 1 时债券持有人的当前市场价值，设 B_2 为投资 2 时债券持有人的当前市场价值。由于在这个例子中，公司的总价值 V 独立于投资选择和融资决策，使用期权定价模型来确定在每个选项下，债务 B_j 和权益 S_j 的价值推导了欧式看涨期权价值的解，并认为由此产生的期权定价方程可以用来确定杠杆公司的股权债权价值。也就是说，这样一家公司的股东可以被视为持有公司总价值的欧式看涨期权，行使价格等于 X^*（债务的面值）可在债务发行到期日行使。更简单地说，股东有权在时间 T 以 X^* 的价格从债券持有人手中买回公司。

随着结果分布方差的增加，股票的价值也会增加，并且由于两个分布仅在方差上不同，$\sigma_1^2 < \sigma_2^2$，因此权益价值 $S_1 < S_2$。这意味着 $B_1 > B_2$，因为 $B_1 = V - S_1$，$B_2 = V - S_2$。

如果业主经理可以出售票面价值为 X^* 债券的前提是潜在债券持有人相信这是分配 1 的索赔权，他将得到价格 B_1。出售债券后，他在分配 1 中的权益价值为 S_1。但我们知道 $S_2 > S_1$，因此管理者可以通过改变投资选择方差更大的分配 2 使自己更富有，从而将财富从债券持有人那里重新分配给自己。当然，所有这些都是假设债券持有人无法阻止他改变投资计划。如果债券持有人不能这样做，且假定他们认为经理有机会采取分配 2，他们将只向经理支付索赔 X^* 的 B_2，意识到他的最大化行为将导致他选择分配 2。在这种情况下，债券持有人和股东之间不会出现财富再分配

（一般来说，理性预期永远不会出现这种情况），也不会出现福利损失。然而，很容易构建这样一个例子，说明这些激励效应确实产生了实际成本。设上例中现金流分配 2 的期望值 $E(X_2)$ 小于分配 1 的期望值。然后，人们知道 $V_1 > V_2$，如果 $V = V_1 - V_2 = (S_1 - S_2) + (B_1 - B_2)$，相对于债券价值的减少足够小，那么股票的价值就会增加重新排列 V 的表达式，两种投资的股权价值之间的差异为 $S_2 - S_1 = (B_1 - B_2) - (V_1 - V_2)$，等式右边的 $(B_1 - B_2)$ 是从债券持有人"转移"的财富数量，$(V_1 - V_2)$ 是公司整体价值的减少。由于 $B_1 > B_2$，即使企业价值的减少，$(V_1 - V_2)$ 是正的，$(S_2 - S_1)$ 也可能是正的。同样地，只要债券持有人准确地认识到持股经理的动机和他采取项目 2 的机会，债券持有人实际上就不会损失。债券持有人会假设持股经理会接受投资 2，因此当债券发行时，债券投资者会为债券支付不超过 B_2。在这个简单的例子中，公司的减少价值 $(V_1 - V_2)$ 是发行债券产生的代理成本，它由股东——经理承担。如果股东可以用个人财富为项目提供资金，他显然会选择项目 1，因为假设项目 1 的投资支出与项目 2 相等，并且项目 1 的市场价值 V_1 更大。这种财富损失 $(V_1 - V_2)$ 是 Jensen 和 Meckling（1976）定义为代理成本的"剩余损失"部分，它是由筹集资金进行投资所需的合作产生的。债券契约规定，如果一项投资产生了大大高于债券面值的回报，股东可得到大部分回报。如果投资失败，由于有限责任，债券持有者将承担后果。股东具有强烈的动机参与那些成功后有望获得很高回报的活动（投资），即使这些活动的成功概率很低。如果结果良好，股东将获得大部分收益；如果结果不佳，债券持有者将承担大部分成本。这个效应称为"资产替代效应"，是债券融资的代理成本之一。

Myers（1977）、Barnea 等（1980）认为，与债券相关的代理成本导致存在最优的融资结构。尤其是债券契约中的短期债券能解决由于信息不对称和道德风险引起的股东和债券持有者之间的利益冲突。Smith 和 Warner（1979）研究了如何通过债券契约来控制债券持有人与股东之间的冲突。他们研究了实际债券契约中包含的各种限制性条款[1]。他们认为，由于投资、融资和股利政策是内生的，债券持有者和股东之间利益冲突的四个来源：股利支付、索赔稀释、资产替代和投资不足。股利支付、资产替代和投资不足都代表向股东转移财富的潜在机会。当这些机会可用时，公司的投资政策不能被视为固定的，因为它很可能会因风险性债券的存在而改变。如果股东采取使自己的索取价值最大化的行动，而不是公司总价值最大化，公司总价值可能会减少。然而，即使投资政策不能被视为固定的，也存在契约以外的机制，这些机制可能足以促使公司股东选择里拉（Lirm）价值最大化的生产/投资政策。

Myers（1977）提出的投资不足问题引起了公司财务研究领域的广泛关注，归因于公司融资结构中的未偿还债券[2]。在许多方面与 Jensen 和 Meckling（1976）对代理成本和最优融资结构的分析相类似。次优投资政策是由风险性债务引发的代理成本。然而，Jensen 和 Meckling 并没有强调这一特殊成本。Jensen 和 Meckling 的最优融资结构理论基于不同的现象。另外，Myers 与 Jensen 和 Meckling 的研究也有相似之处，因为分析最终基于传统上被视为市场缺陷的成本，特别是谈判、监督和执行合同的成本。Myers 指出，新投资的回报中有过多的部分将流向债权人。如果股东还持有可以在投资决策前以低成本重新谈判的债务，并且不能拆分其持有的公司证券，那么这种代理成本就会降低。Myers 认为，公司价值的很大一部分是由未来投资机会形式的无形资产组成的。如果债券持有人从接受项目

---

① 债券限制性条款（也称保护性条款或特殊性条款）是一项规定，如对股利支付的限制，限制公司在债券出售后采取特定行动。

② Myers 识别了由于投资不足和破产所引起的另一代理问题。当股东没有接受净现值为正的项目时，投资不足问题发生。他证明债券融资会引起投资不足问题，因为投资给债券持有者带来利益，而全部成本由股东承担。在公司近期可能破产时，即使有新的可以导致价值增加的项目，股东也不会有投资的激励，因为在濒临破产情况下，现有的破产程序可能使该项目的成本和风险全部由股东承担，但收益却大部分或全部被债券持有者优先占有。由于债务融资比例高的企业更易出现破产，因而他认为债务比例高的企业可能容易导致放弃净现值为正的项目，即产生投资不足问题，即所谓的债务高悬效应。在投资不足问题中，成长期权将不会被执行，因为由于债务高悬，股东将不提供权益为这些成长机会融资。

中获益，那么一家有未偿还债券的公司可能会有动机拒绝净现值为正的项目。股东和债券持有者之间产生代理问题是因为拥有风险性债券的公司具有拒绝部分有价值成长期权的动机。解决投资不足问题的机制之一就是公司融资结构。许多公司的资产特别是增长机会，可以被视为看涨期权。这种"实物期权"的价值取决于公司可自由支配的未来投资。发行风险性债务通过诱导次优投资策略或迫使公司及其债权人承担避免次优策略的成本，降低了持有实物期权的公司的当前市场价值。市值损失由公司现有股东承担。因此，在没有税收的情况下，最佳策略是不发行风险性债务。如果企业借贷有税收优势，最佳策略涉及以下两者之间的权衡。Myers 讨论了七种避免投资不足问题的成本①。例如，重新谈判并非不可能，只是代价高昂。重新谈判会产生直接成本，在财务困难的情况下，相互猜疑往往会加剧这种成本。如果不估计有关项目的净现值，债权人就无法明智地重新谈判。他们不能依赖管理层的估计，因为淡化机会的价值符合股东的利益。

　　Barnea 等（1980）系统分析了企业在债务融资中的实际做法和效果，探讨了债务融资中的债务期限结构和赎回条款，并基于代理理论框架，为这些复杂金融工具的存在提供了合理的解释。解决了由信息不对称、管理层风险激励以及错失未来增长机会等代理问题所导致的债务融资难题。通过构建理论模型，揭示了债务期限结构在解决信息不对称和管理层风险激励方面的作用，并指出了一种"最优"的债务期限结构，即债务期限应与资产期限相匹配，以最小化利率波动带来的不确定性。他们认为，通过缩短有效的债券期限，公司能够控制投资不足的问题，因为当短期债券的到期日早于成长期权的行权日时，公司就拥有重新签订契约和重新为债券定价的机会，这样重新投资所获得的回报就不会归于债权持有者。研究发现，短期债券期限能缓解债券融资的逆向风险动机或资产替代问题，因为

_____

① Myers 谈到了七种投资不足的措施：重写债务契约、再谈判债务契约、缩短债务期限、调解、股利约束、诚信是上策、监督和保护性契约条款避免投资不足的措施。

短期债券对风险转移的敏感度较低。因此，短期债券降低了股东投资高风险项目的动机。

Leland 和 Toft（1996）通过建立任意期限下最优杠杆和风险公司债券价格的模型为企业倾向于发行评级较高的短期债务提供了证据，这是因为短期债务带来的代理成本较低。虽然长期债务能够带来更多的税收优惠，但长期债务增加了股东选择更高风险的投资项目来替代原有项目的概率，这通常会损害债权人的利益，从而产生更高的代理成本，而这种潜在的代理成本可以通过使用短期债务大幅减少或消除，因为发行短期债券公司的股东一般不会有提高公司风险的动机，短期债券持有人不必通过要求更高的票面利率来保护自己免受错误激励，从而带来了更低的债券信用利差，因此在代理成本存在的情况下，风险较高的企业除使用更少的债务外，还应该发行更短期的债务。

债券持有者和股东之间的利益冲突可通过调整债券契约结构特征加以缓解。可以采取的几种形式：①增加限制性条款调整债券契约（Smith 和 Warner，1979），如包含限制股利支付或资产处置的契约。②有形资产的担保使债券融资获得安全性（Stulz 和 Johnson，1985）。③发行可转换债券或具有保证条款债券（Jensen 和 Meckling，1976）。④缩短债券到期日（Myers，1977）。

上述分析的委托代理成本（成本）契约模型主要是建立在债券持有者和股东之间的利益冲突上。而 Grossman 和 Hart（1982）、Jensen（1986）、Stulz（1990）、Harris 和 Raviv（1990）、Hart 和 Moore（1995）的分析主要集中在股东和管理者之间的代理冲突引起的投资过度问题上[①]。在 Jensen 和 Meckling（1976）的基础上，Grossman 和 Hart（1982）进一步研究了债券融资如何减缓企业家和经营者之间的代理冲突。他们把债券融资作为约束管理者的一种机制。模型的主要假设是管理

---

① Jensen、Stulz、Hart 和 Moore 认为债务融资能减缓自由现金流代理冲突问题，尤其是短期债务。

者拥有微乎其微的股权，融资结构的变化不会改变管理者直接从来自利润增加边际利益。相反，他们模型的主要激励来自避免破产的愿望。他们认为债券融资可作为对管理者自由度的检查。破产对管理者是有成本的。比如，使其失去控制利益或声誉，而债券可以创造一个使管理者更加努力工作的激励，消费更少的"额外津贴"和做出更好的投资决策等。通过发行债券，管理者会慎重地改变其激励以促使与股东激励相一致。因此，债券融资可作为减缓股东和管理者之间冲突的机制，即 Grossman 和 Hart（1982）所谓的债券担保机制。

Jensen（1986）指出，当组织产生大量自由现金流时[①]，股东和管理者之间在支出政策上的利益冲突尤其严重。问题在于如何激励管理者吐出现金，而不是以低于资本成本的价格进行投资，或者将其浪费在组织效率低下上。Jensen 发展的理论解释了债务融资在降低自由现金流代理成本方面的好处[②]，以及债务如何替代股利。拥有大量自由现金流的管理者可以增加股利或回购股票，从而支付本应该投资于低回报项目或浪费的流动现金。这使管理者可以控制未来自由现金流的使用，但他们可以通过宣布股息的"永久性"增加来承诺支付未来的现金流。然而，这样的承诺是虚弱的，因为未来股利可能会减少。资本市场通过大幅降低股价来惩罚股息削减的事实与自由现金流的代理成本是一致的。债务创造而不保留发行收益，使管理者能够有效地保证他们支付未来现金流的承诺。因此，债务可以有效地替代股息。通过发行债券以换取股票，管理者正在以一种简单的股息增加无法实现的方式兑现他们支付未来现金流的承诺。通过这样做，债务融资赋予接受债务的股东在不履行支付利息和本金的承诺的情况下将公司带入破产法庭的权利。因此，债务通过减少可供管理者自由支配的现金流，降低了自由现金流的代理成本。Jensen 指出，债务的控制效应在产生大量现金流但成长前景较低的组织，以及需要收缩的组织中更为重要。

---

　　① 自由现金流是指超过为所有按相关资本成本折现的净现值为正的项目提供资金所需的现金流。

　　② Jensen 称债务在监督管理者和提高组织效率的这些效应称为债务创造的"控制假说"。

在这些组织中，通过将现金流投资于不经济的项目来浪费现金流的压力最为严重。

Stulz（1990）构建了一个有三个日期的模型，研究了当管理者拥有股东没有的信息时，如何利用融资政策来限制其追求自身目标的能力。他证明，如果管理层倾向于过度投资，最优的融资政策可以降低股东承担的成本，这些政策取决于每个时期的现金流分布及其现值。他分析表明，公司的杠杆率在很大程度上取决于现金流的概率分布和公司的投资机会。特别是预期自由现金流为负但投资机会较差的公司的股东可能希望公司发行债券，这样管理层将控制更少的资源，而预期自由现金流量为正的投资机会良好公司的投资者，可能希望管理者筹集更多资金，以降低一些正的净现值投资机会得不到利用的可能性。越不稳定的现金流将使严重投资不足和过度的可能性变得越大，并降低了各级债券的公司价值。他指出，融资政策很重要，因为它降低了管理自由裁量权的代理成本。当管理层比股东更重视投资，并且拥有股东没有的信息时，就会产生这些成本。管理自由裁量权有两种成本：一是过度投资成本，这是由于管理层在某些情况下投资过多而产生的；二是管理层声称无法用内部资源为正净现值项目提供资金时缺乏信誉而导致的投资不足成本。一种债券融资问题要求管理者在现金流产生时支付资金降低了过度投资成本，但加剧了投资不足成本。权益发行增加了管理者控制下的资源，降低了投资不足成本，但加剧了过度投资成本。由于债券和权益发行降低了管理自由裁量权的成本，增加了另一个成本，因此公司的融资结构有一个独特的解决方案。研究表明，现金流的分配是逐期的，因为股东希望在每个时期优化管理控制下的资源，以最大化他们的财富。因此，这种方法可用于发展公司债券最佳期限的理论。此外，该分析为降低现金流波动的政策奠定了理论基础。随着特定时期现金流波动性的下降，管理层可用的资源与股东期望管理者拥有的资源存在显著差异的可能性越来越小。

Harris 和 Raviv（1990）开发了静态模型和动态模型。在静态模型中，他们考虑一劳永逸的债务水平选择。在动态模型中，他们研究了融资结构和对债务持有人的净支付随时间的演变。他们讨论了其模型对融资结构的影响，以及决定清算与重组的因素、重组后融资结构的变化、违约情况下清算的概率以及债务水平与违约概率之间的关系等问题。Harris 和 Raviv 提出了一种基于债务允许投资者约束管理的融资结构理论，并为此提供了有用的信息。在他们的模型中，投资者使用有关公司前景的信息来决定是清算公司还是继续当前的运营。他们假设，在任何情况下，管理者都不愿意清算公司，也不愿意向投资者提供可能导致这种结果的详细信息。因此，投资者利用债务来生成信息和监控管理。投资者从公司的付款能力和违约情况下的昂贵调查中收集信息。债务人利用其合法权利迫使管理层提供信息，并执行由此产生的高效清算决定。最佳债务金额是通过权衡信息价值和约束管理的机会与产生调查成本的可能性来确定的。

Hart 和 Moore（1995）构建了一个两期的模型分析了债务及其优先级在约束管理者行为方面的作用，模型证明一家金融机构现有资产的平均盈利能力越低，其长期债务水平就越高，且发行一套更复杂的债权，而不仅仅是优先债务和股权是最理想的，特别是发行不同优先级的债券，这为解释长期债务在遏制管理层过度行为方面发挥重要作用提供了证据。高盈利项目的融资不需要依靠过多的外部债务，如果公司很少或没有长期债务，管理层出于权力或帝国建设的原因很容易为一些净现值为负的项目融资，也就是过度投资，而不可延期的短期债务迫使管理层放弃资金，阻止经理以未来收益为抵押借款，为无利可图的投资提供资金。这种"债务抵押"效应使得管理层在决定投资时必须更加谨慎，因为任何不良投资都可能导致公司陷入财务困境，而这最大化了公司的市场价值，提高了公司的整体运营效率和盈利能力。同时，他们认为在某些情况下，长期债务和股权的简单组合可能不是最优的财务结构，通过发行不同优先级的债券，公司可以创造更复杂的资本结构，以更好地平衡股东和债权人的利益，同时减少利益冲突。

2.1.1.2 信息不对称理论

信息不对称理论作为信息经济学领域经典理论之一，最早由 Akerlof

（1970）提出。信息不对称理论是现代经济学中的一个重要理论，它揭示了在市场经济活动中各类人员对有关信息的了解存在差异。信息不对称是债券市场中的一个重要问题，尤其在债券融资中，债券持有者与股东之间的信息不对称可能导致市场失灵，影响债券融资成本和条件（Stiglitz和Weiss，1981）。基于信息不对称的融资理论由Ross（1977）正式提出，并由Myers和Majluf（1984）得到进一步发展。在信息不对称理论框架中，融资结构理论文献认为，债券融资可被视为通过向市场提供可靠信号来减缓逆向选择问题（Akerlof，1970）。总的说来，融资结构与不对称信息模型可分为四大类：一是信号模型（Ross，1977；Leland和Pyle，1977；Flannery，1986；Kale和Noe，1990）；二是啄食次序理论模型（Pecking Order Theory）（Myers，1984；Myers和Majluf，1984）；三是流动性风险假说（Diamond，1991a）；四是其他信号模型。

（1）信号模型。

信号模型的主要观点是在公司和市场投资者之间存在关于投资项目质量的不对称信息时，高质量（被低估）公司会通过选择高杠杆或短期债券来向市场传递信息，以减少信息不对称产生的成本。

Ross（1977）通过构建一系列假设和论证来阐述信息不对称条件下公司管理者如何通过选择融资结构来向市场传递内部信息，进而影响公司的市场价值。他认为公司的债务—权益比例不仅反映了其破产风险，还向市场传递了关于公司质量的信息，强调了管理者在选择融资结构（财务杠杆）时的考量，通过增加债务融资，管理者可以向市场传递企业具有良好盈利能力和低破产风险的信号，因为高债务水平意味着管理层对企业未来现金流的信心。基于上述条件，管理层激励计划和财务结构的选择就向市场发出了信息信号，管理层激励计划通常与企业的业绩挂钩，因此管理者有动机通过财务决策来最大化企业的市场价值，从而增加自己的收益。这种动机促使管理者在选择财务结构时考虑其对公司市场价值的影响。

在Leland和Pyle（1977）模型中，信息不对称性对企业财务结构和金融中介作用存在重大影响。在信息不对称的假设框架下，企业的融资选择会受到其影响，进而使金融中介机构会在信息不完全的市场中发挥作用。具体而言，市场上的信息不对称是理解企业融资决策和金融中介角色演变的关键。由于这种信息不对称性的存在，外部投资者在评估企业价值时会要求更高的风险溢价，从而提高了企业的融资成本。为了缓解这一成本，企业可能会选择通过特定的融资结构来向市场传递积极信号，或依赖金融中介机构来降低信息不对称带来的负面效应。信息不对称性增加了企业的融资成本，影响了融资方式的选择，可能导致逆向选择和道德风险问题，进而引发市场失灵和金融危机。在信息不对称较高的环境中，企业更倾向于依赖内部融资或债务融资，因为这两种方式相对于股权融资而言，能够减少因信息不对称而引起的价值低估问题。金融中介机构在缓解信息不对称方面发挥了重要作用。金融中介通过其专业知识和资源，能够更有效地评估企业的信用风险和盈利前景，从而降低了外部投资者与企业之间的信息不对称。这种作用不仅促进了资金的流动，也提高了金融市场的整体效率。

Flannery（1986）构建了一个两时期不完全信息动态博弈模型，假设企业在 t = 0 时拥有投资项目，并在 t = 1 和 t = 2 时面临融资决策，根据项目的上行概率，企业选择发行短期债务或长期债务，结果表现为信息不对称使得市场出现分离均衡和混同均衡，提出了在没有流动性风险的情况下，借款人私有信息对债务期限选择的影响。如果债券发行是无成本的，那么只有混同均衡是可能的，均衡结果导致投资者无法区别公司质量。然而，在交易成本的影响下，债务期限与公司风险正相关，质量好的公司会认为其长期债务可能会被低估，进而选择短期债务，而质量差的公司则做相反的选择，从而市场达到分离均衡。模型结果显示，信息不对称会影响企业风险性债务期限选择。具体而言，当资本市场投资者和企业内部人员对企业前景信息不一致时，企业如何通过债务期限的选择来传递内部信息。传统理论假设资本市场投资者与公司内部人员拥有相同的信息，但现实中信息不对称普遍存在。在信息不对称的情境下，债务期限的选择不再仅仅是融资结构的优化问题，而成为企业内部人员向市场传递企业质量信号的途径。Flannery 的信号假说认为，如果存在交易成本，风险较高的债券期限是一种有效的信号工具，因为高质量公司能向市场传递有关他们真实质量的信号。他证明，当内部人处于信息优势地位时，债券期限决策可以视为向外部投资者传递有关公司质量内部信息的信号工具。当存在交易成本时，由于无法承担频繁地发行新债替换旧债的成本，因而低质量公司倾向于规避短期债券。Flannery 的主要贡献在于揭示了信息不对称如何影响公司债务期限结构选择，并指出这种选择能够作为公司内部关于企业质量的信号，补充了早期信息不对称的相关研究。

Kale 和 Noe（1990）构建一个两期（三个时间点）的信号博弈模型，通过模拟市场对企业债务期限选择的反应，以及这些反应如何影响企业的内在价值和市场误定价。研究结果显示当企业价值变化独立时，短期债务和长期债务都是纳什序列混合均衡的结果，而当放松企业价值变化独立的假设时，展示了可能存在的一种分离均衡，其中高质量企业发行短期债务，而低质量企业发行长期债务，这种均衡反映了市场对企业类型（好或坏）和债务期限选择的识别。此外，在一些条件下，长期债务集中是普遍的神力（Divine）结果。企业债务期限选择不仅影响其自身的融资成本，还通过信号作用影响市场对其价值的评估。

（2）啄食次序理论模型。

Myers（1984）观察到公司偏好内部融资[1]，讨论了企业如何在债务和股权之间分配融资方式。他认为，现有的融资结构理论（如静态权衡理论和啄食顺序理论）都无法充分解释企业的实际融资行为。因此，他通过对比分析这两种理论，并结合经验证据，探讨企业融资结构的决策机制。Myers 详细阐述了静态权衡理论和啄食次序理论的基本观点和假设条件，并通过对比分析这两种理论，揭示了它们在解释企业实际融资行为方面的局限性和互补性。静态权衡理论的局限性体现在其对于假设的依赖、

---

① Donaldson（1961）注意到，管理者对靠公司内部融资来解决所需的资金具有强烈的偏好，除非万不得已，他们很少对外发行股票。

对融资结构考虑不足和市场变化对目标的影响，而啄食次序理论对融资选择顺序的过于绝对、缺乏量化分析，未将税收考虑在内。但是，静态权衡理论和啄食次序理论从不同角度解释了企业的资本结构选择行为。静态权衡理论侧重于成本收益的权衡，而啄食次序理论更多地考虑了企业融资的行为模式和偏好，因此两者在一定程度上可以相互补充，将两者结合起来进行综合分析，可能更有助于揭示企业资本结构选择的内在机理。

Myers 和 Majluf（1984）集中于公司如何为新投资融资问题上，探讨了当企业管理者拥有比外部投资者更多信息时，信息不对称对企业融资偏好及投资决策的实际影响。他们分析了在不同市场状态下，公司是否发行股票并投资，以及这些决策对股价和公司价值的影响。在管理者掌握更多企业内部信息的情况下，传统的融资与投资理论可能不再适用。Myers 和 Majluf 的模型预测到：①公司更倾向于内部融资，当需要外部融资时，债务融资优于股权融资。②发行股票的决定通常会降低股价，因为市场将其视为负面信号。③金融松弛使企业能够避免在不利市场条件下发行股票，从而保留有价值的投资机会。事前损失的价值随着所要求的股票发行规模的增加而增加。因此增加所需的投资或减少可用于该投资的闲置也会增加事前损失。④股息的变化与管理者对现有资产价值的估计高度相关。

（3）流动性风险假说。

Diamond（1991a）系统分析了在发行方拥有关于未来信用等级私人信息下的债券期限问题。借款人的项目为他们提供租金，而他们无法将租金分配给贷款人。最优的期限结构是在对短期期限的偏好和流动性风险①之间进行权衡。Diamond 调查了借款人如何选择期限结构，以及他们的选择如何取决于他们的信用评级。Diamond 建立了一个两时期模型来解释以下融资行为：作为一种程式化的事实，高信用评级的公司直接向投资者发行短期债务；信用评级较低的公司发行长期债券或通过银行等金融中介机构借款；评级较低的借款人的银行贷款期限相对较短；严重依赖短期

---

① 流动性风险是指借款人因出借人过度的清算激励而失去不可转让租金的风险。

债务的借款人是非常高和低评级的借款人的混合体，中等评级的借款人使用更多的长期债务。也就是说，信用等级高的借款人更喜欢短期债务，而信用等级较低的借款人更喜欢长期债务，评级较低的借款人只能发行短期债券。模型中有两个要素：第一，流动性风险。如果借款人是公司的唯一所有者，其不会选择这样做，借款人无法再融资，贷款人清算。从借款人的角度来看，短期出借人清算（不愿意为当前管理再融资）的频率太高，因为向出借人抵押未来租金存在限制：可以向出借人抵押的金额可能低于他们从清算中获得的价值，但未来租金总额超过清算价值。这些限制来自许多可能的来源：借款人的私人信息、道德风险和监控成本。这些契约问题意味着在再融资时，获得初始融资的困难依然存在，并可能导致过度清算。第二，借款人的私有信息。借款人是否愿意选择短期债务，从而使其融资成本受到新信息的影响，可能取决于私人信息。

（4）其他信号模型。

Diamond（1984）提出了一种最小化监控信息成本的金融中介理论，该理论有助于解决借款人和贷款人之间的激励问题。由于信息不对称的存在，借款人存在道德风险，借款人借到钱后可以用它们为所欲为，而金融合同对他们的约束能力是有限的。在引入了金融中介之后，金融中介可以作为存款人和贷款人之间的一个代理人来监督金融合同的实施情况。金融中介理论一般是建立在中介具有一定成本优势的基础上的，通过模型证明了相比于让存款人直接监督借款人，引入金融中介监督可以节约巨大的成本。即使在风险中性的经济体中，中介机构内部的多样化也有助于降低这些成本。在模型所假设的环境中，破产成本较高的债务契约是最优的。

Gale 和 Hellwing（1985）试图通过分析需要外部融资的公司和资金提供者之间的金融契约模型来弥补资本市场不完善的理论，在一个信息不对称的借贷模型中，证明了最优的、激励相容的债务契约是标准债务契约。不对称信息在 Gale 和 Hellwing 模型中起着至关重要的作用，就像它在隐式契约模型（ICM）中一样①。然而，与 ICM 不同的是，最初不知情的代理人可能会通过支付一笔积极的费用而获得通知，这可能取决于投资。不对称信息和观察状态的成本的结合导致了低效率，即使代理是风险中性的。在 ICM 中，需要风险规避来产生低效率。在 Gale 和 Hellwing 的模型中，不对称信息的影响直接落在股东和债券持有者之间的收入分配上，而仅间接地落在投资水平上。该模型可以解释为具有不对称信息和积极观察成本的风险分担的描述。他们得出结论：①在某些条件下，最优信用契约采取了与破产有关的标准金融契约的形式②，其中"破产"与观察状态的行为相一致。②他们研究了信贷定量配给发生的条件，即使公司的预算约束来自一个允许破产的最优契约，这种有效的需求失败也可能发生。③他们比较了最优契约与利率行为的结果，证实了均衡债务契约通常会涉及信贷配给。④流动性的缺乏是信贷配给问题的根源，因为如果公司的净财富足够大，足以为最佳投资融资，公司显然会选择这个水平的投资。在 Gale 和 Hellwig 的模型中，管理者被认为能够将任何未支付的收入据为己有，而投资者则无法观察到收入。如果支付了"验证成本"，则可以观察到收入。这些方法不考虑外部股权、未清算的违约或债务支付随时间的演变。

2.1.1.3　公司控制权市场模型

Williamson（1988）指出，债务和权益与其说是融资工具，不如说是控制和治理结构，选择适当的融资结构的问题类似于垂直整合的问题③。随着 20 世纪 80 年代接管活动的日益重要，资本交易不仅引起剩余收益分配问题，而且还引起剩余控制权分配问题，文献开始检查公司控制权市场和融资结构之间的关系。Stulz（1988）、Harris 和 Raviv（1988）、Israel

---

①　隐性契约是指对交易双方利益的维护，但并不出现在交易双方的正式契约中，而是作为一种双方心照不宣的、对双方有约束力的制度规则隐含在正式契约中的那一部分契约内容。

②　Gale 和 Hellwing 所说的标准债务契约指的是在公司有偿付能力时要求固定偿还，如果固定偿还无法支付的话，要求公司被宣布破产，并允许债权人从公司的资产中收回尽可能多的债务。

③　Willamson 说道，公司融资决定使用债务或股权来支持单个投资项目，这与制作或购买个别组件或子组件的垂直整合决策非常相似。

（1991）对该领域做出了重大贡献。在 Harris 和 Raviv（1988）、Stulz（1988）的模型中，融资结构通过对投票权分配的影响进而影响接管竞争的结果。在 Israel（1991）模型中，融资结构影响投票（权益）和无投票（债务）请求权之间现金流量的分配。Harris 和 Raviv（1991）对融资结构的控制权市场理论做了主要回顾。

Stulz（1988）探讨了管理层对投票权的控制会如何影响企业的融资政策以及企业价值，强调了管理层控制的投票权比例是影响公司股权结构的一个重要因素。基于此，Stulz 构建了一个模型来模拟管理层在不同情况下的决策及其对公司价值的影响。该模型假设管理层和外部股东之间的利益冲突仅仅来自成功的收购要约对管理层和外部股东福利的影响不同，管理者控制投票权的唯一原因是通过影响潜在竞购者的行为进而降低管理层失去控制权的可能性。具体而言，Stulz 发现当管理层面临外部收购威胁时，管理层控制的投票权比例的增加会降低要约收购成功的可能性，并增加要约收购时的溢价。管理层可以通过改变融资结构、公司技术转让、收购股东股权策略来改变其控制的投票比例。当管理层增加对投票权的控制时，股东财富会增加或减少取决于管理层对投票权的控制是小还是大。

Harris 和 Raviv（1988）分析了公司控制权争夺与融资结构之间的关系，即公司如何通过改变其融资结构来维护或抵抗外部对公司的控制权争夺，这一决定是由收购的潜在收益和控制的个人利益驱动的。通过构建一个包含公司管理层（在位者）、潜在收购者（竞争者）及大量被动投资者在内的三方博弈模型，用以解释公司如何通过调整融资结构来影响潜在的控制权争夺及其结果。模型假设公司管理层通过调整债务水平来改变投票权的分布，进而影响控制权争夺的结果。基于该模型，他们提出了一系列实证预测，包括不同控制权争夺情境下的最优债务水平、控制权转移的概率及价格效应等。通过比较不同债务水平下的控制权争夺概率、成功收益及成本，模型得出了最优的融资结构选择。

Israel（1991）提出了一种基于公司控制权考虑的融资结构理论。融资结构会通过影响有表决权和无表决权证券之间的现金流分配进而影响收购竞争的结果。通过构建模型模拟企业控制权之争，探讨了融资结构与企业控制权市场之间的关系，特别是债务融资在防止敌意收购中的防御作用。他认为，企业最优债务水平的选择是收购可能性的降低与目标股东预期协同收益份额的增加两者的权衡结果。他得到以下研究结论：①公司成为收购目标的概率会随着杠杆率的增加而降低。②收购方在股权收益中享有的份额会随着目标公司杠杆率的增加而增加。③收购开始时，目标公司的股价、债务价值和收购方的公司价值会增加。④在收购过程中，目标公司的股价会进一步变化，期望变动为零，方差会随着目标公司杠杆率的增加而减小。

2.1.1.4 基于不完全契约的债券契约理论

自 Coase（1937）的交易费用理论以来，很长一段时期内，没有学者能就交易费用是什么给出一个合理的解释，直到不完全契约理论的提出。Grossman 和 Hart（1986）、Hart 和 Moore（1990）奠定了企业契约理论的基础，确立了不完全契约理论的基本分析框架，成为现代公司产权理论的一个重要流派。他们认为，公司契约关系存在的关键在于缔约方谁拥有剩余控制权。该理论的分析框架：以契约的不完全性为研究起点，以财产权或（剩余）控制权的最佳配置为研究目的，是分析企业理论和公司治理结构中控制权的配置对激励，以及信息获得影响的最重要分析工具之一。不完全契约理论认为，由于人们的有限理性、信息的不完全性及交易事项的不确定性，使得明晰所有的特殊权力的成本过高，拟定完全契约是不可能的，不完全契约是必然和经常存在的①。Aghion 和 Bolton（1992）把不完全契约方法应用到债券契约理论，强调控制权为中心的思路为融资证券设计理论对债券的分析开辟道路。

（1）GHM 模型。

不完全契约理论的基本框架由 Grossman 和 Hart、Hart 和 Moore 提出，

---

① Hart（1995）认为企业契约不完全的主要原因是：第一，在一个复杂而不可预测的世界中，人们几乎不可能对未来可能发生的所有情况或事件做出预测；第二，即使人们能够对未来作出提前预测，缔约各方也很难将这些情况或事件写进契约中，因为很难找到一种令缔约各方都满意的共同语言去描述；第三，即使缔约各方可以将对未来情况或事件的预测写进契约中，当出现契约纠纷时，诸如法院之类的外部权威机构也很难对缔约各方约定的条款加以证实。

即 GHM 模型。Grossman 和 Hart 的成本契约理论强调，契约权利可分为两种类型：特定权利和剩余权利。为了更具体地说明整合的成本和收益，他们建立了一个关于两家公司之间关系的正式模型，主要是解决资产一体化问题。当在契约中列出对资产的所有具体权利代价是昂贵时，最好让一方购买所有剩余权利。该研究建立在 Coase（1937）所奠定的基础上，强调"控制"的好处以应对在书面文件或执行完全契约方面存在困难的情况。有关交易成本的文献强调，不完全契约会导致非整合关系，产生的结果不如完全契约可以实现的结果。其隐含的假设整合产生了在完全契约下可能产生的结果。他们认为，相关的比较不是非整合和完全契约结果，而是分配给一方的契约和分配给另一方的契约。他们强调了控制的对称性，即当一方购买剩余权时，它们就被另一方失去——这不可避免地造成扭曲。也就是说，整合改变了对机会主义和扭曲行为的动机，但它并没有消除这些动机。

Hart 和 Moore 考虑到一个资产是由几个人处理的可能性，其中一些人（雇主）拥有所有权，而另一些人（雇员）没有，发展了一个资产最优分配的理论，并利用它来理解公司的边界。该模型主要发展成为一个资产所有权模型。什么是公司？一个公司内部的交易与一个公司之间的交易有何不同？这些问题，由 Coase 首次提出，一直是经济学家大量讨论的主题，但在正式建模的层面上仍然需要提供一般的答案。Hart 和 Moore 研究的目的是为解决这些问题（何时应该在公司内进行交易和何时通过市场的问题）提供一个框架。他们的理论框架包含比简单所有权更一般的控制结构，如伙伴关系、工人和消费者合作社都作为特殊情况出现。他们分析的主要部分将关注员工的激励机制如何随着整合的发生而变化，也就是说，随着资产所有权变得或多或少的集中。

（2）Aghion 和 Bolton 模型。

Aghion 和 Bolton（1992）认为企业家和投资者之间在行动选择方面可能会产生潜在的利益冲突，投资者只对项目的投资回报感兴趣，而考虑过项目并主动建立项目的企业家不仅关心金钱回报，还关心其他不那么有形的东西，如声誉、特定人力资本、努力等私人利益。因此，基于金融契约不完全和融资约束的假设，其构建了一个模型帮助设计有效的金融契约以激励企业家努力并保护投资者利益。其中，由于契约的不完全性和财富约束，并不是所有企业家和投资者之间的潜在利益冲突都可以通过事先签订合同来解决。因此，在这个模型中，控制权的分配成为缓解代理冲突的关键。

Aghion 和 Bolton 分析了一个没有初始财富的企业家和一个富有的投资者之间的不完全的长期金融契约。这两个代理都有潜在的冲突目标，因为企业家只关心项目的金钱和非金钱回报，而投资者只关心金钱回报。他们解决的问题：①是否以及初始契约结构以这样一种方式带来一个完美的巧合代理之间的目标。②当初始契约不能实现这种巧合的目标应该如何分配控制权来实现效率？分析的主要结果之一是由标准债券融资引起的（或有）控制分配的最优性性质。他们提出了一种基于控制权的融资结构理论。他们方法的基础是认识到金融契约本身是不完全的。因此，公司的创始人必须决定如何采取不考虑公司章程之外的未来投资和经营决定。通过假设一些重要的未来变量，如果它们最初难以或不可能描述，就必须被排除在契约之外，以此来构建契约的不完全性。Grossman 和 Hart、Hart 和 Moore 在这种契约不完全形式的基础上发展了一种垂直整合和所有权理论。

Aghion 和 Bolton 工作中的一个重要假设是，所有的个人代理人都足够富有，能够购买他们应该拥有的任何资产。当然，这种假设旨在规避与融资和融资结构有关的问题（这与他们所解决的问题没有直接关系）。因此，他们背离了 Grossman 和 Hart、Hart 和 Moore 模型，明确地将财富约束引入他们的框架，开发了一个基于交易成本和契约不完全性的融资结构理论。他们的论点是在决定这些公司的融资结构时，与债券或权益等工具相关的不同控制权可能与他们的收入流或税收待遇的差异一样重要。在有表决权的权益和债券之间进行选择的问题特别涉及决定如何在缔约各方之间分配公司所有权的问题。他们用了一个简单的故事说明这一理论背后的主要思想：考虑一个需要筹集资金来资助一个投资项目的企业家。关于这个项目的未来决定必须做出，但由于其固有的不完全性，不能在最初的契约中完全确定。企业家和投资者对项目的未来发展可能会有相互冲突的目标，而由于契约的不完全和财富的限制，最初的契约不能完全重新调整。例如，由一个家族经营的企业，其成员重视家族中剩余的企业。在通常情况下，这个价值不能与外部投资者分享，如果家族的财富很少，它可能无法补偿外部投资者为维护家族企业的完整性而采取的行动。因此，对外部投资者来说，必须能够限制家庭采取此类行动的程度。外部投资者将能够通过获得一些控制权来做到这一点。在模型中，除双方的财富约束外，没有对金融合同的支付流施加任何限制。因为，广泛使用的证券，如债券和权益的最优属性诱导治理结构。他们开发了一个高度程式化的模型，由于契约的不完全和财富的限制，并非企业家和投资者之间的所有潜在利益冲突都可以通过事前契约来解决。因此，在这种模式中，谁控制公司就很重要了。他们证明了不同的控制安排或治理结构对不同的金钱回报和私人利益的价值是有效的。分析得出三种有效的治理结构（企业家控制、投资者控制、偶然控制），且每种治理结构和标准的财务结构对应。他们详细说明选择一个有效的治理策略的问题与为公司选择一个适当的融资结构的问题密切相关。因此，当最佳选择是给予投资者完全控制权时，公司应通过发行有表决权的权益来为其投资提供融资。由于投资者为整个项目提供资金，他获得了大部分或全部股份，从而获得了对公司的完全控制权。请注意，另一种安排是让企业家成为投资者的雇员如果最好将完全控制权交给企业家，公司应该发行无表决权的股份（优先股）。如果共同所有权是最有效的安排，企业家和投资者应通过建立合伙企业或信托来筹集一致同意的资金。如果分配控制权是状态依存信号的实现是有效的，那么就必须考虑其他金融工具，其中包括普通债券、可转换债券、认股权证和可转换优先股。

2.1.2 债券契约实证研究综述

Jensen 和 Meckling（1976）提出"企业契约关系"观，以及 Smith 和 Warner（1979）提出债券契约理论，极大地推动和丰富了契约文献的发展。在债券契约理论研究的同时，金融经济学家对债券契约开展了实证研究，主要围绕其治理效应、决定因素和违约后果三方面展开。

2.1.2.1 债券契约的治理效应

关于债券契约治理效应的研究主要集中在债券契约如何影响资本成本、掠夺风险、会计稳健性、财务困境成本和公司投融资政策等。Billett 等（2007）研究发现，使用更多债券契约限制性条款的公司，债务资金水平更高。Billett 等（2010）研究发现，与债券契约中不包含控制权转移条款的公司相比，包含控制权转移条款的公司，其被杠杆收购的可能性更低。Boubakri 和 Ghouma（2010）研究发现，债券契约中的限制性条款能够降低终极控制股东的掏空动机，降低掠夺风险。Nikolaev（2010）研究发现，债券契约限制性条款能更有效削弱管理者的掏空能力，限制性条款越多，会计稳健性水平越高。Miller 和 Reisel（2012）研究发现，使用更多债券限制性条款的公司具有更低的融资成本。Christensen 和 Nikolaev（2012）研究发现，债券契约限制性条款的使用会限制新债务发行。Reisel（2014）研究发现，债券契约限制性条款的加入能够降低债券投资者的风险，有利于债券发行人以较低的利率发行债券。Bradley 和 Roberts（2015）研究发现，债券契约的限制性条款与债券信用利差负相关。Jung 等（2016）研究发现，债券契约中股利支付条款的存在与较高的投资水平相关。Gong 等（2017）研究发现，债券契约的限制性条款与债券收益率负相关，且公司存在严重代理冲突时更为显著。Devos 等（2017）研究发现，债券契约的限制性条款强度越高，资本结构调整速度越慢。Daher 和 Ismail（2018）研究发现，与那些没有债券契约限制性条款的收购方相比，具有债券契约限制性条款的收购者支付的合并溢价更低，收购更为集中，且在交易宣布后的收购具有更高的协同收益和更高的收购回报。Lou

和 Otto（2020）研究发现，债券契约的限制性条款能够降低预期的财务困境成本。Mansi 等（2021）研究发现，限制性条款被写入债券契约，以缓解债券发行人和债券投资者之间的冲突，从而降低破产可能性和债务资本成本。Akdoğu 等（2023）研究发现，公司债券契约的限制性条款越多，越有可能成为收购的目标。Krainer（2023）研究发现，债券契约条款能使公司调整其融资决策，以抵消与投资决策相关的风险转移。

陈超和李镕伊（2014）研究发现，债券契约条款的严格程度与债券融资成本负相关。史永东和田渊博（2016）研究发现，债券契约条款与债券信用价差、非信用价差显著负相关。史永东等（2017）研究发现，债券契约条款保护投资者的力度越大，对企业成长和发展越有利。史永东等（2018）研究发现，债券契约条款是降低债务成本和代理冲突的一个重要工具。甄红线等（2019）研究发现，债券契约特殊性条款数量越多，发行债券主体的会计稳健性水平越高。刘辰嫣和肖作平（2022）研究发现，设置事件类限制性条款越多，信用利差越高，但能够帮助评级较低的公司提高债券发行成功率。郭瑾等（2022）研究发现，债券契约条款越严格，公司风险承担水平越低。梁上坤等（2023）研究发现，债券契约条款设置能促进企业金融资产投资。

2.1.2.2 债券契约的决定因素

关于债券契约研究的另一重要内容是债券契约的影响因素。Smith 和 Warner（1979）得出结论：存在一组独特的最优债券契约，它们公司价值最大化，并将契约结构归因于公司特征。研究表明，公司规模、成长机会、杠杆率、债务期限和偿付能力等公司特征是债券契约的重要决定因素（Malitz，1986；Billett 等，2007；Cook 等，2014）。Malitz（1986）研究发现，规模越大、资产负债率越低，债券契约条款越少。Cai 等（1999）研究发现，银行贷款比例越高，公司越容易发行期限长的债券。Nash 等（2003）研究发现，破产风险越低、成长性越高，债券契约条款越少。Billett 等（2007）研究发现，资产负债率和成长性越高，债券契约保护性条款指数越大；债务期限越短，债券契约保护性条款指数越低。Cook 等

（2014）研究发现，流动性风险和偿债能力风险导致的财务危机对债券契约中关于投资、支付、违约等事件类型的限制性条款产生显著的影响。Reisel（2014）研究发现，有形资产比率和成长机会越高，债券契约保护性条款数量越少。Akdoğu 和 Paukowits（2022）研究发现，与信贷供给效应一致，对那些转向其他资金来源成本高且高度依赖外部融资的公司倾向增加债券契约保护性条款的使用。Callen 和 Chy（2023）研究发现，投资机会的不利冲击将导致债券利差和债券契约保护性条款数量下降。

王安兴等（2012）研究发现，杠杆比率与债券利差呈反向关系。王博森和施丹（2014）研究发现，盈利能力、营运能力、成长能力与债券利率负相关，流动能力、偿债能力与债券利率正相关。高强和邹恒甫（2015）研究发现，资产规模、资产负债率对公司债在二级市场的收益率产生显著影响。王雄元和高开娟（2017a）研究发现，客户集中度提升了债券二级市场中的融资成本。王雄元和高开娟（2017b）研究发现，第一大客户销售占比与公司债发行价差正相关。史永东等（2017）研究发现，市账比（成长性）与债券契约条款指数正相关。杨国超和刘琪（2022）研究发现，信用评级机构调高（调低）评级能显著降低（抬高）债券信用利差。王雷等（2022）研究发现，失信风险传染会导致信用债券利差上升。林晚发等（2022）研究发现，债券市场投资者对有担保的债券反而要求更高的收益率溢价。

随着信息不对称和代理理论的发展，文献从股权结构、信息质量、董事会结构和投资者法律保护等视角对正式制度、公司治理机制如何影响债券契约进行了大量研究。现有文献主要聚焦正式制度和公司治理机制对债券契约价格条款（利率）的影响。Miller 和 Puthenpurackal（2002）研究发现，投资者法律保护与债券融资成本负相关。Anderson 等（2003）研究发现，家族企业发行债券的融资成本较低。Bhojraj 和 Sengupta（2003）研究发现，机构投资者持股、外部董事比例与债券利率负相关。Klock 等（2005）研究发现，公司治理水平越高，债券融资成本越低。Ortiz-Molina（2006）研究发现，管理者持股比例与债券发行利率正相关，且这一相关关系随着管理者持股比例的增加而降低。Cremers 等（2007）研究发现，股东控制能力越强，债券发行利率越高。Boubakri 和 Ghouma（2010）研究发现，所有权和控制权的分离度与债券利差正相关，债权人法律保护的执行质量与债券利差负相关。Liu 和 Jiraporn（2010）研究发现，CEO 权力越大，债券发行利差越大。Francis 等（2010）研究发现，公司所处州的反并购条款更严格，债券发行融资成本更低。Borisova 和 Megginson（2011）研究发现，平均而言，政府所有权减少 1 个百分点，债券利差增加 3/4 个基点。Mansi 等（2011）研究发现，分析师活动会减少债券发行利差。Chen 等（2013）研究发现，信息不对称程度越大，债券融资成本越高。Borisova 等（2015）研究发现，非金融危机时期，政府掠夺之手作用更明显，政府所有权与债券信用利差正相关；金融危机时期，政府隐性担保作用更明显，政府所有权与债券信用利差负相关。Tanaka（2016）研究发现，管理者所有权越高，债券发行利率越高。Huang 和 Petkevich（2016）研究发现，机构投资者持股期限越短，债券发行利差越高。Ghouma（2017）研究发现，债券投资者能够意识到管理者机会主义行为的壕沟效应，因此要求更高的债券信用利差；在萨班斯法案出台后，债券投资者更关注管理者是否采取自利行为，在面对管理者的壕沟效应时，债券投资者要求的信用利差更高。

朱松（2013）研究发现，信息质量与债券融资成本负相关。方红星等（2013）研究发现，具有政府性质的企业发行债券成本更低。敖小波等（2017）研究发现，内部控制质量越好，债券融资成本越低。周宏等（2018）研究发现，良好的公司治理与债券信用利差负相关，且这种关系在民营企业中更加显著。史永东等（2021）研究发现，控股股东股权质押显著提高了发债企业二级市场信用利差。高昊宇和温慧愉（2021）研究发现，环保法庭设立后，当地高污染行业企业面临环境政策转型风险，其债券融资成本相对低污染行业企业显著增加。王永钦和薛笑阳（2022）研究发现，破产法庭的成立显著降低了当地企业债券在二级市场上的利差。徐思等（2022）研究发现，"一带一路"倡议实施能够显著降低支持企业的公司债二级市场信用利差。甄红线和李佳（2024）研究发现，新《证券法》审议通过显著降低了公司债信用利差。

除债券契约价格条款（利率）之外，还有大量文献关注正式制度和公司治理机制对债券契约非价格条款（如限制性条款）的影响。如 Begley 和 Feltham（1999）调查了管理者激励在决定债券契约限制性条款数量和类型方面的作用。他们研究发现，CEO 持股与债券契约条款（股利支付和附加借款的限制性条款）的使用相关。Qi 和 Wald（2008）研究发现，美国各州中存在的限制支付类法律条款与债券契约限制性条款之间存在替代关系。Chava 等（2010）研究发现，管理者壕沟效应增加了债券契约中限制管理者建造个人帝国的相关投资类条款的使用，但减少了债券契约中股利支付和并购相关的限制性条款的使用；财务报告透明度越高，股利支付类限制性条款越少。Qi 等（2011）研究发现，债权人保护程度越高，债券契约的限制性条款越少；股东保护程度越高，债券契约的限制性条款越多；公司治理越强的国家，债券契约中的限制性条款越多。Miller 和 Reisel（2012）研究发现，严重的信息问题导致了更密集或更严格的债券契约限制性条款。Li 等（2014）研究发现，当公司治理更有效时，债券契约中的限制性条款更少。Awartani 等（2016）研究发现，法律制度、债权人保护程度与公司发行债券期限正相关。Zhang 和 Zhou（2018）研究发现，大的机构投资者持股与债券契约限制性条款数量正相关。Ma 等（2019）研究发现，与没有银行交叉监督的公司相比，有银行交叉监督的债券契约包含更多的限制性条款。Lin 等（2023）研究发现，管理者持股比例越高，债券契约限制性条款数量越多，尤其是股利支付和会计相关的限制性条款。

王彤彤和史永东（2021）研究发现，机构投资者持股减少了债券限制性条款的使用。陈智等（2023）研究发现，高质量的内部控制通过改善信息环境和降低代理成本等机制，减少了债券契约限制性条款的设置。

2.1.2.3　债券契约的违约后果

自 20 世纪 90 年代初以来，部分金融经济学文献开始对契约违约问题开展研究，但主要侧重契约违约的后果。财务经济学文献对债券契约违约进行了研究，但主要侧重契约违约的后果。Beneish 和 Press（1993）研究发现，当公司债券契约违约时，在契约违约公司与债权人之间重新协商协议的情况下，会产生重大的后果，如增加再融资成本、重组成本和负面股市反应。DeFond 和 Jiambalvo（1994）研究发现，契约违约会导致管理层操纵应计项目。最近的一些大样本研究发现，债券契约违约还有其他类似重要的后果，如投资减少（Chava 和 Roberts，2008）、融资渠道受损（Roberts 和 Sufi，2009）、首席执行官（CEO）离职率增加（Nini 等，2012）、审计费用增加和审计师辞职的可能性增大（Bhaskar 等，2017）。

王叙果等（2019）研究发现，债券违约存在传染效应，违约能降低其他国企债券的发行评级。杨国超和蒋安璇（2022）研究发现，交叉违约制度显著提高而非降低了债券违约风险。李思龙等（2022）研究发现，改善金融生态环境有助于减少信用债券负面事件，从而降低地区债券整体违约风险。刘晓蕾等（2023）研究发现，债券违约对同地区其他债券既存在负面信息效应，又存在投资人出于资产调整目的的逃离效应。

2.2　社会资本研究综述

社会资本作为一种非正式社会制度，社会学家在社会资本理论的发展方面做出了重大贡献（Coleman，1988，1994；Putnam，1993）。社会资本是一个重要的结构，在社会科学中已被广泛研究（Coleman，1988；Putnam，1993），并显示对社会、社区、组织和个人具有积极的经济效益（Fukuyama，1995a，1995b；Knack 和 Keefer，1997；Putnam，2001；Buonanno 等，2009）。Ferris 等（2017b）指出，在过去的 10 年里，社会资本已成为社会科学中最突出的主题之一。社会资本是指个人在一种组织结构中所处的位置价值。于群体而言，社会资本是指群体中使成员之间互相支

持的那些行为和准则的积蓄。自 20 世纪 70 年代以来，经济学、社会学、
行为组织理论、管理学和政治学等多个学科都不约而同地开始关注社会资
本概念。自 20 世纪 90 年代以来，社会资本理论逐渐成为学界关注的前沿
和焦点问题，社会学、政治学、经济学和管理学等许多学科对社会资本相
关问题进行了广泛研究，以用来解释经济增长和社会发展。社会资本甚至
被西方国家的决策圈看成是解决社会矛盾的新思路，即所谓的"第三条
道路"。本节将对社会资本理论、内涵界定、度量，以及社会资本的实证
研究等进行全面综述。

2.2.1　社会资本理论研究综述

"理论"这个词在不同的研究领域中可以意味着不同的东西，但它通
常意味着与特定事件相关的解释或描述性断言（Haynes，2009）。社会资
本理论认为，社会资本影响个人的态度、行为和性格，从而影响个人的
决定。

社会资本理论大致可以分为三个维度：结构型、关系型和认知型的社
会资本（Nahapiet 和 Ghoshal，1998；Anandi，2000；Adler 和 Kwon，
2002；Chang 等，2010）[①]。结构维度的社会资本强调社交网络成员之间的
联系和封闭程度，是指整体联系（或社会行为者之间的关系），包括网络
关系、密度、配置和适宜性（Nahapiet 和 Ghoshal，1998；Van den Hooff
和 Huysman，2009；Yang 和 Farn，2009）。关系维度的社会资本强调这些
社会关系的力量（这里的关键因素是信任和可信度）[②]，通过关注社会行
为者之间的持续关系而创造和利用的资产（Nahapiet 和 Ghoshal，1998；

---

① Putnam（1995）在关于社会资本的开创性文章中讨论了社会资本在本质上不是单一维度
的，而是由多个维度组成的。Coleman（1988）将社会资本描述为三种形式，即可信度、规范与
制裁和信息流。从社会资本的信息效益角度出发，Koka 和 Prescott（2002）提出了信息多样性、
信息量和信息丰富度三个维度。Krishna 和 Shrader（1999）开发了一种在宏观和微观层面概念化
的社会资本评估工具。在宏观层面，它包括法律、规则、权力下放程度等方面的形式关系和结
构；在微观层面，他们概念化了社会资本的两个维度：认知和结构。

② Adler 和 Kwon（2002）认为，社会资本的核心组成部分是信誉，"它在于行为者的社会
关系的结构和内容"。信誉的关键特征是信任。

Van den Hooff 和 Huysman, 2009)①。而认知维度的社会资本强调社交网络之间存在的共同价值观、规范、态度和信念，涉及社会行为者通过共同的语言代码、共同的信念和叙述的共同理解（Van den Hooff 和 Huysman, 2009；Yang 和 Farn, 2009)②。结构/认知/关系的区别建立在 Granovetter (1992) 关于结构和关系嵌入性的讨论之上。它符合普遍的观点，即社会资本构成了社会结构的各个方面以及社会关系的性质，特别是规范。结构性的社会资本是有形的，可以很容易地通过存在的网络联系（即谁知道是谁）以及角色、规则、先例和程序来观察到。然而，关系维度是无形的，因为它涉及人们思考和感受的方式。因此，它是"认知"，因为它是人们认知的功能，经常被称为认知。在文献中，人们经常涉及两个维度：结构和认知（Uphoff, 1999；Krishna 和 Shrader, 1999；van Bastelaer, 2001；Grootaert 等, 2003)。由 Coleman (1988) 和 Putnam (1993) 提出的认知理论强调规范、态度和信仰。Lin (1999, 2002) 提出的结构理论是基于 Bourdieu (1984, 1986, 1989) 的理论框架，并侧重于各种网络的连接和参与。Granovetter (1983) 的开创性工作认识到社会网络对个人的力量，Coleman (1988) 通过与其他类型的资本，即金融、物质和人类资本相比，阐明了社会资本的理论基础。然而，Putnam (2000) 推广了社会资本的概念。他考虑了个人之间的信任和相互联系及其溢出效应。大约从 2004 年开始，关于结构、认知和关系三个维度的参考变得更加普遍，这是现在最广泛使用和被接受的框架。如果人们在探讨双向区分结构性社会资本与认知社会资本，并提到它们与某个使用三个维度的作者的理论框架基本相似，但认知社会资本通常被描述为价值观、信念、态度、行为和社会规范以及信任、团结和互惠（Krishna 和 Shrader, 1999)。这代表认知和关系社会资本的三方区

---

① 根据 Granovetter (1983) 关于发展关系中相互联系的历史，以及 Coleman (1988) 的"规范和制裁"概念，Nahapiet 和 Ghoshal (1998) 将关系维度解释为行为者纽带中的"关系嵌入"，其中关键特征是信任和可信。

② Tsai 和 Ghoshal (1998) 在实证研究中发现，信任作为社会资本的一个关系维度，对资源交换和组合有显著的影响。他们进一步观察到可信度也与社会资本的其他两个维度，即结构和认知维度显著相关。

别的概念。文献中还有其他变体，如 Krishna（2001）将第一种社会资本命名为"制度资本"，第二种社会资本命名为"关系资本"。

表 2-1 总结了结构性、认知性和关系性社会资本之间的区别。

表 2-1　结构型、认知型和关系型社会资本之间的区别

结构	认知	关系
社会结构	共享理解	人际关系的性质和质量
网络关系和配置； 角色、规则、先例和过程	共享语言、法典和叙述； 共享价值观、态度和信念	信任和可信度； 规范和制裁； 义务和期望； 身份和识别

2.2.2　社会资本定义研究综述

社会资本是社会学、政治学、经济学和管理学中的一个重要研究议题（Putnam，2000；Guiso 等，2004a；2010；Woolcock，2010；Payne 等，2011）。社会资本被认为是一个奇迹般的概念，它能够为经济视角之外的一系列现象提供答案（Poder，2011）。社会资本快速和广泛的应用使它成为社会科学中最流行的概念之一，但使用这个术语的人并不总是意味着相同的意思。社会资本是一个复杂的、无形的、多维的概念，在文献中有不同的定义。社会资本被定义为社会网络中固有的信息、信任和互惠规范（Woolcock，1998），已在经济学、社会学、政治学和人类学等社会科学学科中被广泛研究（Dasgupta，2005；Fafchamps，2002；Knack 和 Keefer，1997；Portes，1998；Putnam，1993；Schneider，2006）。根据 Putnam（1993）的说法，物质资本指的是实物，人力资本指的是个人的属性，而社会资本指的是个人之间的联系——社会网络以及由此产生的互惠和信任的规范。Portes（1998）认为，人们在好几代人之后都内化了这种社会规范，并感到有义务以某种方式行事。他继续将社会资本定义为履行义务的倾向。Guiso 等（2004a）将社会资本定义为一个社会中相互信任和利他

主义倾向的水平。Fukuyama（1997）将社会资本定义为存在一个群体成员之间共享的一套非正式价值观或规范，允许他们之间进行合作。他指出，合作规范产生于反复进行的囚徒困境博弈和共同的历史传统。社会资本可以被理解为通过社会网络形成的社会义务或非正式联系的价值（Ferris 等，2019）。更正式地说，社会资本可以被定义为社交网络中固有的信息、信任和互惠规范（Woolcock，1998），其中社交网络只是个人所拥有的个人关系的集合。社会资本定义为对社会的相互信任。互信是个人和社会网络之间联系的功能，以及互惠和诚实的规范（Jha 和 Chen，2015；Hasan 等，2017a，2017b）。社会资本的概念与社会网络的概念有所不同，但与社会网络相一致，因为社会网络是社会资本创建、维护和使用的媒体。从广义来讲，社会资本可以被定义为促进集体行动的规范和网络，而集体行动反过来又有利于社会或经济更好、更有效地运作（Woolcock，2001）。Fukuyama（1995b）认为，社会资本是广义的信任，植根于社会所有成员共同的道德和互惠的道德习惯和义务。信任是一个人对另一个人在义务、合作行为以及行动和谈判中的公平性和可靠性的期望。然而，在许多研究中，特别是在管理学文献中，研究人员经常将社会资本视为一组受益的网络（Payne 等，2011）。他们认为，一套强大的网络本身就是一种资源。社会资本是实际和潜在资源，植根于不同的参与者（如企业家和管理者）为开展业务运营而获取和使用的网络关系（Acquaah，2007）①。Putnam（1993）将社会资本定义为促进合作和协调行动的一套规范和网络。信任通过社会网络传递、传播。信任在良性循环中增加了合作，从而增加了信任。世界银行将社会资本定义为能够采取集体行动的一套规范和网络。

Jacobs（1961）最早在社会资本理论中提出社会资本这一概念。他把社会资本视为邻里关系网络，并将其作为一种研究范式。从社会资本概念

---

① Birley（1985）声称与朋友和家人的非正式关系比与银行和会计人员等的正式关系在提供资源方面发挥更大的作用。

的出现开始，早期关于社会资本的研究大部分集中于个人之间的联系。如
Mitchell（1969）认为社会资本是特定人群之间的联系，这种联系包括正
式和非正式的关系。Rogers 和 Kincaid（1981）认为，社会资本是不同个
体在同一系统中相互联系所构成的整体。随着社会学、经济学和管理学的
跨学科发展，后期的研究把社会资本视为介于市场交易与正式组织结构中
两个及以上组织之间的关系，且文献把社会网络的概念界定偏重于关系属
性和资源属性视角。社会资本理论认为，网络关系提供了获取参与者内部
社会关系中嵌入的资源的途径（Coleman，1988；Nahapiet 和 Ghoshal，
1998；Putnam，1995）。Coleman（1988）认为社会资本存在于人之间的
关系中，因为频繁的社会互动和密集的网络导致更大、更有效的信息共
享，从而导致更好的沟通和执行规定的规范①。Putnam（1993）认为，横
向社会关系（如加入保龄球联盟）更有可能灌输合作的习惯，团结和公
众活动，因为这些社会关系提供互动和连接内部和跨网络更有可能是免费
的合并或冲突的利益。因此，社会资本是由网络、社会规范和信念支持的
一系列人际关系过程，使协调和合作效率以及互利效益。Granovetter
（1992）认为，社会资本作为一种优势工具，利用嵌入在关系中的宝贵资
源。Putnam（1995）指出，其他形式的资本都是以资产为基础的，而社
会资本的基础是个人之间的关系及其与社区之间的互动。社会资本，可以
广泛定义为社会组织的特性，如网络、规范和社会信任，促进协调和合作
互惠互利（Putnam，1995）。社会资本可以概念化为一组资源嵌入在社会
参与者之间的社会关系，也可以被视为一项宝贵的资产，确保社会参与者
从个人组织受益（Adler 和 Kwon，2002）。这一理论的核心主张为关系网
络是处理社会事务的宝贵资源，在此过程中，为其成员提供集体拥有的资
本（Nahapiet 和 Ghoshal，1998）。因此，社会资本既包括社会网络，也包
括可能通过该网络进行动员的资产（Bourdieu，1986；Burt，1992；Na-
hapiet 和 Ghoshal，1998）。社会资本涉及实际和潜在资源，行为者只能通

---

① 社会资本的力量源于社会网络结构中密切的个人关系，从而导致有意义的个人和集体行为。

过与其网络中其他行为者的关系来获得这些资源（Nahapiet 和 Ghoshal，2000），通过赋予相互联系的成员获得知识、金融和文化资源的机会来帮助创造价值（Bourdieu，1986）①。Hughes 等（2014）将社会资本的关系维度概念化为"资源相互依赖性"。他们认为，资源相互依赖的观点为焦点行动者提供了一种行为选择，以与表现出信任的其他人建立联系。他们指出，创造价值的机会与社会资本作用有关的问题涉及不同类型的网络：与政府官员和银行家的网络、与商业相关的网络（如与客户和供应商的网络或商业协会的会员）、与社会组织的网络或与亲戚、朋友的网络。更好的社会嵌入性体现在网络中更多的联系上，如成为更多的商业协会的成员（Nguyen 和 Luu，2013）。更丰富的社会资本也可以通过与网络联系的紧密关系来表现出来，如有频繁的联系和互动（Davidsson 和 Honig，2003）。如 Johanson 和 Mattsson（1987）把社会资本限定为企业网络，指由彼此联系和依赖的企业构成，通过相互沟通、资源的协调与整合，实现有效联系的目的。Brass 等（2004）认为，社会资本是由个人、公司、政府以及其他机构通过相互联系所形成的复杂网络系统。Petersen 和 Rajan（1994）把社会资本定义为公司与金融机构的关系，用两者建立关系的时间长度（年）和公司的借款集中度（占公司借款 10% 以上的金融机构个数）等衡量社会资本的强度。Guiso 等（2010）认为，经济学研究将社会资本定义为社会网络和帮助合作的共同信念的融合，简称合作规范。一个群体成员之间共享的一套特定的非正式价值观或规范的存在允许他们之间进行合作（Fukuyama，1995a）。Jonsson 和 Lindbergh（2013）把社会资本定义为个体从社会关系中产生的一种资源，即镶嵌于公司高级管理者和其他经济参与者（包括其他公司高级管理者、银行官员、政府官员）非正式人际关系网络中的一种内在资源，这种社交网络通过礼尚往来和互惠互利的潜规则逐渐得到加强和巩固。Javakhadze 等（2016）认为，社会资本

---

① Pfeffer 和 Salancik（1978）最早开发了资源依赖理论，表明公司依靠外部组织来获取关键资源。这个理论指出，组织之间的相互依赖，以解释为什么独立组织仍然参与组织间的安排（Drees 和 Heugens，2013）。

由公司管理层与金融机构、供应链上下游的管理层之间的关系组成。Gu
和 Venkateswaran（2018）认为，社会资本由公司与供应商的管理层背景
（教育背景、工作经历、社会文化、共同董事和其他社会关系）的关系构
成。Benson 等（2018）认为，社会网络是由节点（个体和组织）通过不
同程度的连带关系（亲密关系或临时关系）所构成的集合。其中，连带
关系属性单指公司董事的外部连通性。

理解社会资本的另一种视角来源于社会网络分析，即从结构角度侧重
于社会资本的强度及其影响因素。一些关注网络结构、结构洞的思想
（Burt，1992）和弱关系强度（Granovetter，1983）[①] 的学者将社会资本考
虑在二维的联系和桥接（Ellison 等，2007；Kawachi 等，2008）。从网络
角度来看，Woolcock 和 Narayan（2000）考虑了社区层面上社会资本相似
的两个维度，即纽带（社区内联系）和桥梁（社区外网络）。社会资本源
于社会网络理论，人们对社会资本理论的强调源于这样一个事实，即社会
资本在许多层面上都嵌入关系中。社会资本理论的应用旨在理解社会关
系、社会互动、信任和互惠（Pratono，2018）。社会资本作为一个社会学
概念，它认为任何经济组织和个人都与外界存在一定的社会关系或联结，
即镶嵌于一个由多种关系联结的网络之中（Granovetter，1985）。在社会
网络分析中，社会资本被视为网络成员的一系列社会关系或社会联系，并
由网络成员和这些社会关系所形成的相对稳定的网络结构（Uzzi，1999）。
Granovetter（1973）首次提出了关系强度的概念，认为强关系是在教育背
景、职业身份等社会经济特征相似的个体中发展起来的；相反，弱关系则
是在社会经济特征不同的个体中存在。代表同质性的强关系使得信息的获
取具有较大的重复性，而弱关系则代表异质性，能够充当"关系桥"且
跨越阶级界限获取信息和资源。因此，社会资本的强度取决于网络成员的
异质性，异质性越大，社会网络在获取信息方面的作用越强。除网络强度

---

① Granovetter 的"弱领强度"概念仍然是社会资本结构维度概念随后发展的基础。"弱联
系强度"概念认为，弱联系导致有效的知识共享，因为它们通过连接其他不联系的群体和个人，
提供了获取新信息的途径，而强联系由于知识冗余的潜力可能而无法实现。

外，Freeman（1979）提出了中心度的定义，即如果某些网络成员与其他成员建立的直接联系越多，其处于网络的中心位置。他用于衡量个人所处网络中的结构位置指标包括程度中心性、亲近中心性、接近中心性和中介中心性。处于中心位置的企业具有较多的联结关系和社会资本，在网络中拥有较高的权威和声望，受其他成员的认可度较高，拥有更多的战略资源。此外，Burt（1992）定义了结构洞，即社会网络中某些网络成员发生直接联系，而与其他成员不发生直接联系或关系中断，如同出现了"洞穴"。这种网络成员间关系断裂被称为"结构洞"，而处于结构洞位置的网络成员占据获取、整合以及控制信息和资源的绝对优势地位。因此，处于中心位置的成员具有较高的权威与声望，而占据结构洞的成员拥有多样化、异质性的知识、信息等稀缺资源。Burt（2000）通过"结构洞"的视角进一步概念化网络的社会结构。他认为，结构洞指的是两个接触点之间的非冗余关系。Burt（2000）认为，社会资本更多的是一种跨越结构漏洞的经纪功能，而不是网络内的封闭功能①。他进一步补充说，这两种网络机制，即封闭网络和结构漏洞结合在一起，都为开发有价值的社会资本提供了适当的社会网络结构。

总体而言，社会资本的定义是模糊的和过于宽泛的。社会资本受到广泛批评，主要是其模糊性和可变性。社会资本的定义不明确，不同的作者给这个概念赋予了不同的含义（Durlauf，1999）。讨论对这个概念的批评是非常重要的，因为它使人们能够把注意力集中在这个概念的潜在弱点和人们对它的应用上。Guiso 等（2010）认为，社会资本的经济学研究将受益于使用社会资本的定义关注的价值和信念，并能帮助合作。Jha（2019）遵循 Woolcock（2001）的研究，将社会资本定义为促进集体行动的规范和网络。它融合了社会资本文献中的共识：社会资本水平较高的地区有鼓励履行义务和相互信任的规范，既有密集的网络，也有相互

①　Coleman（1988）引入了网络封闭的概念。他认为封闭网络通过规范和制裁来指导和监控网络结构中行为者的行动和行为。

关联的规范和网络。

总的来说有三种观点：一是侧重促进合作的非正式价值观、信念、态度、规范和社会信任，即社会规范（Fukuyama，1997；Guiso 等，2004a）；二是侧重社会资本模型化为代理人之间的一组合作网络，以及个人或群体之间行为产生的利益预期，即社会网络（包括社会连带和网络结构）（Granovetter，1985；Coleman，1988；Burt，1992；Putnam，1993）；三是将社会资本视为社会规范和网络的混合体（Woolcock，2001）。虽然来自不同学科的研究者对社会资本的定义有所不同，但社会规范或社会网络是这些定义的核心。遵循现有关于社会资本的文献（Granovetter，1983；Fukuyama，1995a；Woolcock，1998；Putnam，2000，2001；Guiso 等，2004a；Jha 和 Chen，2015；Jha 和 Cox，2015；Jha，2019），本书将社会资本界定为促进合作和集体行动的社会规范和网络，包含社会规范和网络的各个方面。

2.2.3　社会资本度量研究综述

社会资本的度量一直是社会学、政治学、经济学和管理学跨学科研究中的难点问题，因为它存在无形、不断变化的社会关系之中。一直以来，许多学者不断探索社会资本的度量问题，开发了多种度量方法。社会资本的很多度量方法对简化复杂的社会环境进行了重要的概括，以使其度量更加实用和可实现。然而现有文献对如何度量社会资本还没有取得一致共识（Guiso 等，2004a）。社会资本的多维性和无形性意味着其度量标准不是直接的且不简单（Lins 等，2017）。因此在现有的研究中使用了一系列"间接"的代理（Sabatini，2007）。从世界价值观调查（WVS）、欧洲价值观研究（EVS）等来源获得的信任、公民参与和社团活动的不同变量或指数，或从各种数据库中提取的组织成员资格、选举参与、献血、社团数量、犯罪率等统计数据，已在社会资本文献中广泛使用（Rupasingha 等，2006）。由于社会资本的标准代理的缺点（如专注于社会资本的特定结构，缺乏连续的数据系列），另一部分研究侧重对经济学、管理学和社会学因素进行建模，这些因素有助于社区社会资本的形成，目的是估计社会资本更多维度的度量（Glaeser，2001；Glaeser 等，2002；Charles 和 Kline，2006；Pérez 等，2006；Rupasingha 等，2006）。Rupasingha 等（2008）使用两种利他规范的方法和两种网络密度的方法度量社会资本。他们还进行了主成分分析，为美国每个县建立了一个指数。Rupasingha 等衡量社会资本的方法是县一级最全面的衡量方法。不同学科的很多作者使用 Rupasingha 等指数或遵循他们的方法构建自己的指数（Putnam，2007；Deller 和 Deller，2010；Jha，2019）。

总的来说，文献关于社会资本的度量，主要有两种：一是宏观层面的社会资本（Knack，2002；Rupasingha 等，2008；Jha 和 Chen，2015；Hasan 等，2017a，2017b；Hasan 等，2020）；二是微观层面的社会资本（Freeman，1979；Burt，1992；Petersen 和 Rajan，1994；Boubakri 等，2012；Ferris 等，2017a，2017b）。

关于宏观层面的社会资本，文献主要采用公司总部所在的州或县的社会资本。最经典的是 Rupasingha 等（2008）的研究，他们采用宾夕法尼亚州立大学东北地区农村发展中心的数据，在县级层面构建社会资本测度。他们使用两个规范度量（人口普查邮件回复率和总统选举投票率）和两个网络度量（协会数量和非营利组织数量）进行主成分分析为美国各县构建社会资本指数，以捕捉公民规范和社会关系网络的影响汇合。大量的文献直接使用 Rupasingha 等（2008）开发的数据集构建社会资本指数（Hasan 等，2017a，2017b；Hasan 等，2020；Gao 等，2021）。一些研究人员还使用选民投票率和人口普查响应率单独或将其作为社会资本指数的组成部分。如 Knack（2002）使用人口普查响应率创建社会资本衡量标准。Guiso 等（2004a）利用公民投票的参与度开发了社会资本指标。Jha 和 Chen（2015）利用总统选举的投票率和人口普查率创建了社会资本指数。此外，也有部分研究者使用公民信任指数（Knack，2002；Guiso 等，2008）、自愿无偿献血率或器官捐赠率（Guiso 等，2004a，2008），以及是否参与慈善捐赠活动（Talavera 等，2012）度量社会资本。

关于微观层面的社会资本，文献主要包括社会连带和网络结构。在社会连带方面，文献主要从公司与金融机构（Petersen 和 Rajan，1994；Doan 等，2023）、政府（Peng 和 Luo，2000；Bushman 等，2004）、供应链上下游（Dubini 和 Aldricb，1991；Cen 等，2015）等组织间的关系进行度量。Petersen 和 Rajan（1994）、Santikian（2014）认为与银行的关联可通过公司与银行关系的时间长度（年）、公司借款在各个贷款人之间的集中程度、公司购买其他服务的数量（储蓄理财和金融产品）等指标衡量。Dass 和 Massa（2011）认为，公司与金融机构的连带关系主要包括公司和金融机构之间的地理邻近性、金融机构是否直接或间接持有公司的股权这两类联系。Cen 等（2015）把社会连带关系分为公司与金融机构、供应商之间的关系。其中，公司与供应商关系包括与其合作的时间长度（年）、是否按时付款给供应商、是否成为固定客户、是否定期拜访供应商等。Bushman 等（2004）、Jayachandran（2006）、Talavera 等（2012）研究认为，公司与政府的连带关系包括公司是否为国有企业、是否有国家参股等。

　　然而，社会连带不仅包括组织间的联系，还包括金融机构、政府、供应链上下游与公司个体层面的复杂联系。金融机构/供应链上下游与公司个体层面的社会连带关系包括公司董事/高级管理者与金融机构/供应商董事/高级管理者是否曾在同一家机构工作或担任董事，是否有亲友、校友、战友和老乡关系以及是否有共同爱好、参加同一俱乐部等（Fracassi，2017；Ferris 等，2017a，2017b；Haselmann 等，2018）。政府与公司个体层面的社会连带关系包括公司董事或高级管理者是否现在或曾经在各级政府或军队任职、是否与政府官员有亲友、校友等关系（Boubakri 等，2012；Ferris 等，2017a）。公司与金融机构/供应链上下游个体层面的社会连带关系包括公司董事/高级管理者与金融机构/供应商董事/高级管理者是否曾在同一家机构工作或担任董事，是否有亲友、校友、战友和老乡关系以及是否有共同爱好、参加同一俱乐部等（Nguyen 和 Ramachandran，2006；Cohen 等，2008；Kim，2009；Engelberg 等，2012；Ferris 等，2017a；Haselmann 等，2018；Fogel 等，2018）。公司与政府个体层面的社会连带关系包括公司董事或高级管理者是否现在或曾经在各级政府或军队任职、是否与政府官员有亲友、校友等关系（Boubakri 等，2012；Ferris 等，2017a）。

在网络结构方面，文献主要从中心度（点度中心度、亲近中心度、中介中心度和特征向量中心度）（Freeman，1979）和结构洞（限制度和有效规模）（Burt，1992；Santarelli 和 Tran，2013）两个维度度量。Ferris 等（2019）基于结构理论的经验衡量首席执行官（CEO）的社会资本（Bourdieu，1986；Burt，1992；Lin，1999），将社会资本视为嵌入社会网络中的资产，强调个人从了解与他们建立网络联系的他人中获益。根据先前的研究（Freeman，1979），他们通过计算首席执行官（CEO）与其他公司经理的当前和过去在教育、就业和其他活动上的重叠来估计首席执行官（CEO）社交网络的中心性。如两个人过去或现在在同一雇主的职业重叠，他们就通过就业建立联系。如果个人在同一时间上同一所大学并获得相同的学位，他们就通过教育联系在一起。如果两个人都在同一专业协会、非营利性协会或休闲俱乐部服务，那么他们就可以通过其他社会活动建立联系。接下来，他们遵循 Faleye 等（2014）的研究，估算加上首席执行官（CEO）社交网络的总体指标的自然对数，等于教育、就业和其他社会因素的连接总和。

表 2-2 和表 2-3 分别为社会的社会连带和网络结构度量指标的总结。

表 2-2　社会连带度量指标的总结

维度	指标		定义	代表性文献
社会连带	公司与金融机构的关系	组织层面	1. 公司与金融机构关系的时间长度（年）； 2. 除债务关系外，公司购买金融机构其他服务的数量（储蓄、理财和金融产品等）； 3. 公司的借款集中度（占公司借款10%以上的金融机构的个数）； 4. 公司与金融机构地理距离的远近； 5. 金融机构是否直接或间接持有公司的股权	Petersen 和 Rajan，1994；Nguyen 和 Ramachandran，2006；Dass 和 Massa，2011；Santikian，2014；Doan 等，2023

维度	指标		定义	代表性文献
社会连带	公司与金融机构的关系	个体层面	1. 公司与金融机构是否共有董事成员； 2. 公司董事/高级管理者与金融机构的董事/高级管理者是否曾在同一家机构工作或担任董事； 3. 公司董事/高级管理者与金融机构的董事/高级管理者是否有亲友、校友、战友和老乡关系； 4. 公司董事/高级管理者与金融机构的董事/高级管理者是否有共同爱好，参加同一俱乐部	Nguyen 和 Ramachandran，2006； Kim，2009； Engelberg 等，2012； Larcker 等，2013； Ferris 等，2017a
	公司与政府的关系	组织层面	1. 公司是否为国有企业； 2. 公司是否有国家参股； 3. 公司是否有政治捐赠行为； 4. 公司党员的数量	Bushman 等，2004； Jayachandran，2006； Talavera 等，2012
		个体层面	1. 公司董事/高级管理者是否现在或曾经在各级政府或军队任职； 2. 公司董事/高级管理者与政府官员是否有亲友、校友等关系； 3. 公司董事/高级管理者是否为某党派成员	Peng 和 Luo，2000； Boubakri 等，2012； Bushman 等，2004 Ferris 等，2017a
	公司与供应链上下游的关系	组织层面	1. 公司与供应商关系的时间长度（年），公司是否及时付款给供应商，公司是否定期组织拜访供应商，公司是否有固定的客户； 2. 公司的客户集中度	Nguyen 和 Ramachandran，2006； Dubini 和 Aldricb，1991； Cen 等，2015
		个体层面	1. 公司董事/高级管理者与供应商董事/高级管理者是否有亲友、校友、战友和老乡等关系； 2. 公司董事/高级管理者与供应链上下游公司董事/高级管理者是否有共同爱好，参加同一俱乐部； 3. 公司董事/高级管理者与供应链上下游公司董事/高级管理者是否曾在同一家公司任职或担任董事	Nguyen 和 Ramachandran，2006； Cohen 等，2008； Kim，2009； Ferris 等，2017a
	其他		1. 公司是否与其他有影响力的社会人物有特殊关系； 2. 公司的社会网络参与度	Talavera 等，2012

表 2-3　网络结构度量指标的文献总结

维度	指标		定义	文献
网络结构	中心度	点度中心度	该成员与其他成员的直接连带总数与其可能存在的最大的连带数目的比值	Freeman，1979；El-Khatib 等，2015；Ferris 等，2019
		亲近中心度	该成员到达其他成员的距离加总再求倒数	
		中介中心度	网络中其他所有两点成员连接捷径中有目标成员的比例	
		特征向量中心度	与该成员有连带关系的其他成员的中心度程度	
	结构洞	限制度	该成员与其他成员通过直接或间接连带连接的程度	Burt，1992；Lin，1999
		有效规模	运用结构洞的能力	

2.2.4　社会资本实证研究综述

社会资本一直是社会学（Coleman，1988）、政治学（Putnam，1993）、经济学（Fukuyama，1995a，1995b；Woolcock，1998）和管理学（Jha 和 Chen，2015）领域广泛研究的议题。从这些研究中出现的一个中心主题是，社会资本——共同信念（社会规范）和密集的关联网络促进了规范一致行为，限制了规范偏差行为。有相当多的证据表明，一个社区的社会资本影响其居民的社会和经济行为（Putnam，2001；Guiso 等，2004a；Buonanno 等，2009）。近年来，随着社会资本这一概念被引入金融经济学领域，社会资本与金融经济学之间的交叉学科研究成为热点和焦点。社会资本这一社会学重要概念被广泛研究，已被证明对社会、社区、组织和个人具有积极的经济效益（Coleman，1988；Knack 和 Keefer，1997）。在宏观层面，社会资本提高了国家（或地区）政府的质量和表现（Putnam，1993；Knack 和 Keefer，1997；Knack，2002），促进了国家（或地区）层面的经济增长和金融发展（Putnam，1993；Knack 和 Keefer，

1997；Guiso 等，2004a），减少了犯罪率（Buonanno 等，2009）[①]。在微观层面[②]，社会资本不仅提高了企业社会责任（Jha 和 Cox，2015）、财务报告质量（Nanda 和 Wysocki，2011；Jha 和 Chen，2015；Jin 等，2017；Jha，2019；Mattei 和 Platikanova，2023）、公司创新水平（Faleye 等，2014；Hasan 等，2020；Cao 等，2023）、股利支付（Davaadorj，2019；Hoi 等，2023）、投资效率（Gao 等，2021；Chowdhury 等，2024）、风险承担水平（Ferris 等，2017b；Ferris 等，2019）和公司业绩（Peng 和 Luo，2000；Batjargal，2003；Doan 等，2023），延长了 CEO 薪酬久期（Gu 等，2023），降低了现金持有水平（Habib 和 Hasan，2017）、首次公开发行（IPO）的抑价水平（Li 等，2019；Kanagaretnam 等，2022；Chen 等，2023）和股价崩盘风险（Mun 等，2024），还限制了不道德行为，如 CEO 薪酬过高（Hoi 等，2019）、积极避税（Hasan 等，2017b）、欺诈（Jha，2019）、滥用公司资源（Gao 等，2021）和管理者寻租（Fang 等，2024）。鉴于本书研究的主题，本部分重点回顾社会资本对微观企业行为影响的实证研究。具体而言：

Jha 和 Cox（2015）研究发现，来自高社会资本地区的公司表现出更高的社会责任（CSR）。这一结果表明，股东或管理者的自身利益并不能解释公司的所有社会责任（CSR），但来自该地区的利他主义倾向也可能起到一定的作用。

Nanda 和 Wysocki（2011）使用 43 个国家的样本，发现社会信任与盈余透明度、对坏消息的及时会计确认和年度报告披露之间存在正相关关系。Jha 和 Chen（2015）研究表明，总部设在低社会资本地区的公司向外部审计师支付更高的费用。他们的主要论点是审计人员认为低社会资本地区的公司不太值得信任，并向这些公司收取溢价。此外，他们还发现，除

---

　　① Buonanno 等研究发现，高社会资本社区的犯罪率明显低于低社会资本社区的犯罪率。他们认为，这是因为公民规范将内疚和羞耻等负面情绪附加到犯罪活动上，从而降低了犯罪率。

　　② 社会资本理论认为，个人行为是社会互动的结果，这也延伸到微观企业行为（Jackson，2008；Newman，2010）。个人及其共同的社交互动或链接形成了一个网络，他们通过这个网络共享信息和其他对他们决策有用的资源。

了公司的社会资本外，审计师的社会资本也很重要，这增加了审计师的偏见可能发挥作用的可能性。Jin 等（2017）实施了跨县域分析，并使用美国公共和私人银行的样本，研究发现社会资本与会计透明度呈正相关。Jha（2019）研究了社会资本对财务报告质量的影响，研究发现，当一家公司的总部设在一个社会资本水平较高的地区时，财务报告质量会更高。此外，社会资本高的地区的公司可自由支配应计较低，年度报告可读性要高得多。Cho 等（2020）使用犯罪率作为社会资本的反向代理，研究发现总部位于犯罪率较高的伦敦区的私营公司更有可能参与盈余管理。Sánchez-Ballesta 和 Yagüe（2021）研究了社会资本与盈余管理之间的关系。研究发现，社会资本代理与盈余管理之间存在负相关关系，表明社会资本可能被视为一种限制盈余管理实践的非正式监控机制。Mattei 和 Platikanova（2023）研究发现，当商业银行更复杂且银行经理的披露激励更强时，社会资本的影响更为明显。当其他机制无效时，社会资本可以有效地提高报告的透明度，降低财务误报的传染性，从而确保金融体系的稳定。

Dakhli 和 De Clercq（2004）通过对五大洲 59 个国家的国家级数据分析，研究发现社会资本与创新活动之间存在正相关关系。Faleye 等（2014）研究发现，首席执行官（CEO）的社会关系促进了美国对高风险创新的投资。Ganguly 等（2019）研究发现，社会资本会增加企业间隐性知识共享，从而有利于增加网络成员的创新能力。Hasan 等（2020）研究发现，美国各县的社会资本，如社会规范的强度和社会网络的密度，与总部设在该县的公司的创新（专利及引用）呈正相关关系，社会资本与创新相关的收缩渠道非常突出。此外，他们还发现，社会资本也与商标性和公司研发支出的有效性呈正相关关系。Chetty 等（2022）研究表明，在社会资本丰富的地区，企业更容易进行创新活动，这不仅提高了企业的市场竞争力，而且增强了其在资本市场中的吸引力。Cao 等（2023）借鉴资源依赖和社交网络理论，探讨了社交网络、融资约束和企业创新之间的关系。研究发现，融资约束与企业创新呈负相关关系，社交网络促进企业创新，而融资约束是这种关系的中介。

Davaadorj（2019）考察了社会资本对股利支付决策的影响。研究发现，社会资本和股息之间存在正相关关系，并且这种关系对治理薄弱的公司来说更强。此外，比例风险模型表明，位于高社会资本地区的公司更有可能更早地开始分红。Hoi 等（2023）研究发现，由公司总部所在国家的协会网络和社会规范所捕获的社会资本与当地公司的现金股息支付呈正相关关系。社会资本减轻了管理者私人财务激励以限制股息，并鼓励面临更大自由现金流问题的公司获得更高的股息。此外，他们还发现社会资本还减少了对自由现金流的过度投资。然而，Goodell 等（2023）检查了中国企业的样本，研究发现从伴随的公民社会资本水平推断出的信任对当地企业的股息支付产生了负面影响。

Singh 和 Schonlau（2009）研究发现，董事会网络中心度越高，公司进行收购的可能性、被收购的可能性越大。Baxamusa 等（2015）研究发现，企业在客户—供应商网络中处于核心地位时，从收购中获得的回报越低。Lee（2016）研究发现，联盟网络是影响企业投资决策的重要渠道，中心度较高的企业对价格的投资敏感性较低。Fracassi（2017）研究发现，董事和高级管理者的社会关系会影响公司的资本投资，两个公司之间的联系越多，资本投资越相似。Gao 等（2021）调查了社会资本如何影响管理者对公司资源的使用。研究发现，社会资本减少了过度投资和投资不足，从而提高了事后投资效率；在具有高水平社会资本的社区中，强大的社会规范和密集的社交网络限制了不道德的公司行为，从而促进了公司资源更有效地利用。Chowdhury 等（2024）研究了公司总部所在州的社会资本（鼓励利他主义和阻止机会主义的社会规范）与其进行的收购之间的关系。研究发现，当收购方的总部设在美国社会资本高的州时，收购公告的累积异常回报率很高。总体而言，结果表明，社会资本衡量的社会规范通过诱导管理者履行对股东的义务来缓解收购中潜在的代理问题。

Ferris 等（2017b）研究了首席执行官（CEO）社会资本对企业总体风险承担的影响。研究发现，CEO 的社会资本与企业总体风险承担之间存在正相关关系。通过研究其影响渠道机制，他们发现社会关系会导致公司政策行动，而这些行动会导致股票回报和收益的波动。Ferris 等（2019）考察了 CEO 社会资本对全球企业风险承担的影响。研究表明，首席执行官（CEO）社会资本与企业总风险承担之间显著正相关。此外，他们还发现，拥有大量社会资本的首席执行官更喜欢风险更高的投资和融资政策，CEO 社会资本与企业风险承担之间关系受到股东法律保护程度、金融发展和公司所在国家文化的影响。

Peng 和 Luo（2000）使用来自中国的调查数据，发现公司高级管理者与其他公司高级管理者等的微观人际关系有助于提高宏观组织绩效。这表明管理者连带所嵌入的社会背景的重要性。Batjargal（2003）从社会嵌入的视角研究了企业家的社会资本对俄罗斯公司绩效的影响。研究发现，关系嵌入和资源嵌入对公司绩效具有直接的积极影响，而结构嵌入对公司绩效没有直接影响。Horton 等（2012）研究发现，公司高级管理者和外部董事的连通性与经营绩效正相关。Larcker 等（2013）研究发现，拥有良好的董事会网络关系可以促进公司未来经营绩效。Doan 等（2023）探讨了社会资本如何影响转型经济中的中小企业（SME）的绩效。研究发现，社会资本与中小企业绩效之间存在倒 U 形关系，创新和社会资本在影响中小企业绩效方面存在积极的互补效应。

Gu 等（2023）研究了公司总部周围的社会资本对其 CEO 薪酬期限的影响。研究发现，首席执行官的薪酬期限随着公司总部所在县的社会资本水平的增加而增加，这与社会资本激励公司以长期为导向并避免短期机会主义活动的观点一致。

Habib 和 Hasan（2017）研究了区域社会资本对公司现金持有量的影响，并且研究了社会资本影响现金持有量的可能渠道。研究发现，高社会资本的公司持有的现金明显少于低社会资本的公司，社会资本通过融资约束和财务报告质量渠道减少现金持有量，而通过系统和特殊风险渠道增加现金持有量。

Li 等（2019）以中国 IPO 公司为样本，考察了信任对 IPO 抑价的影响。研究发现，社会信任度高的地区的公司抑价率较低，这与低信任度地区的 IPO 公司必须提供更高的抑价以确保参与的观点是一致的。Kanagaretnam 等（2022）使用来自 36 个国家的 IPO 公司的国际样本和国家层面的社会信任指数，研究发现，社会信任与 IPO 抑价程度负相关，当信息环境不那么透明、股市环境不那么稳健，社会信任对降低 IPO 抑价的影响更为显著。Chen 等（2023）使用美国 4892 家 IPO 公司的大样本，研究发现，IPO 公司总部所在县的社会资本水平与 IPO 抑价水平呈负相关。结果表明，社会资本作为一种非正式的契约机制，在提高公司证券发行定价和绩效方面具有重要作用。

Hasan 等（2017b）研究了美国县一级的社会资本是否与总部设在该县的当地公司的避税行为相关。研究发现，总部位于美国社会资本水平较高的县的公司，具有相对强大的公民规范和密集的关联社交网络，显示出较低的公司避税率。Jha（2019）研究发现，当一家公司的总部设在一个社会资本水平较高的地区时，通过歪曲财务信息而进行欺诈的可能性较低。Hoi 等（2019）研究发现，社会资本与 CEO 的薪酬水平呈负相关关系。这表明社会资本限制了适当的薪酬实践，这些实践会过度提高 CEO 的薪酬，即社会资本通过限制 CEO 薪酬中的管理租金提取来缓解代理问题。Fang 等（2024）研究表明，董事会社交网络有效遏制了管理者对外部人士的私人信息优势，从而导致管理层寻租水平降低。

尽管大多数文献强调了社会资本的积极后果，但一些研究发现社会资本也会带来负面影响，存在阴暗面。Waldinger（1995）认为，提高社区成员之间经济交流的便利性和效率的相同社会关系隐含地限制了外来者。Portes（1998）指出，当排斥外人、对群体成员的过度要求、对个人自由的限制和向下的等级规范时，可以观察到负面的社会结果。他认为，在高度团结的社区中，舒适的群体之间的关系会导致"搭便车"问题（Free Rider Problem），在共同规范结构支持下不那么勤奋的成员会向更成功的成员提出更多要求，从而摧毁成功的群体成员。此外，当社会控制水平限制了个人自由并施加了向下的平等规范时，有限的团结和信任是某些群体社会经济上升和创业发展的来源，可以在其他群体中产生完全相反的效果。此外，部分文献支持壕沟效应假说（Entrenchment Effect Hypothesis）。该假说认为，CEO 可能会利用社会关系来提升自己在网络中的声誉和影响力。在这方面，一些研究表明，社会关系可能会激励 CEO 获得私人利益并巩固自己的地位，而不是提高公司价值。如 Davis（1991）展示了通过环环相扣的董事会相互联系的公司如何迅速采用毒药丸计划以限制收购威胁。Podolny 和 Page（1998）、Uzzi（1997）研究表明，社会嵌入性具有消极的一面，严格控制的关系强化了社会义务和期望，这可能会限制经济主体识别和利用新机会的自由。以前的工具性关系可能会变成"黑暗资源"或社会负债，限制管理者和企业家的寻租活动，对他们的绩效指标产生负面影响（Bean 和 Bell-Rose，1999；Gargiulo 和 Benassi，1999；Portes，1995）。Geletkanycz 和 Finkelstein（2001）研究发现，CEO 的外部董事会网络与其薪酬正相关。Barnea 和 Guedj（2009）研究发现，董事的社会网络与高级管理者薪酬激励正相关。Fracassi 和 Tate（2012）研究发现，人脉广泛的 CEO 追求破坏价值的收购。El-Khatib 等（2015）研究发现，CEO 的社会网络特征会对公司并购产生影响，CEO 的网络中心度越高，公司并购频率越高、并购绩效越差[①]。Chahine 等（2019）研究发现，网络中心度高的 CEO 会利用企业社会责任来巩固自己的地位并获得私人利益，而不是增加股东价值。Griffin 等（2021）研究了 CEO 的社会资本作为真实盈余管理广泛实践的重要驱动力的作用。研究发现，CEO 的社会资本存在阴暗面：从长远来看，它会导致真实盈余管理的过高水平和波动，使公司付出高昂的代价。Panta（2020）探讨了社会资本对企业风险承担的影响，证明了社会资本是公司决策过程中的重要决定因素，特别是在公司风险承担决策中。研究发现，公司风险承担与社会资本之间存在负相关关系，过度冒险和社会资本的综合效应导致公司价值减损。总体而

---

① El-Khatib 等研究发现，高网络中心度的首席执行官（CEO）为了增加私人财富，并逃避了公司控制市场和经理人劳动力市场的纪律，从而参与了破坏价值的并购。

言，这些文献表明，CEO 可能会利用社会资本来巩固自己，从而导致公司资源的滥用。

此外，还有大量文献关注社会资本和公司融资行为之间的关系，尤其是融资约束和融资便利性。如 Houston 和 James（2001）研究发现，与维持多家银行关系的公司相比，依赖单一银行的公司面临更严重的融资约束。Shen 和 Wang（2005）研究发现，公司与银行间的关系越强，融资约束程度越低。Khwaja 和 Mian（2005）研究发现，拥有政府关系的公司会获得更多的银行贷款，但这种关系只存在于政府银行，而不存在于私有银行。Ahlstrom 和 Bruton（2002）研究发现，与关键客户、政府官员的关系对东亚转型国家的企业风险资本融资具有积极的影响（Nguyen 等，2005）。Braggion（2011）研究发现，管理者是共济会成员的公司更容易获得外部融资。Fornoni 等（2012）对阿根廷企业家进行的抽样调查表明，社会资本可以促进公司获得融资。此外，他们还发现，商业协会可以通过向银行推荐良好的企业来帮助私营企业提供商业银行贷款申请。Yen 等（2014）发现，CEO 政商关系可以缓解融资约束；CEO 在行业协会中担任董事的公司，融资约束较低。Wu 等（2014）发现，位于社会信任度较高地区的公司使用更多的贸易信用。Itzkowitz（2015）研究发现，公司与供应商关系对供应商融资约束产生显著影响。公司与供应商关系越密切、越稳定，投资—现金流敏感性和现金—现金流敏感性越低。Cull 等（2015）研究发现，与政府有关系的公司，融资约束程度较低；与政府关系薄弱的大型非国有企业，融资约束程度较高。Javakhadze 等（2016）发现，社会资本减少了企业对内部现金的依赖，正向影响外部融资对投资机会的敏感性，负向影响外部融资对现金流的敏感性。Haselmann 等（2018）发现，社会资本能够减少市场摩擦，获得更多融资机会。Pham 和 Talavera（2018）发现，社会资本可以促进贷款申请，与政府官员和其他商业人士关系密切的公司可以获得期限更长的贷款。Hasan 和 Habit（2019）研究了美国社会资本与公司使用贸易信用之间的关系。研究表明，总部设在社会资本高的国家的公司使用较少的贸易信用。Jaiswal-

Dale 等（2019）发现，公司与所处网络的网络中心接触频率越高、接触途径越多，融资便利性越多。Lee 等（2019）研究发现，社会网络有利于居住在贫困地区的企业家获得资源。Mertzanis（2019）得出结论，在发展中国家，较强的家庭纽带与较高的融资约束相关，但在企业规模较小的国家和人口密度较高的国家，家庭纽带对融资约束产生有益的影响。Park 等（2022）研究发现，具有高中心性的公司更有可能公开上市，而中心性较低的公司更有可能保持私有或被剥离。此外，部分文献还研究了社会资本对权益资本成本的影响。Guiso 等（2004a）研究表明，在社会资本较丰富的地区，企业参与股票市场的成本较低，它们从风险资本家那里获得银行贷款和资金的成本也较低。Ferris 等（2017a）研究发现，社会连带减缓了信息和代理问题，导致权益资本成本下降。Gupta 等（2018）研究发现，公司总部所在州的社会资本水平与权益资本成本负相关。

潘越等（2009）发现，在社会资本水平较高的省份，公司更倾向于对外投资。戴亦一等（2009）研究发现，在我国社会资本发展较好的地区，企业更容易获得长期债务资金，且企业可以使用较少的抵押物获得债务融资。朱秀梅和费宇鹏（2010）研究发现，社会网络规模对知识资源获取具有正向影响，而知识资源的获取能够提高企业绩效。陈运森和谢德仁（2011）研究发现，独立董事网络中心度的提高有助于缓解投资效率。邓建平和曾勇（2011）研究发现，公司与银行间的社会联系与债务融资正相关。游家兴和刘淳（2011）研究发现，社会资本有助于权益资本成本的降低。于蔚等（2012）研究发现，政治关联通过降低信息不对称和强化企业的资源获取能力缓解融资约束。盛丹和王永进（2014）研究发现，企业间的双边关系和多边关系均能有效缓解融资约束。王营和曹廷求（2014）研究发现，公司嵌入董事网络有助于获取债务融资。万良勇和郑小玲（2014）研究发现，结构洞的丰富程度正向影响并购行为。李善民等（2015）研究发现，社会资本可以降低并购过程中的不确定性，正向影响并购行为。张敏等（2015）研究发现，董事长构建的社会网络对企业风险承担的影响体现为融资水平的提升。蔡宁和何星（2015）研究发现，网络中心度的提高会抑制投资不足。尹筑嘉等（2018）研究发现，董事网络能缓解企业融资约束，公司网络中心度越高、结构洞位置越丰富，对投资—现金流敏感性的缓解作用越强。史金艳等（2019）研究发现，处于供应网络中心、占据丰富结构洞的公司承担的经营风险更大。刘健和刘春林（2016）研究发现，在关联股东构成的并购网络中，关联股东的并购经验会促进并购绩效的提升。吴超鹏和金溪（2020）研究发现，在社会资本较高的省份，公司创新能力越强，会计绩效越高。陈德球等（2021）研究发现，在过往合作经历和共同校友关系嵌入下的联合投资企业创新效率更高。

Guiso 等（2004b）认为，金融契约是"最终的信任密集型契约"，因此建立这种信任的社会关系对金融发展至关重要。文献还考察了社会资本与债务契约之间的关系，但主要聚焦在贷款契约上。研究表明，具有更强社会资本的公司更有可能获得贷款和更好的贷款条件（Le 和 Nguyen，2009；Engelberg 等，2012）。Le 和 Nguyen（2009）研究发现，银行家为了解更多关于贷款申请人的信息，可能会向相关的政府官员或申请人的其他网络寻求额外的信息。因此，具有较强社会关系的公司更有可能获得贷款或获得更好的贷款条件。Engelberg 等（2012）研究发现，银行和借款人通过管理上的人际联系而建立之间的社会联系降低了借贷成本。Guiso 等（2004a，2010）研究表明，社会资本通过减少借款人的机会主义行为和增加金融机构对借款人的信任，显著降低了企业的贷款利率和整体融资成本。具体来说，在社会资本水平较高的地区，金融机构对借款人的信用评估更加精准，减少了对高风险溢价的需求，使企业能够以较低的成本获得所需资金。在一个实验环境中，Karlan（2005）研究表明，一些人比其他人更值得信赖，而一个人的可信度与良好的行为有关，如较低的贷款还款违约率。Duarte 等（2012）研究发现，值得信赖的借款人更有可能获得贷款资金，有更好的信用分数和较低的违约概率，并获得较低的贷款利率。Cen 等（2015）研究发现，具有稳定大客户的公司被视为安全性较高的公司，其贷款利率相对较低，贷款契约的限制性条款更宽松。Hasan 等

（2017b）研究发现，总部位于社会资本较高的美国各州的公司，银行贷款利差较低，非价格贷款条件较宽松[①]。Fogel 等（2018）研究发现，拥有较高社会资本的 CEO 的公司，信息不对称问题得到缓和，贷款利率较低、贷款契约保护性条款较少。最近的研究开始关注社会资本与债券契约之间的关系，但主要集中在债券契约的价格条款（利率）上。Chuluun 等（2014）研究发现，公司董事社会网络中心度越高，债券发行利率越低，且这种关系在信息不对称环境下更加显著。Hasan 等（2017b）研究发现，社会资本越高，债券发行利差越低。Qiu 等（2019）研究发现，高管团队的社会网络关系能降低债券信用利差。唯一例外的是，Cao 和 Xie（2021）研究了一国的信任水平与债券契约保护性条款之间的关系。研究发现，当发行人来自信任水平较低的国家时，债券契约中包含更多的保护性条款。

2.3　本章小结

　　本章对相关研究文献进行全面、系统的综述，分别从债券契约的理论和实证研究，以及社会资本的理论和实证研究等方面展开。自 Modigliani 和 Miller（1958）的融资结构无关论、Stiglitz（1974）的债券期限无关性命题提出以来，许多财务经济学家试图放松理论上的假设，将现代分析工具如博弈论、信息经济学、委托代理理论被引入融资结构分析中来，提出了委托代理成本模型、信息不对称模型和公司控制权市场模型等。此外，

---

　　① Hasan 等使用宾夕法尼亚州立大学东北地区农村发展中心（NRCRD）提供的数据，衡量了美国各县的社会资本水平，并通过贷款利差直接衡量银行贷款成本。研究发现，在控制了公司特征、贷款属性、县级人口因素以及州、年份和行业固定效应后，县级社会资本与贷款利差之间存在负向且统计显著的关系。这表明社会资本的丰富度能够显著降低企业的融资成本，即社会资本越高，企业支付的贷款利差越低。这一结果在控制了地方宗教信仰（Cai 和 Shi，2013）、企业社会责任（Goss 和 Roberts，2011）以及企业避税行为（Hasan 等，2014）后依然稳健。

现代财务理论中将公司看作不完全契约的分析方法极大地丰富了债券契约理论，形成了从完全契约到不完全契约分析的债券契约理论。然而，各种债券契约理论的发展都有自己既定的假设前提和内在的逻辑。各种债券契约理论都是在一定时期、一定制度背景下形成的，且各种债券理论模型的构建和开发都是在美国这样发达国家的制度环境中进行的。因此，研究中国这样的新兴市场经济体的债券契约问题要结合中国自身的制度环境和背景。

现有文献强调正式制度（法律制度）在债券契约中的重要性（Miller 和 Puthenpurackal，2002；Boubakri 和 Ghouma，2010），鲜有文献关注非正式制度与债券契约之间的关系，尤其是债券契约的非价格条款。目前国内关于债券契约的研究往往关注债券发行利率，而忽视了债券契约特殊性（保护性）条款等非价格条款。先前有关债务契约的文献主要聚焦贷款契约。然而，相比银行而言，数量多、金额小的债券投资者面临更严重的道德风险和逆向选择问题。此外，债券通常交易广泛，债券契约违约往往是不可谈判的，对公司声誉造成不良的影响，并最终可能导致公司破产。因此，债券投资者会更加依赖债券契约条款以保护自身利益，降低债券契约违约的可能性。

此外，跨学科的丰富文献记录了社会资本提高了国家（或地区）政府的质量和表现，促进了国家（或地区）层面的经济增长和金融发展，减少了犯罪率。此外，社会资本研究在社会学、经济学、管理学和政治学方面取得了实质性发展。继 Coleman（1988）之后，社会资本研究在社会科学领域获得了发展势头。同时，经济学（Guiso 等，2004a）、管理学（Payne 等，2011）、政治学（Putnam，2000；Woolcock，2010）和会计学（Jha 和 Chen，2015；Jha，2019）等方面的大量文献研究了社会资本的影响。这些趋势表明了社会资本研究在社会科学、管理学、政治学和会计学中的重要性。大量文献强调了非正式制度（社会资本）对公司财务行为的影响（Jha 和 Chen，2015；Jin 等，2017；Habib 和 Hasan，2017；Jha，2019；Ferris 等，2017a、2017b；Ferris 等，2019；Davaadorj，2019；Hoi

等，2023；Chowdhury 等，2024）。这些研究表明了社会资本在公司财务学、会计学中的重要性。然而，对社会资本如何影响债券契约的研究才刚刚起步。现有文献主要聚焦社会资本对融资便利性、融资约束和权益资本成本等融资行为的影响（Houston 和 James，2001；Itzkowitz，2015；Gupta 等，2018）。最近的研究开始关注社会资本对贷款契约的影响（Hasan 等，2017a；Fogel 等，2018），但鲜有文献关注社会资本对债券契约的影响，尤其是债券契约的非价格条款。目前，国内尚未出现从社会资本视角研究债券契约非价格条款的文献，国际上也仅有一篇文献研究一国的信任水平如何影响债券契约保护性条款数量（Cao 和 Xie，2021），但该研究只考虑了社会资本中社会规范的信任水平，没有考察社会资本的社会网络（包括社会连带和网络结构），尚未出现宏观层面社会资本的其他维度（如社会参与和社会组织结构）和微观层面的社会资本（如社会连带和网络结构）如何影响债券契约的文献。现有文献主要从社会连带视角研究社会资本与公司融资行为之间的关系，鲜有文献从网络结构视角考察社会资本与公司融资行为之间的关系。

第3章 中国融资制度背景

众所周知，债务融资是发展中国家和新兴市场经济体公司的主要外部融资来源。新兴市场经济体的公司债务水平较高，并且不同国家的融资结构存在普遍差异，关注公司或行业因素的传统理论只能对此类问题做出部分解释。近年来，大量的跨国比较研究揭示了一种典型的公司融资模式，这种融资模式无法被公司或行业因素所解释，但能够被国家层面的制度因素所解释（Demirguc-Kunt 和 Maksimovic，1998，1999；Rajan 和 Zingales，1995；Booth 等，2001；Giannetti，2003；Fan 等，2008）。

尽管为了全面理解金融发展和制度环境对公司财务政策的影响需要系统比较国家之间的差异性，但特定国家之内的制度环境会随时间发生缓慢变化这一现象也不容忽视。由于历史、体制等原因，中国的制度环境与西方国家并不相同，西方债券契约理论及实证检验结果在中国可能不适用。即使适用，也得按中国的国情做一定的修改。因此，理解中国的债券契约问题，需要系统了解中国的制度环境。

制度是一系列用来建立生产、交换分配基础的基本的政治、社会和法律基础规则，它构成了人类政治交易行为和经济交易行为的激励机制。制度通过政策制定和变更引导经济的发展方向从而引导公司的行为决策，这种影响对处于转型经济中的国家更为明显，因为转型经济国家中的政策不稳定性更大。因此，转型经济国家的公司面临的外部不确定性更高。制度是构建人类互动的人性化设计的约束。它们由正式的约束（如规则、法律、《宪法》)、非正式的约束（如行为规范、自我强加的行为准则）及其执行特征组成（North，1994）①，而且，这些制度可以改变收益/成本比，以促进合作。如果法律及其执行是正式的制度，那么社会规范及其执行就是非正式的制度（North，1994）。制度是一个社会的游戏规则，更规范地说，它们是为决定人们的相互关系而人为设定的一些制约（North，1990）。制度环境的质量对经济发展起到重要作用，良好的制度环境能够降低市场交易成本和市场信息不对称成本（Meyer，2001），进而能够提升市场中个体成功达成交易的可能性。制度理论强调组织的活动如何受到"适应"环境需求的驱动，以及个人的行为将如何受到环境的约束（Meyer 和 Rowan，1977；Scott，2013）。由于制度是持久的、根深蒂固的，并塑造着个人行为，鉴于环境对历史现象的依赖性，制度理论对公司融资问题尤为突出。

在第 2 章中，本书全面、系统地回顾了相关研究文献，评估了社会资本和债券契约的现有研究成果，并指出存在的问题及不足之处。债券契约理论（如代理成本模型、信息不对称模型和不完全契约理论）是在特定时期、特定背景下形成的。大量文献考察了特定国家的制度环境对公司财务政策的影响。例如，La Porta 等（2002）研究认为，在投资者法律保护较高的国家，债权人愿意以较低利率向公司提供资金。Miller 和 Puthenpurackal（2002）研究发现，良好的法律保护能够降低债券发行公司的融资成本。类似的还包括 Calomiris（1993）、Holmström 和 Tirole（1993）、Rajan 和 Zingales（1995）、Demirguc-Kunt 和 Maksimovic（1998，1999）、Giannetti（2003）、Fan 等（2008）、Qi 和 Wald（2008）、Qi 等（2011）、Awartani 等（2016）的研究。

本章系统分析中国融资制度背景，涵盖社会资本、法律制度、经济政策以及金融体系等方面。通过中国融资制度背景的分析，能为解释信用债

---

① Scott（2013）指出，制度在多个层面上运作包括法律法规等正式组成部分，以及规范和价值观等非正式组成部分。制度既包括成文规则，也包括那些作为正规规则的基础与补充的非成文行为准则。

券契约条款的设计提供现实背景和背后的经济力量。

3.1　社会资本

3.1.1　社会资本的国际比较

由于文化和制度的差异，能够解释西方发达国家公司融资行为的理论可能并不适用于发展中国家，非正式制度通常被视为法律制度的替代机制从而保证交易顺利进行（Allen 等，2005）。关于公司治理的制度驱动因素的大量文献有三个核心类别——非正式约束、正式规则和执行，大多数文献集中在后两个类别上（Boytsun 等，2011）。一些文献指出了非正式约束的重要性，即塑造行为的非正式制度。一项早期的跨国研究强调，制度环境导致了不同的公司治理机制（Lubatkin 等，2005）。最引人注目的非正式机制之一是社会资本。在投资者缺乏强有力法律保护和发达的金融市场机制的情况下，社会资本更重要，包括政府机构和公共公司在内的组织容易受到其所在地理区域的社会环境的影响。特别地，涵盖社会学、政治学、经济学和管理学的大量文献发现，地理区域的社会资本产生信任、增强合作和促进交易；而且，这些文献的新生流发现，社会资本促进公司契约，影响公司决策，甚至减轻 CEO 薪酬中的代理冲突。有证据表明，社会资本在陌生人之间和很少相遇的人之间产生信任和合作（Coleman，1988；Putnam，1993），这反过来又促进了这些人之间的契约（Guiso 等，2004a，2008）。Fukuyama（1995b）进一步认为，社会资本可以促进所有组织的契约。Knack 和 Keefer（1997）、La Porta 等（1997）为证实这一猜想提供了证据。最近的研究表明，社会资本在公共公司中产生这样的契约利益，可能是通过建立一个更值得信任的企业环境。如 Jha 和 Chen（2015）提供了社会资本改善审计契约的经验证据。Hasan 等

（2017b）证明了社会资本总体上改善了贷款契约，银行认为社会资本提供了环境压力，限制了契约中的机会主义行为。社会资本可以通过促进公司和债务或权益投资者之间的外部融资。Gupta 等（2018）研究发现，社会资本是一种社会监控机制，可以减少投资者面临的危险。因此，社会资本有利于公司获得外部融资，包括债务和权益。这些论点表明，社会资本培养了一个外部的社会环境，减轻了公司融资中的"敲竹竿"（Hold-up）问题，并促进了公司获得外部融资。

社会资本一直是社会学（Coleman，1988）、政治学（Putnam，1993）和经济学（Fukuyama，1995a，1995b；Woolcock，1998）领域广泛研究的课题。从这些研究中出现的一个中心主题是，社会资本——共同信念（社会规范）和密集的关联网络促进了规范一致行为，限制了规范偏差行为。有相当多的证据表明，一个社区的社会资本影响其居民的社会和经济行为（Putnam，2001；Guiso 等，2004a；Buonanno 等，2009）。社会资本是指社区内共同的共同信念（公民规范）和协会网络的密度（Woolcock，2001）。社交网络捕捉了人口中社会关系的密度，提供了一种评估社会合作的方法（Guiso 等，2010）。公民规范深深植根于社会中，并塑造着个人的行为。作为一种关键的非正式机制，社会资本通过社会网络关系构建资源互利共享的合作机制，把资源连接成一个有机整体（Durlauf，2002）。一般来说，社会资本较高的社会往往具有更高水平的相互信任，并通过社区的力量表现出更大的契约可执行性（Portes，1998）。社会资本捕捉了一个社区共同的信念和关联网络的密度（Woolcock，2001）。根据 Putnam（1993）的说法，社会资本包括社会组织的特征，如网络、规范和信任，这些特征促进了互利的行动和合作，即具有共同规范、价值观和理解的网络，促进了群体内部或群体之间的合作（Scrivens 和 Smith，2013）。社会资本是对正式投资者保护机制的补充（Stafsudd，2009）。Boytsun 等（2011）研究表明，社会规范和社会凝聚力在提高透明度、外部监督和加强委托代理人关系方面导致更开放的公司治理。文献记录社会资本对公司决策具有重要影响（Gao 等，2021；Hasan 等，2017a，2017b；

Hoi 等，2018，2019；Jha，2019）。社会资本是一个重要的结构，在社会科学中得到广泛的研究（Coleman，1988；Putnam，1993），并被证明对社会、社区、组织和个人具有积极的经济利益（Fukuyama，1995a，1995b；Knack 和 Keefer，1997；Putnam，2001；Buonanno 等，2009）。合作规范是社会规范，它限制了狭隘的利己主义（Knack 和 Keefer，1997），限制了交易中的机会主义行为（Coleman，1988），并有助于克服"搭便车"问题（Guiso 等，2010）。在具有强烈合作规范的社区中，个人应将机会主义行为视为与随之而来的规范相关的规定价值观相矛盾，从而导致限制此类行为的内部和外部制裁（Coleman，1988）。此外，拥有密集社交网络的社区在社区中具有更有效的沟通和随之而来的规范的执行（Coleman，1988；Spagnolo，1999）。因此，强大的合作规范和密集的社会网络可以营造出一种限制机会主义行为的环境。社会资本作为一种环境结构，它捕捉了由合作规范的力量和联合网络的密度所产生的影响的汇合。社会资本与更大的金融发展（Guiso 等，2004a）、更高的增长率（Knack 和 Keefer，1997；Zak 和 Knack，2001）、更具弹性的金融体系（Lin 等，2001）以及大型组织的存在（La Porta 等，1997）相关。

中国传统文化重在解决个人与群体的纵向关系，养成了人们较强的义务观念，将个人承担对群体的义务作为维护社会和谐的根本途径。Knack 和 Keefer（1997）研究发现，在世界价值观调查（WVS）中信任得分最高的斯堪的纳维亚国家，尽管它们提供的投资保护水平低于英美法系国家，但它们却有大幅的经济增长。这些发现表明，信任可以替代法律保护。Allen 等（2005）、Allen 等（2019）研究表明，在这些国家，社会规范、商业文化和法律外机制在促进高水平的经济活动方面发挥了重要作用。Pevzner 等（2015）认为，与社会信任减少外部投资者对道德风险的担忧相一致，信任可以替代投资者保护和披露要求等正式制度。

Antonio 和 Santos（2004）认为在商业过程中，"关系"（或社会资本）是正式制度发展或正式契约的替代品。中国的一个显著特征是在经济发展中对"关系"管理的重视。在中国文化的语境中，人们更喜欢依靠他们的关系来解决各种问题。中国经济的繁荣不仅取决于经济、金融和人力资本，而且还取决于社会资源，社会网络关系是个非常必要的条件。社会资本可以鼓励新的投资，并使现有的投资更进一步，是将经济和物质资本的利益连接到边缘化社区的"黏合剂"。

图 3-1 展示了不同国家的社会资本指数和个体主义指数。

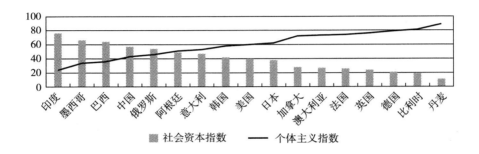

图 3-1 社会资本指数和个体主义指数

资料来源：芝加哥大学社会调查（GSS）的数据：https：//gssdataexplorer. norc. org/；Geert Hofstede 文化维度：https：//www. theculturefactor. com/。

图 3-1 主要展示了不同国家的社会资本指数与个体主义指数的对比①，重点反映了各国在社会资本上的差异。由图 3-1 可知，中国的社会资本指数位于中上水平，显示出中国对社会资本的高度重视，而其个体主义指数较低。整体来看，社会资本指数较高的国家通常表现出更强的社会关系网络和集体凝聚力，这在中国的社会结构中表现得尤为明显。

3.1.2 中国社会中的信任与关系

在中国社会中，信任的构建和维持深深植根于独特的文化和社会背景。这种信任不仅是一种个人之间的依赖，更是一种嵌入在社会结构和人

---

① 个体主义是一种强调个人自由、个人利益，并强调自我支配的政治、伦理学说和社会哲学。

际关系中的制度性安排。信任的概念在中国文化中与"信"这一术语紧密相关，体现了一个人对社会角色的履行以及在复杂社会网络中的责任感和诚信度（Rousseau 等，1998；Luhmann，1979）。

在广泛接受的关于信任的讨论中，信任往往被分为两种形式：一种是对熟悉个体的特殊信任，另一种是对陌生人的普遍信任（Freitag 和 Traunmüller，2009）。在中国文化中，特殊信任占据了更为重要的地位。这种信任通常基于社会角色的履行和礼仪规范的遵守，而不仅仅依赖个体的善意或透明度。在这一点上，中国的信任机制更加强调社会关系的维系和角色义务的履行，而不是严格的事实真相或透明度（Giddens，1990）。这种机制与西方社会的信任观念形成鲜明对比，后者通常更关注个人的独立性和信息的对称性。

在中国社会中，信任的形成往往依赖于长时间的相互接触和熟悉，这使个体能够在社会网络中建立可靠性和声誉。信任不仅是个人之间的情感纽带，更是一种社会资源，通过对社会规范的遵守和礼仪的履行得以维持。在这一点上，信任与"信任"和"信用"密切相关，后者体现了一个人在社会关系中的可信度和可靠性。这种信任机制在中国文化中表现为对熟悉个体的高度依赖，以及对社会角色的严格履行（Giddens，1990；Luhmann，1979）。

在中国，信任与社会关系的维系密不可分。社会关系不仅是个人之间的互动，更是社会结构的基石。在这一背景下，信任不仅仅是对个体的依赖，更是对社会角色的履行和社会规范的遵守。信任的形成往往依赖长时间的相互接触和熟悉，这使个体能够在社会网络中建立可靠性和声誉（Freitag 和 Traunmüller，2009）。这种信任不仅限于个人层面，更扩展到整个社会网络中，成为维持社会和谐的重要因素。

这种信任机制的一个重要特征是，它并不完全依赖严格的真实性或透明度。相反，信任更多地与维持社会关系和面子的管理相关。在中国文化中，面子不仅仅是个人声誉的象征，更是信任的一部分。面子在社会关系中的作用体现了中国社会中信任的复杂性，它不仅是个人之间的情感纽带，更是一种通过社会规范和礼仪履行来维持的社会资源（Bedford，2011）。

在商业领域中，信任的维系同样依赖社会角色的履行和对礼仪规范的遵守。例如，中国企业家中普遍存在的账本做法，虽然在交易报告中可能存在不准确性，但由于这些行为被视为符合社会规范，商业伙伴之间的信任并不会因此受到显著影响（Peng 等，2001；Zhang，2014）。这表明，在中国社会中，信任不仅依赖行为的真实性，还与社会关系网络中的角色和义务履行密切相关（DeGlopper，1995）。

在中国社会中，信任的形成和维持往往依赖长时间的相互接触和熟悉，这使得个体能够在社会网络中建立可靠性和声誉。信任不仅仅是个人之间的情感纽带，更是一种社会资源，通过对社会规范的遵守和礼仪的履行得以维持（Freitag 和 Traunmüller，2009）。在这种文化背景下，信任和信用密切相关，后者体现了一个人在社会关系中的可信度和可靠性。这种信任机制在中国文化中表现为对熟悉个体的高度依赖，以及对社会角色的严格履行（Giddens，1990；Luhmann，1979）。

与西方社会中强调透明度和对称性不同，中国的信任关系更多的是通过社会角色的履行和对礼仪规范的遵守来体现的。这种信任依赖于对他人行为的公共监督以及在关系中的信用或声誉（Giddens，1990）。在此背景下，"面子"（社会声誉）不仅是个人价值的体现，更是信任的基础之一。正如 Bedford（2011）所指出的，面子在中国社会中扮演了一个重要的角色，它不仅是对个体道德的评估，更是对其在社会网络中的可信度的认可。

信任是信任者和被信任者之间的关系。然而，当可信度的声誉因素占主导地位时，特别是通过"面子"的监管机制，这种关系就不再是二元的，而是三元的，因为在这种情况下，可信度是参与者在满足关系礼仪和遵守关系规范方面的表现的公共可见性或第三方判断的结果（Tullberg，2008）。因此，关系参与者之间共享的保证不是来自人际信任，而是来自公共或第三方监督，通过遵守规范和期望，成功地履行人情义务，提升声誉或获得"面子"，而违反或无法维持关系的礼仪或规范则会导致失去声誉或失去"面子"，从而可能被排除在未来的关系交换之外（Bedford，2011）。

关于坚持人情规范的知识来自相互监视和密切的监督，这些在信任中是不相关的，因为信任在能够被监视之前就会产生对他人行为的预期（Gambetta，1990）。因此，尽管关系的保证机制是三元的，但在关系的初步形成过程中，两个人之间的互动通常是二元的，通常通过披露个人信息来证明其真诚（Rousseau 等，1998）。这在某些情况下类似于一些作者所称的"快速信任"的产生，但在当前的情况下，将信任——无论是快速的还是其他，作为关系合作的基础是错误的，因为关系的亲密结合实践虽然友好，但也包含一种潜在的强制因素（Baier，1986；Luhmann，1979）。

在中国社会中，角色依从的重要性涉及信任的另一个方面以及在信任可能被理解的方式上的显著文化差异。信任的要素，即强制在信任关系中没有地位，在一个密切的个人监控、普遍的等级依赖和角色义务共同作用的社会中，意味着基于选择的信任，即一个人自由选择信任谁是不可能的（Giddens，1990）。信任在这个意义上要求信任位于信任者所做的选择中。这是一个在缺乏关于依赖结果的信息的情况下，依然选择依赖他人的选择。在这种意义上，信任者必然是脆弱的，并且选择信任不可避免地包含了风险（Barbalet，2009）。另外，关系中运作的信任与角色义务完全一致，并且不因需要用聪明来巧妙地处理欺骗而受到破坏的因素，是在于一个人的信任。

信任和信用之间是存在区别的。在关系中，人与人之间有效的纽带可以描述为"真诚""诚信""信誉""声誉"和当然的"可信度"，所有这些都包含在汉语词汇"信用"中。在关系参与者之间展示可靠性的指标通过表现出人情角色中的义务，通过诚实的信号来表达；这些通过重复和密切接触以及其他熟悉的基础来实现，以确保进入关系交换或继续关系的人的可靠性（Giddens，1990）。在这个意义上，可信度是基于对可靠性的社会感知，表现为声誉或面子。实际上，面子或声誉在关系中作为可靠性

社会资本与信用债券契约——理论和证据

或"可信度"的代理存在（He 和 Ng，2017）。这里的重点是，通过熟悉和面子的可靠性展示的制度化行为，降低了信任在社会学文献中所描绘的风险因素，而正如人们所看到的，通过第三方的参与来提供保证，虽然与契约的法律执行不同。

参与关系的参与者的可信度与信任这一概念通常在专业文献中理解的自愿自由选择无关，而与在表现出人情义务的习惯行为中，表示诚意或值得尊敬的信号相关，这些信号通过熟悉产生的信心来传达，并且基于角色期望的规范性义务的相互依赖关系在关系中得以建立（Rousseau 等，1998）。"信任"和"信用"的混淆在关系的讨论中普遍存在，但在 Kao（1996）的分析中，关于关系的可信度的本质在于他对"个人信任"基本特征的描述中得到了隐含的纠正：这种"信任"确实是特殊主义的，但它不仅仅基于归因关系，它取决于一个人的成就，取决于证明他们是可以信赖的。因此，在中国社会中，"信任"与"个人亲密"是不可分割的。如果一个人能够证明他的忠诚，那么他就变得"值得信任"；可信度来自与"已经认识的人"的"熟悉"，因此依赖和义务的关系是关系中可信度的结构前提。

Kao 对信任的理解强调了它在中国社会中的特殊意义，与其他人的看法相似。成功的关系交换会提升参与者的地位或声誉，即在他们的关系实践中，参与者会获得面子。在一篇试图将面子与关系中的社会地位脱钩，以将面子与信任联系起来的讨论中，社会心理学家注意到，在汉语中有"两个类型的面子：面子和脸子。面子指的是地位、声望和尊重，而脸子指的是面子的道德方面"（Bedford，2011）。脸子和面子不是两个完全独立的概念（林语堂，1934）。然而，Bedford（2011）区分的目的是强调信任。但这并不是通常理解的信任：在关系发展过程中，与目标人物性格相关的信任是关键。因此，信任指的是对另一方脸子的信任，这与一般的西方信任观念不同。对脸子的信任是通过观察社会规范建立的（Bedford，2011）。

· 84 ·

3.2 法律制度

La porta 等 (1997, 1998) 研究表明股东和债权人的法律保护对理解不同国家的公司融资模式至关重要, 法律及其实施质量是公司治理和融资的必要成分。公司治理法律方法的出现可作为思考融资中许多问题的有用方法。缺乏有效的实施权利, 内部人有足够的理由不偿还债权人或不向股东支付股利, 且外部融资机制倾向崩溃。投资者保护能促使金融市场的发展, 债权人权利促使借贷市场的发展; 股东权利促使权益市场的发展。

完善的法律体系对遏制公司内部人机会主义行为具有重要意义, 特别是在保护投资者权益方面。虽然许多国家已建立了广泛的投资者保护机制, 但如果法律的实施不够到位, 外部融资的有效性可能会受到削弱。在某些情况下, 政策和制度仍在法律体系中占据主导地位。《公司法》和《证券法》在保护股东和债权人权利方面做出了积极努力, 然而, 在某些关键领域尚有进一步加强的空间。对违规行为的法律制裁尽管已经规定, 但其执行力度在实际操作中仍有提升的余地。此外, 上市公司的破产和退出机制虽然已有初步框架, 但其进一步的完善和落实将有助于确保市场运行的稳定性与健康性。

3.2.1 投资者保护和法律实施

在早期阶段, 中国的法律体系在债权人保护方面较世界平均水平存在一定差距。法律的制定与执行中存在一些挑战。Allen 等 (2005) 研究指出, 中国的法律体系在保护债权人和股东方面相较于其他国家显得相对薄弱。尽管中国政府在法律中引入了多种保护措施, 但在实际执行过程中, 效果尚未完全达到预期。法律体系的有效运作在很大程度上依赖于司法体系的独立性和运行效率, 这些因素对于提升法律保护的实效性至关重要。

Allen 等（2005）指出，一个国家要建立有效的执法体系，必须依赖独立且高效的司法体系，并且需要拥有充足的合格法律专业人才来支持法律的实施。Djankov 等（2003）对 109 个国家的司法体系效率进行了比较研究，结果显示，虽然中国政府已在法律中采取了多种保护措施，但在实际执行过程中，仍存在改善空间。司法体系的独立性和效率性在很大程度上决定了法律体系的实际有效性。

在全球范围内，投资者保护是确保资本市场健康发展的核心要素。不同国家和地区的法律体系在保护投资者权益方面表现出显著差异，主要分为普通法体系和大陆法体系，这两种体系在投资者保护的机制和效果上各具特色。

普通法体系，主要存在于如美国、英国、加拿大和澳大利亚等英美法系国家，其投资者保护机制主要基于判例法，通过司法判决逐步形成并完善相关法律原则。在这些国家，股东权利保护相对全面。例如，股东可以通过集体诉讼追究公司管理层的法律责任，若其行为不当。美国的《证券法》和《公司法》提供了强有力的法律工具，如《萨班斯-奥克斯利法案》（以下简称 SOX 法案）和《多德-弗兰克法案》，这些法规加强了公司治理和信息披露的监管，旨在提高公司的透明度并防范管理层的违法行为。普通法体系的一个显著特点是强调司法独立性，法官在审理案件时依据先前的类似判决，从而使法律具有更大的灵活性和适应性。例如，美国联邦证券法允许投资者提起民事诉讼来追讨损失，并通过不断的判例累积，丰富和完善了投资者保护的法律框架。此外，普通法体系非常注重信息披露，要求上市公司及时且准确地公开财务信息和重大事件，确保投资者能够获取充足的信息以做出知情的投资决策。

大陆法体系主要应用于欧洲大陆国家，如德国、法国、意大利和中国。该体系的投资者保护机制依赖于成文法，通过立法机构制定明确的法律条文来规范公司行为并保护投资者权益。大陆法体系特别注重通过详细的法律条文对公司治理、信息披露和股东权利等方面进行全面规定。例如，德国的《公司法》和《证券交易法》详细阐述了公司治理的基本原则，并对股东权利做出了明确的法律保障。在大陆法体系中，监管机构在投资者保护中发挥着至关重要的作用。例如，中国的中国证券监督管理委员会和德国的联邦金融监管局对证券市场进行严格的监管，确保公司遵守法律法规，维护市场秩序与公平竞争。大陆法体系还强调通过股东会和董事会机制来保障股东权益。股东会是公司最高决策机构，负责决定公司重大事项，而董事会则负责日常经营决策，并向股东负责。股东可以通过参与股东会和行使表决权，直接影响公司的重大决策过程。

在实践中，普通法体系和大陆法体系在投资者保护的效果上各有所长。例如，在美国的安然公司财务丑闻中，安然公司的破产引发了重大投资者损失，这促使美国通过 SOX 法案来加强公司治理和财务透明度，对公司高管和审计机构提出了更为严格的要求，进一步提升了投资者的保护水平。在德国的 Wirecard AG（一家全球性金融服务与技术公司）欺诈案中，因财务欺诈和虚假财务报告，导致投资者遭受巨大损失。此后，德国政府加大了对金融科技公司的监管力度，推动了信息披露和法律改革，以提高投资者保护力度。

总的来看，普通法体系和大陆法体系在投资者保护机制和实际效果上各有优势。普通法体系依靠判例法和独立的司法系统，为投资者提供了灵活且强有力的法律保护，而大陆法体系则通过成文法和监管机构的有效干预，确保公司行为符合法律规定，从而维护投资者的合法权益。无论采用何种法律体系，提高信息披露的透明度和加强公司治理都是保护投资者的关键手段。实践案例表明，健全的法律和监管框架对于提升投资者信心和保持市场稳定至关重要。

3.2.2　退市制度和资产重组制度

退市制度是资本市场健康发展的基础性制度之一，在成熟的资本市场，退市是一种合理的经济现象，已成为一种常态化现象。成熟资本市场的退市公司数量和退市率远高于新兴市场经济体。伦敦证券交易所、多伦多证券交易所集团、纳斯达克（美国）、纽约证券交易所、孟买证券交易所、日本交易所集团和澳大利亚证券交易所高于其他证券交易所①。这些国家的股票市场都是"有进有退",其退市机制起到了较好的资源优化配置作用。

中国资本市场退市制度演变大体可以分为四个阶段：第一阶段，基本框架建立期（1994 年 7 月至 2001 年 2 月）；第二阶段，制度建设初步启动期（2001 年 2 月至 2005 年）；第三阶段，制度不断完善期（2005 ~ 2012 年）；第四阶段，逐渐成熟期（2012 年至今）。

1994 年 7 月 1 日开始实施的第一版《公司法》中规定了由国务院证券管理部门决定暂停或终止股票上市，并提到了暂停和终止上市的标准，为退市制度搭建了基本的法律框架，在中国退市制度演变历史上具有里程碑式的意义。1998 年 1 月 1 日，沪深证券交易所分别发布并实施了第一部《股票上市规则》，其中专设一章来规范暂停上市和终止上市，此时，暂停上市、恢复上市和终止上市的决定权均为中国证监会，交易所没有自主权。《股票上市规则》规定了最近三年连续亏损等情形要被暂停上市，但对终止上市的规定很笼统，尤其是对上市公司股票终止上市的时间无明确规定。中国的退市制度和资产重组制度在过去几年中不断完善，并通过具体的案例展现了其实际效果。退市制度严格执行，对不符合上市条件的公司进行退市处理。1999 年 7 月 1 日实施的《证券法》又对退市标准进行了进一步的细化，并规定国务院证券监督管理机构可以授权证券交易所依法暂停或者终止股票或者公司债券上市。1998 年上市公司苏三山因连续三年亏损被暂停上市，成为中国第一只被暂停上市的股票。但苏三山并未因此退市，而是通过重组于 2001 年以"振新股份"重新上市。1994 ~

---

① 根据 WFE 数据，全球退市公司数量累计达到 21280 家，全球 IPO 数量累计达 16299 家，退市规模大于 IPO 规模。从退市数量来看，2007 ~ 2018 年伦敦证券交易所的退市公司数达 2959 家，高居榜首。此外，多伦多证券交易所集团、纳斯达克（美国）的退市数量均在 2500 家之上；纽约证券交易所、孟买证券交易所、日本交易所和澳大利亚证券交易所的退市数量也超过 1000 家。从退市率来看，伦敦证券交易所的退市率高达 9.5%，远超其他交易所。纳斯达克（美国）、纽交所、多伦多证券交易所集团和德国证券交易所的退市率都在 6% 之上。泛欧交易所、纳斯达克（北欧）、瑞士交易所和澳大利亚证券交易所的退市率在 4% ~ 5%。其他交易所的退市率均不到 4%。而上海证券交易所和深圳证券交易所退市率仅为 0.3% 和 0.1%。

2001 年，受限于为国有大中型企业融资、帮助其脱困的政策定位，以及地方政府的阻力，中国资本市场在此期间未有一家企业退市，退市制度未能真正发挥作用，但不可否认的是，中国通过颁布一系列法律法规和上市规则为退市制度搭建了基本的法律框架、奠定了法律基础。

沪深交易所于 1998 年和 1999 年相继推出 ST（风险警示特殊处理）、PT（暂停上市股票特别转让）制度，这两项制度实施的初衷是为了提醒投资者注意风险，并同时提醒公司关注经营业绩，尽快采取措施，争取改善企业状况。但由于上市资格的稀缺性，这两项制度在后续实施过程中演变成了炒作"壳"概念和"重组"概念的载体，偏离了建立退市制度的初衷，上市公司只进不退的问题越发严重。2001 年 2 月 22 日，中国证券监督管理委员会发布《亏损上市公司暂行上市和终止上市实施办法》（以下简称《办法》），对连续三年亏损的上市公司在暂停上市后的恢复上市和终止上市做了详细、可操作的规定。该《办法》发布仅 2 个月后，连续四年亏损的 PT 水仙于当年 4 月 23 日成为上海证券交易所首家退市的上市公司，标志着中国上市公司退市的序幕被正式揭开。2001 年 11 月 30日，中国证券监督管理委员会对《办法》进行了修订，并于 2002 年 1 月1 日正式实施。沪深证券交易所也于 2002 年 2 月修改了其上市规则中有关退市规定，形成了新的《股票上市规则》。但实际运行中又发现了新的问题，为进一步完善退市机制，中国证券监督管理委员会于 2003 年 3 月18 日发布了《关于执行〈亏损上市公司暂停上市和终止上市实施办法（修订）〉的补充规定》，就会计师出具非标准无保留审计意见、追溯调整导致连续亏损等情况进行了补充规定，对可能终止上市公司的股票交易和股东权益的保护做出了制度性安排。2004 年 1 月 31 日，国务院颁布了《关于推进资本市场改革开放和稳定发展的若干意见》（"国九条"），其中第 5 条规定完善市场退出机制。

2006 年 1 月 1 日，修订后的新《证券法》和《公司法》正式实施，新《证券法》将原《公司法》中有关退市的规定进行了平移并做了一定的完善，原《公司法》删除了有关退市的规定，平移后，法律在调整有关退市方面的规范更为清晰明确，资本市场退市制度在法律层面上得以改进和完善。2004 年 5 月，中国证监会批复同意深圳证券交易所在主板市场内设立中小企业板块，2006 年 11 月 30 日，深交所发布《中小企业板股票暂停上市、终止上市特别规定》，并于 2007 年 1 月 1 日正式施行。2012 年 4 月 20 日，深交所重新发布《创业板股票上市规则（2012 年修订）》，进一步丰富了创业板退市体系，强化了退市风险信息披露，并增加了退市整理期的相关规定，明确了财务报告明显违反会计准则又不予以纠正的公司将快速退市。

2012 年至今，中国资本市场退市制度逐步走向成熟，主板、中小板、创业板多维度的退市制度全面实施。2012 年沪深两市分别发布了修订版的《股票上市规则》，对退市制度进行了大力改革，完善了净资产、营业收入相关的财务退市标准，同时首次推出面值退市标准。为进一步改革完善退市制度，加快一些重大违法行为的上市公司退出市场，中国证券监督管理委员会于 2014 年 10 月 15 日出台了《关于改革完善并严格实施上市公司退市制度的若干意见》（以下简称《意见》），完善了主动退市制度，明确实施了对欺诈发行、重大信息披露违法等重大违法公司强制退市制度。资本市场"有进有出"的市场机制逐渐建立。2018 年中国证券监督管理委员会对 2014 版的《意见》进行修改，在原来欺诈发行和重大信息披露违法基础上，细化了重大违法强制退市情形，明确了首发上市欺诈发行、重组上市欺诈发行、年报造假规避退市以及交易所认定的其他情形4 种重大违法退市情形，新增社会公众安全类重大违法强制退市情形，严格了退市标准和退市环节。为了落实新版《证券法》中关于退市的规定，同时为全面注册制的推行打下基础，在中国证券监督管理委员会的统一部署下，沪深两市启动了新一轮退市制度改革工作，并于 2020 年 12 月 31 日分别发布了退市新规，正式发布了修订后的各板块《股票上市规则》《退市公司重新上市实施办法》《深圳证券交易所交易规则》《上海证券交易所风险警示板股票交易管理办法》等规则，自此，退市新规开始全面实施。随着退市新规的落地，业绩表现较差的企业将被淘汰出局，有利于建立"有进有出、优胜劣汰"的市场生态，从而进一步优化市场资源配置，完善中国资本市场结构。

近年来，沪深两市的退市案例明显增加。2010~2020 年退市公司数量共计 147 家。2019 年共有 21 家公司被退市，比前一年的 13 家显著增加。2020 年退市公司数量为 16 家。2021 年公司退市数量上升至 23 家。进入 2022 年，退市数量上升至 50 家，创下股市成立以来退市的最高峰。2023 年退市数量高居不下，全年仍有 46 家公司退市。2022 年和 2023 年迎来退市高峰，这与 2020 年 12 月 31 日发布的退市法规以及强化监管力度密切相关。典型案例包括 ST 康美（600518.SH），因财务造假和连续亏损，于 2021 年 5 月被强制退市。这一事件凸显了退市制度在财务监管和市场规范方面的重要性。此外，对于重大违法违规行为的公司，监管机构加大了退市力度。例如，2021 年有多家公司因财务造假、信息披露违规被强制退市，如 ST 康得新（002450.SZ），因虚增利润和违规披露，于 2020 年被强制退市，显示了市场对违法违规行为的零容忍态度。通过市场化手段退市的公司也在增加，如因长期低于面值退市的公司，中弘股份（000979.SZ）因股票价格连续低于面值，于 2018 年 11 月被退市，反映了市场化退市机制的实施效果。

并购重组一直是中国资本市场上备受关注的主题。资产重组作为上市公司盘活资产、引入源头活水的重要制度，其一举一动都牵动着中国资本市场的神经，更是深刻地影响着市场的生态。资产重组是上市公司实现资本运作、优化资源配置、提升核心竞争力的重要手段，也是资本市场的一种常见现象。目前的监管体系主要是"部门规章—规范性文件—监管问答—自律规则"等框架体系对重大资产重组的相关问题进行了规范。其中，部门规章和规范性文件方面，监管规则体量不大，监管的重头戏主要体现在规范性文件与自律规则方面。中国证券监督管理委员会对于上市公司重组业务的第一份监管性文件为 1998 年的《关于上市公司置换资产变更主营业务若干问题的通知》，此次文件明确要求使得上市公司资格发生根本变化的资产置换行为需要重走新股发行程序，但并未对何为根本变化的资产置换进行界定。2000 年，中国证券监督管理委员会公布《关于规范上市公司重大购买或出售资产行为的通知》，提出了 50% 的界定标准，同时对于量化指标达到 70% 的出售或者购买行为，要求按照首次公开发行股票的要求进行辅导。中国证券监督管理委员会于 2001 年公布《关于上市公司重大购买、出售、置换资产若干问题的通知》（以下简称《通知》），重新要求上市公司对重大资产重组行为履行审批程序，并对 70%以上以及其他条件的重组行为，要求报发审委审批，该《通知》也奠定了重组办法的基本框架。2008 年，重组办法正式实施。随后在 2011 年、2014 年、2016 年以及 2019 年进行了四次修订。2014 年 5 月，国务院进一步发布《国务院关于进一步促进资本市场健康发展的若干意见》，要求充分发挥资本市场在企业并购重组过程中的主渠道作用，秉持着简政放权、将决策权更多地还给市场的理念，中国证券监督管理委员会在此次修订中对于监管尺度进行了一定程度的限缩。2016 年修订则集中性地针对借壳上市进行了细化的监管。2019 年基于借壳上市是"壳公司"出清的一种方式的认知，监管层放开了对于借壳上市的限制。2023 年，中国证券监督管理委员会发布《关于修改〈公开发行证券的公司信息披露内容与格式准则第 26 号——上市公司重大资产重组〉的决定》，明确发股类重组项目财务资料有效期特别情况下可在 6 个月基础上适当延长，并将延长时间由至多不超过 1 个月调整为至多不超过 3 个月，促进上市公司降低重组成本，加快重组进程。

在资产重组制度方面，通过并购、分拆和债务重组等方式，帮助公司优化资源配置和提升竞争力。中国的资产重组现状呈现出活跃的趋势，特别是在资本市场并购重组方面。根据国金证券的研究，2012~2015 年，中国 A 股上市公司参与的并购重组交易数量由 2012 年的 584 起增加到 2015 年的 2913 起，增长了 5 倍左右。根据陈见南和张智博（2023）的研究，近年来，A 股重大资产重组项目数量及交易金额总量均呈现逐年递减趋势。2015 年市场处于大牛市中，A 股重大资产重组项目数量触及峰值，高达 415 件；拟交易金额总量于次年达到峰值，为 1.24 万亿元。自

2016 年下半年以来，重大资产重组监管趋严，项目数量和交易金额明显回落。到了监管更为严格的 2017 年，申报项目数量较 2015 年近乎砍半，对应交易金额则减少了 1/3。2019 年以来，每年披露的项目数量已不足 200 件。2022 年披露的拟交易总金额跌破 4000 亿元。2023 年，A 股市场全面实施注册制及市场活跃度下降，上市公司资产重组数量仅为 131 件，进一步下滑。2023 年收购方为 A 股上市公司的境内并购数量为 1404 件，达近 5 年最低。

　　中国的退市制度和资产重组制度在过去几年的实际应用表明，这些机制有效提升了资本市场的质量和透明度。退市制度通过严格执行财务和规范运营退市标准，清除了市场上的不合格公司，维护了市场秩序。资产重组制度则鼓励企业通过并购、剥离和重组等方式优化资源配置，提升市场竞争力。这些制度的实施在一定程度上增强了市场的健康发展，提升了投资者信心，并促进了中国经济的高质量发展。但总体而言，中国资本市场的退市制度自 1994 年建立以来作用不大，即使两次"史上最严退市制度"（2014 年和 2018 年）出台，A 股退市公司数量也远低于 IPO 数量。根据 Wind 数据，1999~2020 年 A 股退市家数仅 80 余家（剔除证券置换、吸收合并、私有化），平均每年退市不到 4 家。相比之下，2005~2020 年美股年均退市公司达 366 家。WRDS 数据显示，1980~2017 年，美股上市公司数量累计达 26505 家，退市公司达 14183 家，退市公司数量占到全部上市公司的 54%，其中，纽交所退市 3752 家，纳斯达克退市 10431 家；剔除 6898 家存续状态不明的公司后，退市公司数量占到剩余 19607 家上市公司的 72%。退市率过低导致 A 股小市值个股大量积聚，指数无法代表中国经济发展成果，资本市场难以形成"有进有出、优胜劣汰"的良好生态机制。此外，中国的资产重组存在的问题主要包括资产估值难度大、交易信息不透明、控制权争夺难以解决、风险管理制度不健全、标的资产估值可能存在较高的预期、与上市公司主营业务的协同性考虑不足。

3.2.3 信息披露制度

信息披露制度是发行人为保障投资者利益，接受社会公众监督而依照法律规定必须将其自身的财务状况、经营状况等信息和资料向证券管理部门、证券交易所报告，并向社会公开或公告，以便投资者充分了解情况的制度，是保障资本市场健康发展的关键机制之一。该制度要求发行人按照法律规定，向证券管理部门和证券交易所报告其财务状况和经营状况，并将这些信息向社会公众公开，以便投资者能够全面了解公司状况，做出明智的投资决策。

高质量的信息披露是证券市场健康发展的基石。信息披露的重要性主要体现在两个方面：一是真实、准确、完整、及时的信息披露有助于投资者进行合理的投资决策，减少投资风险，实现资源优化配置；二是良好的信息披露有助于提高上市公司和证券市场运作的透明度，减少信息不对称，强化对信息披露主体的监督和监管，以降低它们的道德风险和机会主义行为，促使它们规范运作，推动公司治理机制的不断完善。

中国在 1992~1993 年完成了信息披露制度的雏形，搭建了信息披露初步框架形成，包括《公司法》《股票发行与交易管理暂行条例》《股份有限公司规范意见》《公开发行股票公司信息披露实施细则（试行）》。1994~1999 年，中国证券监督管理委员会对雏形阶段的原则性法规进行细化规定，陆续出台一系列政策。1998 年 12 月，第九届全国人民代表大会常务委员会第六次会议通过《证券法》（2005 年 10 月，第十届全国人民代表大会常务委员会第十八次会议第一次修订；2019 年 12 月，第十三届全国人民代表大会常务委员会第十五次会议第二次修订），证券市场上位法正式实施，随后沪深交易所依照《公司法》和《证券法》的规定，相继发布《股票上市规则》，到 1999 年底，中国完成了信息披露制度框架的搭建，形成基本法律、行政法规、部门规章和自律性规则四个层次的信息披露制度体系。伴随资本市场持续发展和现实情况不断变化，信息披露标准不断修订和调整。2007 年 1 月，中国证券监督管理委员会颁布的

《上市公司信息披露管理办法》，明确规定了上市公司在信息披露方面的具体要求，包括定期报告和临时报告的披露内容和时限。2011 年 9 月，深圳证券交易所启动上市公司信息披露直通车制度，以提高信息披露质量和资本市场整体运行效率。2013 年 2 月，上海证券交易所发布《上海证券交易所直通车业务指引》，并于当年 7 月 1 日正式实施信息披露直通车。信息披露直通车是改变之前公司公告由上海证券交易所事前审核后再进行披露的流程，改为公司披露后进行事后监管。沪深证券交易所的直通车制度，预示着上市公司自主信息披露时代的来临。2018 年 4 月，中国人民银行、中国银行保险监督管理委员会、中国证券监督管理委员会和国家外汇管理局联合印发《关于规范金融机构资产管理业务的指导意见》（资管新规），旨在统一监管标准，规范市场秩序，提高透明度和风险防控水平。2019 年 6 月，科创板正式开板，是独立于现有主板市场的新设板块，并在该板块内进行注册制试点，信息披露真正成为制度核心。2019 年 11 月，中国人民银行、国家发展改革委、财政部与中国证券监督管理委员会联合发布了《关于进一步加强信用评级行业管理的通知》，进一步规范了信用评级市场，以提升信用评级质量和公信力。2021 年 3 月，中国证券监督管理委员会修订并公布了《上市公司信息披露管理办法》，进一步规范了上市公司及其他信息披露义务人的信息披露行为，加强信息披露事务管理，保护投资者合法权益。2023 年 2 月，股票发行注册制全面在资本市场各板块实施，是中国资本市场改革中又一里程碑事件，信息披露制度将实现对资本市场的归位尽责。

在中国，信息披露制度已形成较为完整的体系，但上市公司在信息披露中仍存在不少违规行为，存在公司上市时进行虚假包装，披露虚假信息等欺骗投资者的现象。上海证券交易所在发布的《2013 年上市公司年报披露监管专题分析报告》中指出，年报中存在会计政策、会计估计及会计差错事项的信息披露随意性问题，收入确认的合理性和披露的充分性也存在不足，财务信息披露的准确性和完整性有待提升。这些问题反映出当前信息披露制度在执行过程中存在的漏洞和不足。中国会计信息披露主要存在会计信息失真、信息披露的非主动性、信息披露的不及时性、信息披露的不充分性和信息披露的虚假性等问题。中国股票市场信息披露主要存在三大问题：①信息披露制度不完善，包括信息披露制度对披露内容、范围以及及时性的规定难以满足投资者的需求。②信息披露监管力度不够，证监会会对上市公司第一时间披露的信息进行审核，但就同一事件发生前后信息披露不一致并未进行有效追踪和监管。③由于投资者自我保护意识的薄弱和信息监管力度不够，信息披露制度的实际执行情况大打折扣，不少上市公司不披露或故意遗漏重大信息，对利好信息大肆渲染，对不利信息避而不谈，或采取相反的策略，且内部人的违规行为未受到严厉处罚，因而缺乏充分披露信息的逆向激励。有些上市公司管理层为了达到配股或增发的目标，或为了避免股票被摘牌，可能会操纵会计盈余，以美化公司业绩。此外，公司为了吸引投资者，往往倾向于过早披露利好信息，而对不利信息选择隐瞒或延迟披露。目前，虽然上市公司在披露上市报告和定期报告时，基本上能按规定的时间完成，但临时报告的披露及时性仍存在较大不足。证券监管机构在确定一些重大事件的发生时间时，常常面临挑战，这使得监管的有效性受到一定限制。

中国上市公司的透明度普遍低、信息披露质量差。一些评论家和政策顾问认为，密切遵守国际披露规则和标准，公开采用国际会计在提高公司的透明度是必要的。虽然新的会计规则可能增加会计的信息量，但是投资者关于数据的质量报道是有保留的。因此，对监管政策制定者来说了解在这个地区内会计信息披露水平低的原因是非常重要的。

最后，简单评析一下中国目前的会计体系状况。经过几年的努力和广泛征求意见，在 1992 年 11 月 30 日，财政部发布了《企业会计准则——基本准则》（以下简称《基本准则》），自 1993 年 7 月 1 日起实施，适用于所有企业。这一《基本准则》旨在以国际惯例取代此前的会计制度，从而促进中国企业会计实践向国际会计标准（IAS）的方向发展。从此之后，中国商业企业会计标准委员会和多个行业理事会一直致力于推动上市公司采用更加规范的会计标准。2005 年财政部先后发布了 6 批共 22 会计准则的征求意见稿，此外，对现行的 1997~2001 年颁布的 16 项具体会计准则也进行了全面的梳理、调整和修订，最终在 2006 年初构建起一套企业会计准则的完善体系，即新会计准则。新会计准则体系基本实现了与国际财务报告准则的趋同。然而，中国会计体系最令人注目的问题是缺少独立的、专业的审计人员，与法律专业人员的情况相似。总的说来，由于监管和体制缺陷，会计师事务所执业行为独立性不足，注册会计师素质较低，机构规模过小等原因，在公司治理过程中，会计师事务所仍然无法充分发挥其应有作用。这意味着在中国现行的框架下提议基于 IAS 的标准是达不到预期的目标的：很少的审计人员理解并应用新的标准，再加上缺少有效的司法体系。因此，与一个更为简单的会计标准的选择对比而言，侵占公司资产和其他形式的欺诈行为在基于 IAS 的标准下更可能经常发生。

总的来说，尽管中国的信息披露制度已经取得了显著进展，但在实践中仍面临诸多挑战。在不透明的信息环境下，公司管理者往往会隐瞒坏消息，不提供高质量的财务信息，有时为了掩盖私人收益甚至会操纵财务报告。这种制度安排无法有效地缓解信息和代理问题。中国需进一步提升信息披露的质量和透明度，保障资本市场的健康发展，同时还需要通过持续的制度完善和更强有力的监管力度，确保信息披露的真实性、及时性和全面性。这将有助于增强投资者信心，促进资本市场的高质量发展，从而推动中国经济的持续健康发展。

3.3　社会资本（非正式制度）与正式制度的区别

社会资本作为一种非正式制度，对中国债券市场的发展与运作产生了深远影响。通过社会资本的关系网络，企业能够更有效地获取信息、资源和支持，从而在竞争激烈的市场环境中占据优势地位。社会资本不仅补充了正式制度的不足，还在一定程度上增强了市场运作的灵活性和适应性。

在理论和实践中，正式制度和非正式制度有着显著差异。正式制度通常由政府或其他权威机构制定，包括法律、法规和政策等。这些制度通过立法程序形成，并由司法机构监督执行，具有强制性和普遍约束力。例如，中国的《公司法》和《证券法》明确规定了公司治理、信息披露和投资者保护等方面的具体要求，这些规定对所有市场参与者都具有法律约束力。

　　相比之下，社会资本作为非正式制度，不依赖明确的法律条文，而是建立在社会关系、文化和习俗基础上的规则和规范。社会资本的影响主要来自社会网络中的信任、规范和关系，而非法律的强制执行。虽然社会资本在行为约束和决策影响上有一定作用，但这种作用更多地依赖社会压力和道德规范的力量，而非正式制度的法律效力，这使得社会资本在执行和约束方面表现出更大的柔性和灵活性。

　　正式制度的实施依赖政府和司法系统的强力支持。政府通过行政手段进行监管和处罚，司法系统通过法律程序解决纠纷并确保法律的执行。这种机制保证了正式制度的权威性和一致性，但也可能伴随较高的执行成本和较长的实施周期。例如，监管机构在实施法律时可能需要经过复杂的程序和多层次的审批，这在某种程度上可能导致效率的降低。

　　相对而言，社会资本的实施机制更依赖社会网络和关系的力量。通过社会网络中的互惠和信任，社会资本能够迅速发挥作用，减少了形式上的烦琐程序和成本。在债券市场中，公司可以通过与政府、银行、投资者和其他企业的紧密关系，快速获取关键的市场信息和融资支持。这种机制虽然灵活且具有效率，但也因为缺乏正式的监督和约束，可能会带来一定的风险，如在市场透明度不足的情况下，可能会出现信息不对称或滥用社会关系的情况。

　　正式制度由于其明确的法律约束力和执行机制，通常在适用范围和执行细节上较为固定和僵化。虽然这种稳定性有助于提供市场的确定性和可预见性，但在应对快速变化的市场环境时，正式制度可能表现出反应迟缓，难以及时调整以适应新的情况。例如，当市场出现突发性变化时，法律条文的修订和政策的调整往往需要较长的时间，这可能影响市场主体的迅速应对能力。

社会资本表现出高度的灵活性。由于其根植于社会关系和网络，社会资本能够根据具体情境快速调整，及时应对市场变化。例如，在债券市场波动较大时，公司可以通过社交网络迅速获取最新的市场信息、调整融资策略，从而保持竞争优势。这种灵活性使社会资本在正式制度难以发挥作用的情况下，成为市场运作的一个重要补充，增强了市场的适应能力。

综上所述，社会资本作为非正式制度，通过其独特的网络和关系机制，对中国债券市场的有效运作起到了重要作用。虽然正式制度在法律约束和执行上具有强制性和稳定性，但社会资本的灵活性和适应性为市场提供了更为柔性的支持，特别是在快速变化的市场环境中，社会资本能够弥补正式制度的不足。未来，在中国债券市场的发展过程中，如何更好地协调和融合正式制度与非正式制度的优势，将是提升市场效率和健全市场机制的重要课题。

3.4　经济政策不确定性

在当今相互关联的世界中，一个地区发生的事情会影响另一个地区，与经济决策相关的政策不确定性的重要性比以往任何时候都更高、更重要。世界经济正遭受源于自然灾害、政治、战争等导致的持续的经济政策不确定性的影响。经济政策的无处不在使得公司很难通过多样化分散政策不确定性带来的风险（Brogaard 和 Detzel，2015），与经济政策相关的不确定性很可能对整个市场和企业行为产生深远的影响，且该影响将长期持续（Baker 等，2016；Gulen 和 Ion，2016）。金融市场通常对政府经济政策的任何变化都非常敏感（Feng 等，2019）。经济政策的波动会影响产业对未来经营策略的信心。与此同时，意外的经济冲击可能会恶化正常的商业程序。因此，企业管理者对经济政策更加敏感，在政策构成方面会跟随政府的动向调整企业战略（Arouri 等，2016；D'Mello 和 Toscano，2020）。人们普遍认为，政策不确定性对经济的影响比不确定性因素本身更严重（Iyke，2020）。

近年来，经济政策不确定性的增加吸引了研究者对经济政策不确定性相关议题的研究（Baker 和 Bloom，2013；Brogaard 和 Detzel，2015；Drobetz 等，2018；A1 - Thaqeb 和 Algharabali，2019；Nagar 等，2019；Jory 等，2020）。现有文献主要研究了经济政策不确定性对宏观经济运行和微观企业行为的影响。在宏观层面，文献考察了经济政策不确定性对宏观经济变量、资本外逃、资产价格波动、商业周期和经济复苏的影响（Le 和 Zak，2006；Baker 等，2012；Pástor 和 Veronesi，2013；Born 和 Pfeifer，2014；Hammoudeh 等，2016；Reboredo 和 Naifar，2017；Bloom 等，2018；Balcilar 等，2020；Kupfer 和 Zorn，2020）。例如，Le 和 Zak（2006）研究发现，经济政策不确定性越高，资本外逃的可能性越大，而资本外逃是经济增长的重大障碍。Baker 等（2012）研究发现，经济政策不确定性会增加股价波动风险，并导致一国的投资、产出和就业下降，是阻碍经济复苏的重要因素。在微观层面，经济政策不确定性导致企业推迟投资（Bernanke，1983；Julio 和 Yook，2012）、增加企业的现金持有量（Phan 等，2019）、减少并购交易（Bonaime 等，2018）、抑制企业创新（Bhattacharya 等，2017）、减少支付的股息（Attig 等，2016）、增加融资成本（Pástor 和 Veronesi，2012，2013；Liu 和 Zhong，2017；Pham，2019）、增大贷款风险（Francis 等，2014）和降低贸易信贷的使用（Phan 等，2019；Toscano，2020）。近年来，经济政策不确定对公司融资行为影响的文献大量涌现，引起了广泛关注。总的说来，研究表明，经济政策不确定性会加剧公司融资约束，实施更保守的融资政策。例如，Cao 等（2013）研究发现，经济政策不确定性会降低公司平均杠杆率。Kahle 和 Stulz（2013）研究发现，在经济政策不确定性时期，不确定性可能会对银行贷款造成冲击，公司借贷通常会大幅下降。Zhang 等（2015）研究发现，随着经济政策不确定性的增加，公司倾向降低杠杆率，转向增加贸易融资来调整融资结构。Chi 和 Li（2017）研究发现，经济政策不确定性与银行贷款负相关。Caglayan 和 Xu（2019）研究发现，经济政策不确定性降低了信贷资金的可获得性。Datta 等（2019）研究发现，经济政策不确定减少了债务资金的使用，缩短了债务期限。Im 等（2020）研究发现，经济政策不确定性会加剧股东与债权人之间的冲突，并影响公司的最优杠杆率。D'Mello 和 Toscano（2020）研究发现，在经济政策不确定性较高时期，公司的应收账款、应付账款和净信用会下降。Li 和 Qiu（2021）研究发现，经济政策不确定性的上升使公司在债务融资决策方面更加保守，降低了最优杠杆率。Tabash 等（2022）研究发现，经济政策不确定性对债务融资和应付款具有负面的影响。Asimakopoulos 等（2023）研究发现，经济政策不确定性负面影响公司杠杆，且由于更严格的融资要求，更高的经济政策不确定水平迫使公司加快资本结构调整速度。Yang（2023）研究发现，在经济政策高度不确定时期，外部融资对内部资金的敏感性降低。Benlemlih 等（2023）研究发现，经济政策不确定性会加剧融资约束，减少公司获得资金的机会。Farooq 等（2024）研究发现，经济政策不确定性高的公司面临更严重的融资约束，在获取资金方面面临更大的障碍。Gupta 等（2024）研究发现，由于经济政策不确定性对金融机构、贷款机构和广泛经济前景的不利影响，经济政策不确定性的上升加剧了融资约束。

经过 40 多年的改革开放，中国逐渐从计划经济转变为市场经济。然而，中国政府在经济中的作用仍然是显著的，主要通过各种政策来实现干预经济的目的，如房地产调控政策、供给侧结构性改革和税收政策等。中国的经济转型"无前人经验、无他国成例"使宏观政策呈现"摸着石头过河"的鲜明特征，经济政策不确定性表现得更为突出，对宏观经济运行和微观企业行为都会产生重大的影响（饶品贵和徐子慧，2017）。中国是世界第二大经济体，也是国际贸易的主要参与者。作为主要新兴经济体，中国一直在实施各种经济政策改革，并受到政策不确定性的冲击

（Huang 和 Luk，2020）。《中国商业报告》（2014）指出，调查样本中57%的本土企业和66%的外资企业把"法律法规不清晰并经常变动"列为企业经营过程中的主要顾虑，同时企业家也对"各地对政策执行不统一"和"宏观经济调整"普遍表示担忧。中国的经济政策不确定性显著超过日本和美国，成为亚洲地区股市波动的主要驱动力（Keddad，2024）。近20年来中国发生了一系列重大事件显著影响经济政策。如2001年底中国加入WTO、2008年全球金融危机，这些重大事件将中国经济政策不确定性不断推向新的高度。此外，公司债券通常交易广泛，无法重新谈判。因此，债券融资对经济政策不确定性可能较为敏感。

3.5　融资体系

中国的金融体系由政府主导，政府在商业银行、投资银行及金融服务机构的准入和运作中发挥着强势控制作用。这个体系由中国人民银行、监管机构、自律组织和银行业金融机构构成。中国人民银行在国务院的领导下，负责制定和执行货币政策，防范和化解金融风险，维护金融稳定。国家金融监督管理总局①负责贯彻落实党中央关于金融工作的方针政策和决策部署，把坚持和加强党中央对金融工作的集中统一领导落实到履行职责过程中。中国银行业协会是中国银行业的自律组织，是在民政部登记注册的全国性非营利社会团体，国家金融监督管理总局为业务主管单位。中国的银行业金融机构包括政策性银行（国家开发银行、中国进出口银行、中国农业发展银行）、大型商业银行（中国工商银行、中国银行、中国农业银行、中国建设银行、交通银行）、中小型商业银行、农村金融机构以及中国邮政储蓄银行和外资银行。除了银行，国家金融监督管理总局还监

---

① 国家金融监督管理总局是2023年在中国银行保险监督管理委员会基础上组建的。

管保险和非银行金融机构，这些机构包括金融资产管理公司、信托公司、企业集团财务公司、金融租赁公司、汽车金融公司和货币经纪公司。自改革开放以来，中国金融业先后经历了专业化、商业化、市场化等发展阶段，形成了以中国人民银行为核心，以国有商业银行为主体，多种类型银行业金融机构公平竞争、协调发展的新体系。在中国的金融市场中，大型商业银行占据主导地位，金融体系的国有化程度高。

3.5.1　金融体系

经过 40 多年的改革开放，中国形成了以中国人民银行为核心，以商业银行、专业银行等金融机构为主，以各种非银行金融机构为辅，不同类型的金融机构分别经营各自范围的金融业务的金融体系。

公司在做融资决策时，既可以选择银行等金融机构贷款，即间接融资，也可以选择通过股票市场发行权益或债券市场发行债券工具进行融资，即直接融资。世界银行等国际机构一般将金融体系分为以"市场主导型金融体系"和"银行主导型金融体系"两种方式。在中国，企业资金主要来源于银行等金融机构，间接融资比例高，直接融资比例低。表3-1 对中国企业 1992~2022 年的直接融资、间接融资状况进行了统计。

表 3-1　中国企业直接融资和间接融资情况　　单位：亿元，%

年份	银行新增贷款	股票和企业债券融资			间接融资比例	直接融资比例
		股票	企业债券	小计		
1992	4985	94	684	778	0.87	0.13
1993	6620	375	236	611	0.92	0.08
1994	7033	327	162	489	0.93	0.07
1995	10568	150	301	451	0.96	0.04
1996	10613	425	269	694	0.94	0.06
1997	13758	1294	255	1549	0.90	0.10
1998	11610	842	148	989	0.92	0.08

续表

年份	银行新增贷款	股票和企业债券融资			间接融资比例	直接融资比例
		股票	企业债券	小计		
1999	7210	945	158	1103	0.87	0.13
2000	5637	2103	83	2186	0.72	0.28
2001	12944	1252	147	1399	0.90	0.10
2002	18979	962	325	1287	0.94	0.06
2003	27702	1358	358	1716	0.94	0.06
2004	18367	1511	327	1838	0.91	0.09
2005	17327	1883	2047	3929	0.82	0.18
2006	30595	5594	3938	9533	0.76	0.24
2007	36406	8680	5059	13739	0.73	0.27
2008	41704	3852	8435	12288	0.77	0.23
2009	96290	6125	15864	21989	0.81	0.19
2010	79511	11972	10043	22015	0.78	0.22
2011	68751	5814	20143	25957	0.73	0.27
2012	81963	4134	37366	41500	0.66	0.34
2013	89052	2803	35240	38043	0.70	0.30
2014	97809	8498	50261	58759	0.62	0.38
2015	122770	16362	68085	84447	0.59	0.41
2016	126500	20297	84861	105158	0.55	0.45
2017	135281	15536	53990	69526	0.66	0.34
2018	161646	11378	72710	84088	0.66	0.34
2019	168156	12539	91871	104410	0.62	0.38
2020	196329	14222	118144	132366	0.60	0.40
2021	199451	15401	125368	140769	0.59	0.41
2022	212950	14175	118987	133162	0.62	0.38

资料来源：国家统计局官方网站，Wind 数据库。

由表 3-1 可知，中国银行部门在企业融资中占据了关键地位，主导了整体融资体系①，中国的融资环境一直以间接融资为主导。这说明在银行主导的金融体系下，间接融资仍是中国企业主要的融资方式，直接融资尚不能替代间接融资体系②。中国资本市场的重要性不及银行融资，资本市场的规模明显小于银行系统的规模。中国的直接融资比例最低年份为4%（1995年），最高年份为45%（2016年），2017~2018年直接融资比例降低到34%③，之后回升到40%左右。随着资本市场的发展，中国的直接融资比例在2012年之后有较大提升，基本稳定在30%~45%。

图3-2展示了2015~2023年每个季度的中国社会融资存量结构中直接融资比例和间接融资比例。

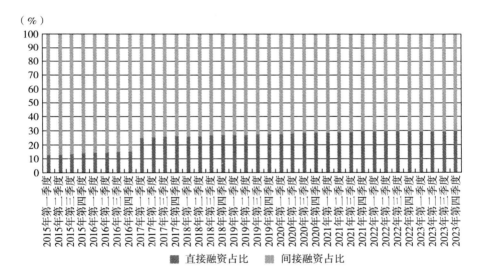

图 3-2 中国社会融资存量结构

资料来源：中国人民银行。

---

① 且中国银行部门被四大无效率的国有银行所支配。

② 虽然提高直接融资比重的观念一直被中国高度认可并作为政策长期明确。

③ 这可能与2017年去杠杆、控风险，2018年颁发的《资管新规》，以及发生的债券违约潮等有关。

由图 3-2 可知，中国社会融资规模存量结构中，直接融资比例历年低于 30%，和前述增量法得出的结论相类似：中国社会融资规模中，直接融资比例低，间接融资比例高。总的来说，中国的直接融资比例是缓慢增长的，但比例不高，间接融资仍然占主导地位。与主要的发达国家相比，中国企业融资结构仍有充足的转型空间，直接融资在促进经济发展和优化资源配置方面发挥着重要作用。

从国际比较来看，不同国家在直接融资和间接融资比例存在较大差异，与一国的金融体系整体发展历史有关。英国、美国等国家形成以资本市场融资为主导的融资模式，而德国、意大利、日本等国家却更加倚重银行体系为主导的间接融资渠道。

图 3-3 展示了美国 1980~2017 年的社会融资规模存量情况。

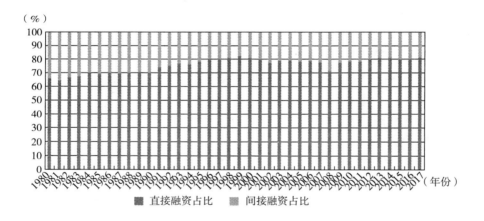

图 3-3 美国社会融资规模存量结构

资料来源：美联储，美国证券业及金融市场协会。

由图 3-3 可知，美国作为典型的市场主导型国家，在社会融资规模存量结构中，直接融资比例长期处于较高水平。

此外，根据祁斌和查向阳（2013）的研究，G20 国家直接融资比例大多集中在 65%~75%，美国显著高于其他国家，超过 80%。与 G20 各国相比，中国的直接融资比例相对较低。不仅与发达国家存在差距，也低于转轨经济的俄罗斯以及人均收入不及中国的印度和印度尼西亚等国。海通证券研究所的研究显示，2016～2018 年美国的直接融资的平均占比为78%，英国同期的直接融资占比为 60%。作为传统的以银行为主导的日本和德国，其同期直接融资占比仍高达 50% 左右。可见，中国的直接融资比例远低于银行主导性金融体系。

相比之下，中国的债券市场和股票市场为企业提供的融资渠道非常有限。Allen 等（2005）借鉴了 Levine（2002）的方法，将中国的金融体系与 La Porta 等（1997，1998）研究的样本国家的金融体系进行了对比，如表 3-2 所示。

表 3-2　金融体系的对比——基于银行和市场的计量（市值加权的方法）

指标	测度	英国普通法系	法国成文法系	德国法系	斯堪的纳维亚法系	LLSV样本均值	中国
银行和金融市场规模	银行信贷/国内生产总值	0.62	0.55	0.99	0.49	0.73	1.11 (0.24)[a]
	间接费用/银行总资产	0.04	0.05	0.02	0.03	0.03	0.12
	交易总额/国内生产总值	0.31	0.07	0.37	0.08	0.27	0.11
	总市值/国内生产总值	0.58	0.18	0.55	0.25	0.47	0.32
结构指数：金融市场与银行[**]	结构行为	-0.76	-2.03	-1.14	-1.83	-1.19	-1.07 (0.46)[a]
	结构规模	-0.1	-1.05	-0.77	-0.69	-0.55	-1.24 (0.29)[a]
	结构效率	-4.69	-6	-5.17	-6.17	-5.17	-1.48 (-3.07)[a]
	结构总指数	1.21	-0.05	0.66	0.13	0.72	N/A
	结构规制	7.02	8.21	10.15	7.72	8.95	16

续表

指标	测度	英国普通法系	法国成文法系	德国法系	斯堪的纳维亚法系	LLSV样本均值	中国
金融发展（银行与金融市场）	金融活动	-1.18	-3.38	-0.84	-2.86	-1.58	-0.85 (-2.38)[a]
	金融规模	5.1	4.29	5.22	4.6	4.95	-1.02 (-2.55)[a]
	金融效率	2.18	0.44	2.85	1.04	2.01	-0.6 (1.14)[a]
	金融发展总指数	1.23	0.13	1.47	0.48	1.05	N/A

注：中国以外的国家的数值都是来自 Levine（2002）；中国的数值是根据 Levine（2002）的定义计算得来（见附件列表的定义）；* 表示每个法系国家的数值计算结果是根据价值（每个国家的国内生产总值）加权的方法计算的；** 表示结构指数测度一个经济体是金融市场为主导还是银行中介为主导，测度值越大，说明该经济体的金融体系是由金融市场体系为主导。a 表示括号中的数据为针对私人部门的银行信贷。

资料来源：国家统计局官方网站，Wind 数据库。

  Allen 等（2005）首先比较了各国股票市场和银行规模相对于国内生产总值的占比。尽管中国的股市自 1990 年以来发展迅速，但无论是按市值还是成交量占国内生产总值的比例来看，中国的股市规模仍然小于大多数其他国家。相比之下，中国的银行系统在规模上更为重要，银行信贷总额占 GDP 的比重为 1.11，甚至高于德国法系国家的加权平均值（0.99）。然而，当考虑到银行向私人部门提供的信贷时，中国的比例显著下降至 0.24，这表明大部分银行信贷流向了国有企业和上市公司。此外，中国的银行体系效率较低，其间接成本占总资产的比重为 0.12，远高于第二高的法国成文法系国家的平均水平（0.05）。

  在表 3-2 的最后一个部分对包含银行和金融市场的整个金融系统进行了比较（金融发展）。鉴于其他国家的衡量方法仅基于私人银行信贷，如果仅考虑中国的私人银行信贷，他们发现中国的整体金融市场规模（包括金融活动和金融规模）低于 La Porta 等（1997，1998）样本国家的平均水平，仅略高于法国成文法系国家的平均水平。

3.5.2　银行业

中国的银行业主要由四大国有银行控制，这些银行的效率普遍较低。La Porta 等（2002）指出，截至 1995 年，政府拥有中国十大商业银行的 99.45%股份（在 1970 年时为 100%），这一所有权水平在 92 个样本国家中是最高的。截至 2022 年 12 月 31 日，政府仍然持有中国商业银行约 84%的股份，尽管这一比例有所下降，但依然保持较高水平。La Porta 等（2002）研究表明，银行的政府所有权与一国经济增长之间存在负相关关系，这一结论也适用于中国国有企业和银行业的现状。然而，高度的政府所有权并未明显抑制私营企业的增长。

中国银行业最大的风险之一是不良贷款问题。在 2003 年之前，四大国有银行的不良贷款率高达 25%。2004 年四大国有银行的不良贷款率降为 15.71%，但仍然远高于国际银行业不良贷款率警戒线 10%的标准。2005 年，四大国有银行的不良贷款率分别为：中国银行为 5.41%、中国工商银行为 4.69%、中国建设银行为 3.84%、中国农业银行为 26.17%（中国农业银行因为尚未进行股份制改革）。此后，四大国有银行的不良贷款率逐渐下降，低于这一警戒线。这些不良贷款大多源于国有企业的不良贷款决策，有些甚至是由于政策性或其他非经济原因导致的。此外，不良贷款数据的可用性有限，这被认为是政府的一种策略性披露。总体而言，中国银行业的不良贷款率在近年来经历了由高到低的过程。

表 3-3 对比了 2008~2022 年中国与其他主要经济体，以及 G7 国家的不良贷款情况。

表 3-3　银行系统不良贷款的国际比较　　　单位：%

年份	2008	2009	2010	2011	2012	2013	2014	2015	2016	2017	2018	2019	2020	2021	2022
中国	2.4	1.6	1.1	1.0	1.0	1.0	1.3	1.7	1.7	1.7	1.8	1.9	1.8	1.73	N/A
中国香港	1.2	1.6	0.8	0.7	0.6	0.5	0.5	0.7	0.9	0.7	0.6	0.6	0.9	0.88	N/A

续表

年份	2008	2009	2010	2011	2012	2013	2014	2015	2016	2017	2018	2019	2020	2021	2022
印度	2.4	2.2	2.4	2.7	3.4	4.0	4.4	5.9	9.2	10.0	9.5	9.2	7.9	6.5	N/A
印度尼西亚	2.9	2.9	2.3	2.0	1.7	1.6	2.0	2.3	2.8	2.4	2.2	2.3	2.6	2.6	2.1
巴西	3.1	4.2	3.1	3.5	3.4	2.9	2.3	2.8	3.1	2.9	2.6	2.7	1.9	2.1	2.6
韩国	0.6	0.6	0.6	0.5	0.6	0.6	0.5	0.5	0.4	0.4	0.3	0.3	0.2	0.2	N/A
南非	3.9	5.9	5.8	4.7	4.0	3.6	3.2	3.1	2.9	2.8	3.7	3.9	5.2	4.5	N/A
俄罗斯	3.8	9.6	8.3	6.6	6.1	6.0	6.8	8.4	9.2	9.7	9.7	8.8	8.3	6.7	6.1
美国	N/A	5.0	4.4	3.8	3.3	2.5	1.9	1.5	1.3	1.1	0.9	0.9	1.1	0.8	0.7
英国	1.6	3.5	4.0	4.0	3.6	3.1	1.7	1.0	1.7	1.4	1.1	1.0	1.0	1.0	1.0
法国	2.8	4.0	3.8	4.3	4.3	4.5	4.2	4.0	3.7	3.1	2.7	2.5	2.7	2.4	N/A
德国	2.9	3.3	3.2	3.0	2.9	2.7	2.3	2.0	1.7	1.5	1.2	1.1	N/A	N/A	N/A
日本	1.4	2.5	2.5	2.4	2.4	2.3	N/A	N/A	N/A	N/A	N/A	N/A	N/A	N/A	N/A
意大利	6.3	9.4	10.0	11.7	13.7	16.5	18.0	18.1	17.1	14.4	8.4	6.7	4.4	3.3	N/A
加拿大	0.8	1.3	1.2	0.8	0.7	0.6	0.5	0.5	0.6	0.5	0.5				0.3

注：不良贷款是以银行不良贷款占贷款总额的比率（百分比）衡量的，此处的不良贷款指一个国家所有银行总的不良贷款；N/A 表示不适用。

资料来源：世界银行，http：//data.worldbank.org.cn/indicator/FB.AST.NPER.ZS。

  由表 3－3 可知，2008～2022 年，与其他主要新兴市场国家（地区）相比，中国境内的银行不良贷款率，整体上处于相对较低的水平，比中国香港、韩国高，比印度、印度尼西亚、巴西、南非和俄罗斯低。在这些主要新兴市场国家中，韩国的不良贷款率最低（样本期间在 0.2%～0.6%），中国香港次之（样本期间在 0.5%～1.6%），印度和俄罗斯相对较高[①]。中国的银行不良贷款率从 2008 年的 2.4%，下降到 1%（2011～2013 年），随后有所上升，近几年达到 1.8% 左右[②]，总体保持在相对较低的水平，整体变化态势较为平缓。整体而言，主要新兴市场国家的不良

---

  ① 在样本期间内，印度和俄罗斯的不良贷款率有的年份逼近或超过国际银行业不良贷款率警戒线 10% 的标准。

  ② 近年来，经济增长相对低迷，银行业资产质量面临下行压力。

贷款率呈现先下降后上升的趋势，而 G7 国家的不良贷款率呈现先上升后下降的趋势。在 G7 国家中，加拿大的不良贷款率最低（近几年在 0.3% ~ 0.5%），英国和美国也相对较低（近几年在 0.7% ~ 1.1%），法国和意大利的不良贷款率相对较高，尤其是意大利。意大利的不良贷款率在 2010 ~ 2017 年都超过国际银行业不良贷款率警戒线 10% 的标准，有的年份高达 18%。近几年，意大利的不良贷款率有所下降。

中国政府设立了四家国有资产管理公司，专门负责处理和清算不良贷款，这在一定程度上减轻了银行系统的压力。资产管理公司作为金融体系中专业的不良资产经营处置机构，利用专业优势和技能，服务于供给侧结构性改革，在服务银行金融机构风险化解等领域发挥着重要作用。四大国有银行通过增加个人贷款的比重，并加强对国有企业贷款的风险管理，逐步优化了贷款结构，减少了不良贷款的发生。近年来，随着中国在国际事务中的地位提升，例如，参与金砖国家合作机制等，中国的金融改革进一步深化，非国有金融中介机构迅速成长。这些机构的崛起，为中国金融市场注入了新的活力和竞争力，促进了银行业的转型。同时，中国银行业金融机构资金运用于政府、国有企业和房地产业，金融机构的资产负债表是"漂亮的"[①]。所有以上这些事实（措施）共同解释了在表 3-3 中显示的不良贷款率总体稳定，甚至在部分年份有所下降。这些变化反映了中国政府在应对银行业挑战时所做的努力和取得的成效。

表 3-4 对比了 2008 ~ 2022 年中国与其他主要经济体，以及 G7 国家银行业的盈利能力。

表 3-4　银行系统盈利能力的国际比较　　　　　　单位：%

年份	2008	2009	2010	2011	2012	2013	2014	2015	2016	2017	2018	2019	2020	2021	2022
中国	N/A	N/A	19.2 (1.1)	20.4 (1.3)	19.8 (1.3)	19.2 (1.3)	17.6 (1.2)	15.0 (1.1)	13.4 (1.0)	12.6 (0.9)	11.7 (0.9)	11.0 (0.9)	9.5 (0.8)	9.6 (0.8)	N/A

---

①　中国的系统性金融风险总体可控，但房地产企业、地方融资平台和中小民营企业等微观主体的流动性风险值得关注。

续表

年份	2008	2009	2010	2011	2012	2013	2014	2015	2016	2017	2018	2019	2020	2021	2022
中国香港	13.9 (0.6)	16.7 (0.8)	16.7 (0.9)	17.2 (0.8)	15.5 (0.9)	14.4 (1.1)	13.1 (1.0)	13.2 (1.0)	16.0 (1.1)	12.6 (1.0)	13.1 (1.0)	11.7 (1.0)	8.1 (0.7)	6.5 (0.6)	8.1 (0.9)
印度	14.6 (1.3)	N/A	N/A	13.4 (1.2)	13.8 (1.2)	10.8 (1.0)	9.6 (1.0)	6.3 (0.7)	4.9 (0.6)	3.0 (0.3)	-0.2 (0.0)	2.8 (0.5)	7.3 (0.8)	9.9 (1.1)	12.7 (1.5)
印度尼西亚	15.4 (2.3)	19.2 (2.6)	19.5 (2.6)	20.7 (2.8)	21.4 (3.0)	19.9 (3.0)	17.2 (2.7)	16.2 (2.7)	10.4 (2.1)	12.4 (2.4)	13.3 (2.5)	12.3 (2.5)	7.1 (1.5)	9.0 (1.8)	12.4 (2.4)
巴西	19.2 (2.1)	15.8 (1.8)	16.7 (1.9)	16.1 (1.7)	13.1 (1.4)	13.1 (1.4)	12.3 (1.6)	14.0 (1.4)	10.6 (1.3)	12.1 (1.8)	12.6 (2.2)	15.8 (2.0)	11.7 (1.9)	14.9 (2.4)	15.3 (2.1)
韩国	N/A	6.9 (0.6)	7.7 (0.7)	10.2 (1.0)	6.4 (0.7)	3.1 (0.3)	5.2 (0.5)	4.9 (0.5)	3.3 (0.4)	6.6 (0.7)	7.2 (0.8)	6.6 (0.7)	6.5 (0.7)	6.8 (0.7)	4.9 (0.5)
南非	21.3 (1.5)	15.4 (1.2)	14.8 (1.3)	16.2 (1.6)	16.3 (1.5)	14.3 (1.5)	13.3 (1.5)	15.9 (1.5)	18.1 (1.8)	15.7 (1.7)	15.6 (1.7)	14.0 (1.5)	7.4 (0.7)	13.2 (1.4)	N/A
俄罗斯	13.4 (2.1)	2.6 (0.7)	9.8 (2.0)	14.1 (2.5)	14.2 (2.4)	11.1 (1.9)	6.5 (0.9)	1.0 (0.2)	7.2 (1.2)	5.3 (1.0)	15.1 (1.5)	26.4 (3.6)	15.7 (2.0)	21.1 (2.6)	1.8 (0.2)
美国	N/A	1.5 (0.2)	5.4 (0.9)	7.8 (1.2)	9.3 (1.4)	10.2 (1.6)	9.4 (1.5)	9.7 (1.5)	9.6 (1.5)	9.0 (1.5)	12.2 (1.7)	11.5 (1.6)	7.3 (0.9)	12.3 (1.5)	12.1 (1.4)
英国	8.6 (0.3)	0.8 (0.0)	1.1 (0.1)	2.3 (0.2)	0.0 (0.0)	-1.2 (0.0)	0.7 (0.1)	1.1 (0.1)	1.1 (0.2)	2.8 (0.3)	5.2 (0.5)	3.6 (0.3)	2.6 (0.2)	6.5 (0.5)	7.9 (0.6)
法国	3.6 (0.1)	7.2 (0.3)	12.0 (0.6)	8.3 (0.4)	6.0 (0.3)	8.4 (0.5)	4.4 (0.3)	7.0 (0.5)	6.7 (0.6)	6.5 (0.5)	6.6 (0.5)	6.2 (0.5)	4.5 (0.3)	7.3 (0.6)	6.2 (0.5)
德国	-7.9 (-0.3)	-1.9 (0.0)	3.6 (0.2)	6.3 (0.3)	5.5 (0.3)	3.4 (0.2)	3.9 (0.3)	4.0 (0.3)	4.3 (0.3)	4.1 (0.3)	2.4 (0.2)	-0.4 (0.1)	1.1 (0.2)	11.0 (0.7)	N/A
日本	N/A	N/A	N/A	N/A	N/A	N/A	N/A	N/A	N/A	N/A	7.3 (0.3)	6.1 (0.2)	4.5 (0.2)	6.8 (0.2)	8.1 (0.3)
意大利	4.9 (0.3)	4.0 (0.3)	3.7 (0.3)	-13.0 (-0.9)	-0.9 (-0.1)	-11.5 (-0.8)	-2.8 (-0.2)	3.4 (0.3)	-7.7 (-0.5)	7.5 (0.6)	6.1 (0.5)	5.1 (0.4)	0.9 (0.1)	6.0 (0.4)	8.9 (0.8)
加拿大	13.3 (0.5)	13.2 (0.7)	16.6 (1.0)	20.0 (1.2)	18.5 (1.1)	18.1 (1.1)	18.0 (1.1)	16.7 (1.0)	16.0 (1.0)	17.1 (1.1)	17.3 (1.2)	16.2 (1.1)	13.2 (0.8)	17.3 (1.1)	18.2 (1.2)

注：表中以平均股权回报率（ROAE）和平均资产回报率（ROAA）来测度利润率（%），其中后者数据在括号中。日本2018年以前没有数据收录，2018年以后也没有全年的数据，只有第一季度和第三季度数据，故采用第三季度数据代替。

资料来源：国际货币基金组织（International Monetary Fund）的 Financial Soundness Indicators 数据库 http：//elibrary-data.imf.org/DataExplorer.aspx。

由表 3 - 4 可知，全球银行业面临挑战，整体平均股权回报率

（ROAE）呈现下降趋势。全球银行业的平均股权回报率（ROAE）存在显著差异，且不同国家银行的表现各不相同。全球银行业的平均股权回报率（ROAE）表现不一，部分国家银行业能够保持较高的平均股权回报率（ROAE），而多数国家银行面临盈利下降的压力。总体而言，中国银行业的平均股权回报率（ROAE）在这些国家中处于较高水平，和中国香港、印度尼西亚、巴西、南非、美国和加拿大相当，高于印度、韩国、英国、法国、日本和意大利。俄罗斯和意大利的银行平均股权回报率（ROAE）却表现出较大的波动性。

不同国家银行业的平均资产回报率（ROAA）存在显著差异。中国银行业的平均资产回报率（ROAA）却逊色于印度尼西亚、巴西、南非和美国，和中国香港、加拿大相当，但比印度、韩国、英国、法国、德国、日本和意大利高。俄罗斯的银行业平均资产回报率（ROAA）也同样表现出较大的波动性。

近年来，息差收窄和非息业务（手续费及佣金收入）发展问题，中国银行的盈利能力持续下降。这可能是经济转型对银行盈利能力产生负面影响。同时，也表明金融监管部门引导银行业减费让利、支持实体经济收到一定的成效。此外，尽管中国银行业的盈利能力持续下降，但在上述改革措施的支持下，盈利能力逐步趋于稳定。

3.5.3　资本市场

中国的两家证券交易所（上海和深圳）分别自 1990 年和 1991 年成立以来，上市公司数量已显著增加。相较而言，中国的多层次资本市场建设较为缓慢，2004 年在深圳证券交易所设立中小板，开始尝试放松公司上市制度以实现资本市场扩容；2009 年在深圳证券交易所设立创业板，定位于面向科技行业企业的场内交易市场，正式拉开了中国多层次资本市场建设的序幕。2018 年在上海证券交易所设立科创板，坚持面向世界科技前沿、面向经济主战场、面向国家重大需求，主要服务于符合国家战略、突破关键核心技术、市场认可度高的科技创新企业。截至 2022 年 12 月

31 日，上市公司总数已超过 5000 家，证券账户数量达 3.2 亿户。所有上市公司的股票市值总计 87.8 万亿元，占中国 GDP 的比重也大幅提高。然而，尽管股票市值显著增长，中国的股权融资与债务融资相比仍然存在较大差距。作为全球最大的新兴经济体和转型经济体，中国在过去 10 年中经历了快速的经济增长，但与大多数发达国家相比，中国尚未建立起一个成熟的资本市场来充分满足企业的融资需求。金融机构贷款仍然是企业融资的主要来源。

资本市场的发展在很大程度上影响着公司债务政策选择。然而，中国资本市场的发展存在显著的结构性失衡：一方面，股票市场经历了快速发展和扩张，但企业债券市场的增长却相对滞后；另一方面，债券市场内部也存在结构性失衡，政府债券和金融债券占据主导地位，而企业债券和公司债券的规模依然较小，未能充分发挥其应有的作用。

3.5.3.1 股票市场

中国股票市场虽然起步较晚，但其发展速度异常迅速。经过 30 多年的快速扩展，中国股票市场已经达到了相当的规模。自 20 世纪 90 年代中期以来，中国股市逐渐成为中国经济改革，特别是国有企业所有制改革的重要平台。随着市场结构的不断优化、法律体系的日益健全以及制度安排的逐步完善，中国股票市场在国民经济发展中日益发挥出关键作用，尤其在融资渠道的拓展、资源配置的优化、国有企业改革的推进以及资本市场的构建中，扮演了不可或缺的角色。

表 3-5 对中国股票市场的发展状况进行了详细概述。

表 3-5　中国股票市场发展概况　单位：家，亿股，亿元

年份	上市公司数量	总成交股数	成交金额	股票市价总值	股票市价总值/GDP
1992	53	36.90	683.04	1048.15	0.0389
1993	183	226.56	3627.20	3541.52	0.1002
1994	291	1013.34	8127.63	3690.62	0.0766
1995	323	705.31	4036.45	3474.28	0.0571

续表

年份	上市公司数量	总成交股数	成交金额	股票市价总值	股票市价总值/GDP
1996	530	2533.14	21332.17	9842.39	0.1383
1997	745	2560.02	30721.83	17529.24	0.2220
1998	851	2152.46	23527.31	19521.81	0.2313
1999	949	2932.39	31319.60	26471.18	0.2952
2000	1088	4758.38	60826.65	48090.94	0.4847
2001	1160	3152.29	38305.18	43522.20	0.3969
2002	1224	3016.19	27990.46	38329.13	0.3185
2003	1287	4163.08	32115.27	42457.72	0.3126
2004	1377	5827.73	42333.95	37055.57	0.2318
2005	1381	6623.73	31664.78	32430.28	0.1754
2006	1434	16145.23	90468.89	89403.89	0.4133
2007	1550	36403.75	460556.23	327141.00	1.2307
2008	1625	24131.39	267112.66	121366.43	0.3865
2009	1718	51106.99	535987.00	243939.12	0.7156
2010	2063	42151.98	545634.00	265423.00	0.6616
2011	2342	33956.57	421645.00	214758.10	0.4539
2012	2494	32881.06	314667.41	230357.62	0.4439
2013	2489	48373.00	468729.00	239077.20	0.4032
2014	2613	73383.09	742385.30	372547.00	0.5789
2015	2827	171039.50	2550541.00	531462.70	0.7715
2016	3052	95525.00	1277680.00	507685.90	0.6802
2017	3485	87780.84	1124625.00	567086.10	0.6816
2018	3584	82037.25	901739.40	434924.00	0.4731
2019	3777	126624.00	1274159.00	592935.00	0.6010
2020	4154	167451.90	2068253.00	797238.20	0.7866
2021	4615	187425.90	2579734.00	916088.20	0.7971
2022	4917	185725.40	2245095.00	788005.90	0.6541
2023	5107	170809.00	2122110.00	773130.70	0.6133

资料来源：国家统计局官方网站。

由表 3-5 可知，中国股票市场的发展速度显著。1992 年，上市公司数量仅为 53 家，2023 年，这一数字已增长至 5107 家。股市市值占国内生产总值（GDP）的比例是衡量一国资本市场发展水平的重要指标之一。这个比例的高低可以反映出该国资本市场的成熟度、资源配置效率以及经济发展阶段。相较而言，中国的股票市值占国内生产总值（GDP）的比重与全球其他成熟资本市场相比仍然较低[①]。该比例在 2007 年达到高峰（123.07%），被视为牛市的顶端标志，反映 2007 年中国股市的繁荣程度。随着时间推移，到 2008 年底，这一比例下降到 38.65%，标志着市场的转变。经过近几年的波动[②]，到 2023 年底，中国的股票市值与 GDP 的比重为 61.33%。

表 3-6 显示了 2022 年主要股票市场的总市值和换手率。

表 3-6　2022 年主要股票市场的总市值和换手率

排名	股票市场	总市值（十亿美元）	换手率（%）
1	纽约证券交易所	24060.38	N/A
2	纳斯达克证券交易所	18094.32	纳斯达克——美国为 148.20%；纳斯达克——北欧为 47.40%
3	中国	11425.34	上海证券交易所 206.90%；深圳证券交易所 394.60%
4	泛欧证券交易所	6064.46	47.06%
5	东京证券交易所	5380.47	108.88%
6	中国香港	4566.81	62.38%
7	印度证券交易所	3387.36	49.81%
8	伦敦证券交易所	3095.98	36.32%
9	多伦多证券交易所集团	2744.72	81.95%

① 如 2018 年，美国、德国、日本、法国和加拿大股市总市值占 GDP 比重分别为 148.20%、44.50%、106.60%、85.20% 和 113.10%（海通证券研究所）。1996 年，爱沙尼亚、匈牙利、拉脱维亚、立陶宛、波兰、斯洛文尼亚、保加利亚、罗马尼亚、俄罗斯和斯洛伐克新兴市场国家的股票市值占 GDP 的比重分别为 10.00%、12.00%、3.00%、11.70%、7.00%、3.80%、0.06%、0.20%、8.40% 和 11.40%。

② 近几年中国的股票市值与 GDP 的比重在 60%~80% 波动。

续表

排名	股票市场	总市值（十亿美元）	换手率（%）
10	沙特证券交易所	2638.59	16.96%
11	德国证券交易所	1889.66	67.79%
12	瑞士证券交易所	1830.52	47.26%

注：所有数据都来自世界交易所联合会（World Federation of Exchanges）http://www.world-exchanges.org；所有数字都是 2022 年 1 月 1 日至 12 月 31 日的；换手率是指一年的总成交额占总市值的百分比；纳斯达克证券交易所的换手率存在重复计算，实际计算应该是报告数字的一半；N/A 表示不适用。

由表 3-6 可知，2022 年上海证券交易所和深圳证券交易所总市值在全球最大的证券交易所中排名第三，总市值达 11425.34 亿美元。此外，香港的证券交易所也表现突出，总市值达 4566.81 亿美元，在全球排名第六。如果将一个国家内所有证券交易所的总市值进行排名，中国位列第二，仅次于美国。

中国股票市场的增长速度迅猛，但在价格和投资者行为对上市公司基本价值的反映方面市场效率仍存在不足。由表 3-6 可知，尽管中国股票市场市值庞大，但其换手率是全球之最，其中上海证券交易所的换手率为 206.90%，深圳证券交易所更是高达 394.60%。相比之下，纳斯达克证券交易所的换手率为 148.20%（美国）和 47.40%（北欧），东京证券交易所的换手率为 108.88%，多伦多证券交易所集团的换手率为 81.95%，沙特证券交易所的换手率最低（16.96%）。中国证券交易所的高换手率表明中国的中盘股和小盘股频繁交易，市场波动性较大。

中国证券市场的低效率可部分归因于监管不足和信息披露不充分。La Porta 等（2003）通过对 49 个国家新股公开发行的证券法进行研究，发现通过信息披露和责任条例的私人执法在促进股票市场发展方面优于政府的强制管理。这一发现能够解释中国股票市场的某些现状。为了提高市场效率和监管质量，必须为监管者提供适当的激励机制（Glaeser 等，2001）。根据表 3-6 的数据，中国市场的高换手率反映了监管质量还有待提高，仍需进一步完善以促进股票市场的长期稳定和健康发展。

接下来，简单地检验金融市场在帮助公司筹资时的作用（见表3-7）。

表3-7　外部资本市场的比较（平均）

	英国普通法系	法国成文法系	德国法系	斯堪的纳维亚法系	LLSV样本均值	中国（2012）
外部资本价值/GNP	0.60	0.21	0.46	0.30	0.40	0.22
国内上市公司数/人口	35.45	10.00	16.79	27.26	21.59	1.85
IPO/人口	2.23	0.19	0.12	2.14	1.02	0.01
总负债/GNP	0.68	0.45	0.97	0.57	0.59	0.35
GDP增长（一年）	4.30	3.18	5.29	2.42	3.79	9.20
法治	6.46	6.05	8.68	10.00	6.85	5.00
股东权利	3.39	1.76	2.00	2.50	2.44	3.00
一股一票	0.22	0.24	0.33	0.00	0.22	1.00
债权人权益	3.11	1.58	2.33	2.00	2.30	2.00

资料来源：La Porta 等（1997），《中国金融统计年鉴》（2013）。

由表3-7可知，中国外部市场的规模和相对重要性（与其他融资渠道相比）并不显著。例如，外部资本与国内生产总值（GDP）的比率在La Porta 等（1997）的样本国家中均值为40%，而中国这一比例仅为22%。同样，对于总负债（包括银行借款和债券）与GDP的比率，La Porta 等（1997）样本国家的均值为59%，而中国仅为35%。

此外，还需要简要讨论中国的风险资本市场。通常认为，美国近年来新兴产业的成功部分归因于其强大的风险资本支持（Kortum 和 Lerner，2000）。然而，中国的风险投资行业自20世纪80年代起步以来发展相对缓慢，并且在支持新创企业方面的作用十分有限。Ahlstrom 和 Bruton（2006）通过对24家风险投资公司的36位风险投资家的访谈发现，在中国，基于声誉和关系的替代机制在行业各个阶段更为普遍，而有限的法规制度往往没有发挥应有的作用。近年来，中国风险投资行业出现了"变异"，不少风险投资正蜕化为地方政府招商引资的工具。《2023LP画像白

皮书》显示：截至 2023 年末，在中基协备案运行的私募股权创投基金超
5.8 万只，其中新备案基金 7383 只，有限合伙人（LP）认缴规模超
1.6 万亿元，其中政府引导基金（含国资）认缴金额累计约 1.2 万亿元，
成为绝对主力。

3.5.3.2　债券市场

中国的债券市场至今仍未达到发达市场的水平。相较于股票市场的发
展，债券融资在中国的起步时间较早。1981 年，中国恢复发行国债，
1984 年开始发行企业债券。此后，随着法规制度的逐步完善，债券市场
逐渐发展起来。1993 年，国务院颁布了《企业债券管理条例》，为企业债
券的发行提供了制度保障。近年来，中国的债券市场监管框架得到了进一
步的强化。自 2020 年以来，《公司信用类债券信息披露管理办法》《关于
推动公司信用类债券市场改革开放高质量发展的指导意见》先后发布并
实施，对公司信用类债券的发行转让、信息披露、投资者保护、法律责任
等进行统一规范。2023 年 10 月 12 日，中国证券监督管理委员会发布了
第 222 号令《公司债券发行与交易管理办法》（以下简称《办法》），该
《办法》自公布之日起施行，标志着公司债券市场的管理进入了新的阶
段。同时，为提高信息披露的透明度和规范性，中国证券监督管理委员会
还发布了《公开发行证券的公司信息披露内容与格式准则第 24 号——公
开发行公司债券申请文件》，为公司债券的发行提供了更加明确的指引。

近年来，随着法规的不断完善和市场环境的逐步改善，中国企业在国
内外市场上积极发行了多种类型的债券。例如，2023 年，中国银行迪拜
分行成功发行了 4 亿美元的绿色债券，这是中国金融机构在中东地区发行
的首批绿色债券之一，标志着中国银行在国际绿色金融市场的进一步拓
展。同年，国家开发银行在境内市场成功发行了 300 亿元的可持续发展债
券，这些债券旨在支持生态环境保护、节能减排等可持续发展项目，进一
步推动了中国绿色金融市场的发展。

表 3-8 汇总了 1990~2023 年中国债券发行的情况和市场规模。自 20
世纪 90 年代以来，中国债券市场取得了一定的发展，但与政府债和金融

债相比，企业债的发展仍然较为缓慢，规模较小。尽管 2023 年企业债券发行量达到 126132.15 亿元，但其在债券总发行量中的比例仅为 17.75%。与国外成熟市场相比，中国债券市场依然存在较大差距。这些数据表明，尽管中国债券市场在近年来有所发展，但其整体规模和影响力仍有待提升，尤其是在企业债券方面，市场规模仍然相对较小，且与其他类型的债券相比发展较为滞后。在债券市场中，政府债和金融债是中国债券资本融资占比最高的主体。以 2020 年为例，政府债和金融债占债券总发行量的比例分别为 27.76% 和 48.74%，而以非金融企业为主体的债券融资规模仅占据不到 20%。此外值得注意的是，中国存在一种特殊的企业债券——地方政府融资平台债，这类债券虽然融资主体是企业，但事实上由地方政府提供信用担保，相当于变相的地方政府债券。综合而言，中国的债券融资市场中真正能够流向非金融企业的少之又少。这也反映出中国债券市场存在结构上的不平衡，需要通过进一步的改革和政策支持来促进债券市场的全面发展。

表 3-8　1990~2023 年中国债券发行情况　　　　单位：亿元

年份	政府债券	金融债券	企业债券	国外机构债券	金融衍生工具	债券总发行量	企业债券发行量占债券总发行量的比例
1990	347.30	0.00	0.00	0.00	0.00	347.30	0.0000
1991	351.91	0.00	0.00	0.00	0.00	351.91	0.0000
1992	405.86	0.00	0.00	0.00	5.00	410.86	0.0000
1993	527.70	0.00	0.00	0.00	0.00	527.70	0.0000
1994	1137.55	182.00	1.00	0.00	0.00	1320.55	0.0008
1995	1448.71	842.60	0.00	0.00	0.00	2291.31	0.0000
1996	2311.23	2082.00	9.00	0.00	0.00	4402.23	0.0020
1997	2457.49	2823.50	29.60	35.00	0.00	5345.59	0.0055
1998	6368.60	2030.23	98.04	37.32	3.50	8537.69	0.0115
1999	4056.03	1751.00	128.06	34.00	15.00	5984.09	0.0214
2000	4619.50	1645.00	85.30	20.00	28.50	6398.30	0.0133
2001	4683.53	2625.00	129.00	15.00	0.00	7452.53	0.0173

续表

年份	政府债券	金融债券	企业债券	国外机构债券	金融衍生工具	债券总发行量	企业债券发行量占债券总发行量的比例
2002	6601.40	5193.80	325.00	0.00	41.50	12161.70	0.0267
2003	8502.37	12263.20	328.00	30.00	185.50	21309.07	0.0154
2004	8293.40	20288.80	272.00	50.00	209.03	29113.23	0.0093
2005	8027.60	34566.30	2057.00	71.30	77.74	44799.94	0.0459
2006	9850.00	46088.70	3534.50	408.70	306.71	60188.61	0.0587
2007	23483.44	52489.60	4570.45	600.00	473.36	81616.85	0.0560
2008	8558.21	54834.38	7930.40	800.00	1012.06	73135.05	0.1084
2009	18229.21	51988.50	15511.93	1010.00	76.61	86816.25	0.1787
2010	19778.17	55834.20	15201.45	1890.00	717.30	93421.12	0.1627
2011	17397.90	37214.30	22138.91	1000.00	425.99	78177.10	0.2832
2012	16862.26	25959.10	36194.71	1500.00	444.97	80961.04	0.4471
2013	20444.01	32515.58	35240.11	1500.00	827.08	90526.77	0.3893
2014	21747.32	44668.38	50261.39	1500.00	3698.58	121875.67	0.4124
2015	59426.00	95827.66	68084.98	1830.00	6549.28	231717.91	0.2900
2016	91116.10	176343.30	84861.48	1530.00	9812.40	363663.28	0.2334
2017	83622.73	251227.11	53990.27	2490.00	17701.95	409032.06	0.1320
2018	78322.65	263444.70	72710.35	2584.60	21396.23	438458.53	0.1658
2019	85265.28	245780.33	91871.33	1785.00	27193.36	451895.30	0.2033
2020	135611.38	281232.11	118144.14	1850.00	32249.42	569087.05	0.2070
2021	142793.40	312626.36	125368.33	2075.00	34701.23	617564.33	0.2030
2022	170778.49	299923.86	118987.28	2925.00	22686.22	615300.85	0.1934
2023	204264.08	357427.48	126132.15	2140.00	20501.01	710464.72	0.1775

资料来源：Wind 数据库，表中数据为相应年度的发行量，经笔者整理。

　　表 3-9 对企业债券发行规模和股票发行规模进行比较。从直接融资结构拆分看，一家公司既可以通过出让股权进行权益融资，也可以通过发行债券进行债务融资。高杠杆持续成为中国企业面临的挑战，根据国际清算银行数据，2021 年末中国企业部门杠杆率为 159.40%，而美国为81.40%，中国是美国的近两倍。主要原因是美国拥有世界上最大的资本

市场，占全球股票市值的近一半，远远超过第二接近的经济体欧盟。

表3-9　企业债券发行规模和股票发行规模的比较　　单位：亿元

年份	股票发行量	企业债券发行量	直接融资规模	股票发行量/直接融资规模	企业债券发行量/直接融资规模
1992	94	684	778	0.1208	0.8792
1993	375	236	611	0.6137	0.3863
1994	327	162	489	0.6687	0.3313
1995	150	301	451	0.3326	0.6674
1996	425	269	694	0.6124	0.3876
1997	1294	255	1549	0.8354	0.1646
1998	842	148	989	0.8514	0.1496
1999	945	158	1103	0.8568	0.1432
2000	2103	83	2186	0.9620	0.0380
2001	1252	147	1399	0.8949	0.1051
2002	962	325	1287	0.7475	0.2525
2003	1358	358	1716	0.7914	0.2086
2004	1511	327	1838	0.8221	0.1779
2005	1883	2046	3929	0.4793	0.5207
2006	5594	3938	9533	0.5868	0.4132
2007	8680	5058	13739	0.6318	0.3682
2008	3852	8435	12288	0.3135	0.6865
2009	6125	15864	21989	0.2785	0.7215
2010	11972	10043	22015	0.5438	0.4562
2011	5814	20143	25957	0.2240	0.7760
2012	4134	37366	41500	0.0996	0.9004
2013	2803	36784	39587	0.0708	0.9292
2014	8498	51516	60014	0.1416	0.8584
2015	16362	67205	83567	0.1958	0.8042
2016	20297	82242	102539	0.1979	0.8021
2017	15536	56352	71888	0.2161	0.7839
2018	11378	77905	89283	0.1274	0.8726

续表

年份	股票发行量	企业债券发行量	直接融资规模	股票发行量/直接融资规模	企业债券发行量/直接融资规模
2019	12539	107058	119597	0.1048	0.8952
2020	14222	142012	156234	0.0910	0.9090
2021	15401	146804	162205	0.0949	0.9051
2022	14175	136720	150895	0.0939	0.9061

资料来源：国家统计局官方网站。

由表3-9可知，在股票市场发展的初期，企业债券融资规模大于股票融资规模，1993～2007年，股票融资规模超过了企业债券融资规模（除1995年和2005年外）。2008～2022年，企业债券融资规模超过了股票融资规模（除2010年以外），近几年，企业债券发行量占直接融资规模比重高达90%左右。以2022年为例，企业债券发行量已达136720亿元，占直接融资总规模的90.61%，而同期股票发行量仅为14175亿元，占比为9.39%。这表明，企业债券融资已在直接融资中占据主导地位，显示出债券市场的规模和重要性在近年来得到了显著提升。中国欠发达的境内资本市场是股票融资规模难以得到快速发展的重要原因。

相较而言，美国已经形成了高度成熟的多层次资本市场体系，较为成熟的大型企业可以通过纽交所和纳斯达克等交易所进行融资，对于中小型企业，则可以选择小型的区域交易所进行融资，此外还有场外柜台交易系统（Over the Counter Bulletin Board，OTCBB）、粉单市场（Pink Sheet Exchange）[①] 等可供选择。

图3-4描述了美国直接融资结构的拆分情况。从图3-4可见，美国直接融资中50%以上来自股权融资。

---

① 粉单市场是美国资本市场的组成部分，创建于1913年，由美国国家报价机构设立。在没有创立场外柜台交易系统（OTCBB）市场之前，绝大多数场外交易的证券都在粉单市场进行报价。该市场对订阅用户定期制作刊物，发布场外交易的各种证券的报价信息，在每天交易结束后向所有客户提供证券报价，使证券经纪商能够方便地获取市场报价信息，并由此将分散在全国的做市商联系起来。

（万亿美元）

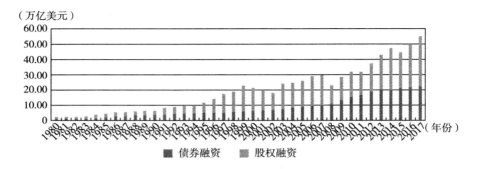

图 3-4 美国直接融资结构拆分

资料来源：美国证券业及金融市场协会。

近年来，在国家大力发展债券市场的各项政策促动下，各大企业纷纷通过发行企业债券降低资金成本，企业债券发行量不断上升，债券融资规模超过了股票融资规模。如国务院办公厅在 2008 年 12 月 13 日发布了《关于当前金融促进经济发展的若干意见》，其中第十三条明确指出，要扩大债券发行规模，积极发展企业债、公司债、短期融资券和中期票据等债务融资工具。国家发展改革委于 2008 年 1 月 2 日发布《关于推进企业债券市场发展、简化发行核准程序有关事项的通知》。中国人民银行于 2009 年 1 月 7 日发布相关文件，决定取消对在银行间债券市场交易流通的债券发行规模不低于 5 亿元的限制条件。国务院国有资产监督管理委员会于 2023 年印发的《中央企业债券发行管理办法》，对中央企业债券发行管理进行了系统性改革。

这种不平衡反映了中国资本市场结构中的深层次问题：虽然股票市场在中国的发展较早且一度主导直接融资，近年来，企业更多地依赖债券市场进行融资，债券融资的增长速度远超股票市场。这一趋势表明，债券市场的重要性在中国日益提升，但同时也揭示了股票市场在企业融资中的相对弱势地位。

与西方成熟的资本市场相比，这种不平衡更加明显。西方资本市场尤其是美国，通常以股票市场为主导，企业通过股票市场筹集大规模资金，同时债券市场也高度发达，提供了多样化的融资选择。在西方市场中，股票和债券融资相辅相成，企业可以根据不同的市场条件和战略需求自由选择最合适的融资渠道。这种双轨制的平衡发展为企业提供了更大的灵活性，也反映了市场的成熟度。

相比之下，中国资本市场仍在逐步完善，债券市场的快速扩展虽然填补了融资需求，但也暴露出股票市场发展相对滞后的问题。要达到西方资本市场的成熟水平，中国需要进一步优化市场结构，促进股票和债券市场的协调发展。这不仅包括提升股票市场的吸引力，增加其在直接融资中的比例，还需要通过政策支持和市场改革，进一步完善债券市场，使其与股票市场形成更好的互补关系。

3.6　本章小结

本章对中国的融资制度背景进行了全面系统的分析，主要从社会资本、法律制度、经济政策不确定性和融资体系等方面进行详细探讨，以便为解释债券契约提供现实背景和理论依据，有利于人们深入了解债券契约背后的经济力量。由于历史和体制等原因，中国存在特殊的融资制度背景。

中国上市公司信息披露主要存在信息失真、信息披露的非主动性、信息披露的不及时性、信息披露的不充分性和信息披露的虚假性等问题。在中国的信息披露机制下，有效地缓解信息和代理问题难度较大。破产机制和退出机制在中国尚未真正全面发挥作用，公司退出市场的标准实际上是一种"软约束"，从根本上来讲既不利于公司治理水平的提升，也不利于债权人利益保护。总体而言，中国投资者法律保护仍需继续健全，公司面临较严重的信息和代理问题。

同时，中国的经济转型"无前人经验、无他国成例"使宏观政策呈现"摸着石头过河"的鲜明特征，经济政策的不确定性比较突出，对宏观经济运行和微观企业行为都会产生重大的影响。中国的投资者法律保护薄弱，信息和代理问题严重，经济政策的不确定凸显，但仍经历了高水平的经济增长。中国经常被认为是金融和经济增长文献中的反例。改革开放以来到 21 世纪初期，中国的法律、金融和监管制度比较薄弱，但中国依旧是世界上增长最快的经济体之一（Allen 等，2005）。考虑到中国强劲的经济增长和欠发达的制度结构，人们感到困惑："中国如何在保持（这样）制度秩序的同时实现快速增长？"尽管这个有趣的谜题有很多答案，但部分答案似乎在于管理者培养的跨越组织边界的人际关系，这种"关系"可作为正式制度的替代品，并在动荡环境中获得资源（Peng 和 Heath，1996）。与西方社会相比，中国的转型过程带来了更具活力的社会交流。中国的社会交往深深植根于当地的文化和历史传统。尽管世界各地的企业管理者都投入大量的时间和精力来培养人际关系，但中国的企业管理者可能更依赖个人关系的培养来应对他们处境的紧急情况。在法律、法规等正式制度约束较弱的环境中，非正式制度（如社会资本）在促进经济增长方面可能发挥更重要作用，从而对公司行为产生重大的影响。正如 Allen 等（2005）所指出的，由于当时中国的法律和金融制度尚不完善，公司往往会通过"声誉"和"关系"等替代机制来保证金融交易的正常进行。

此外，中国的金融资源配置存在一些问题：①中国的经济发展路线属于典型的转轨经济，银行主导了整体融资体系，直接融资占比低，间接融资占比高。②中国的直接融资结构中，直接融资以债券融资为主，权益融资占比低。③中国的债券市场结构中，政府债和金融债占比高，是中国债券融资的主要主体，而非金融企业债占比低，债券市场内部结构发展不平衡。

第4章 中国信用债券契约特征

中国信用债券市场的发展历程充满了挑战和机遇。自 1983 年推出信用债券以来，该市场经历了从初期的萌芽阶段到如今的多头监管格局，逐渐成为中国债券市场的重要组成部分。随着信用债券市场的不断发展，信用债券市场在公司融资中的地位和作用日益显著。信用债券市场的发展不仅为企业提供了多元化的融资渠道，也为投资者提供了丰富的投资选择。尽管在初期阶段，信用债券主要以企业债券形式存在，且大多由国有大型银行担保，但随着市场的成熟，无担保的短期融资券开始出现，开启了真正的中国信用债券市场。近年来，中国信用债券市场的发展得益于多方面的推动力量，包括政府政策的支持、市场机制的完善以及金融产品的创新。中国政府出台了一系列政策措施，如《企业债券管理暂行规定》《公司债券管理办法》，以规范市场行为，促进市场健康发展。此外，市场基础设施的建设和信息披露制度的不断完善，也为信用债券市场的发展提供了坚实的保障。

然而，尽管取得了显著的进展，中国信用债券市场仍面临一系列挑战。例如，债券发行审核程序复杂、发行成本高、市场流动性不足等问题仍制约着信用债券市场的发展。信用评级体系的法律法规不健全、评级体系发展滞后、评级虚高、区分度不足和事前预警功能弱，以及债权人保护机制不完善，进一步增加了市场风险。第 3 章中国的融资制度背景分析指出，由于历史和体制等原因，中国存在特殊的融资制度背景。因此，特殊

·127·

的融资制度背景可能会导致中国信用债券契约存在独有的特征。本章从中国信用债券发展历程、信用债券市场发展特征、信用债券发行现状，以及债券契约特殊性条款的设计等分析中国信用债券契约特征，并进行了国际比较。

4.1 中国信用债券市场发展历程

中国信用债券市场的发展历程分为五个主要阶段，从最初的萌芽到如今的多头监管格局，其发展历程充满了挑战和机遇。自 1983 年推出信用债券以来，新发行数量已达近 30 万亿元，成为中国债券市场的重要组成部分。

4.1.1 萌芽和自发阶段（1983～1986 年）

中国的信用债券市场起源于 1983 年，最早通过向企业职工定向募集（内部集资）的方式出现。此时，债券主要在企业内部发行，面向社会的发行次数非常有限，且票面形式和还本付息方式等方面尚不规范。国家尚未对债券市场进行统一管理，也没有相应的法律法规。债券的发行和管理主要依靠企业自身的运作，存在较大的随意性和不确定性。据估计，这类债券的发行量约为 100 亿元。尽管规模较小，但这一时期为后来的市场发展奠定了基础，逐步培养了社会各界对债券融资工具的认知和接受度。

4.1.2 快速发展阶段（1987～1992 年）

随着债券发行规模的扩大，为了规范企业筹集债券的行为，国务院于 1987 年 3 月 27 日颁布了《企业债券管理暂行条例》（以下简称《条例》）。该《条例》初步确立了企业债券的管理模式，规范了债券在发行、转让、形式和管理等方面的要求，标志着中国信用债券市场的正式启动。此时，信用债券具有浓厚的行政管理色彩，政府在债券发行市场中占据主导地位。根据《条例》，国家对债券发行额度进行了安排和结构控制，超过 3000 万元的发行额度需经中国人民银行审批。为确保国家重点项目建设，债券发行主体仅限于全民所有制企业。尽管信用债券的前期试点较为谨慎，但在此阶段，债券发行规模实现了快速增长，流动性也逐步改善。1990 年上海证券交易所成立后，债券开始在交易所交易，形成了柜台市场与场内交易市场并存的格局。债券市场的基础设施逐渐完善，市场参与者数量增加，为进一步发展打下了坚实基础。

4.1.3　整顿阶段（1993~1997 年）

随着信用债券市场规模的扩大，潜在风险逐渐显现。1993 年，中国政府对信用债券的发行实行了第一次临时调控，实际发行规模从年初的490 亿元紧急压缩至 20 亿元。同年 8 月 2 日，国务院对《条例》进行了修改和重组，以整顿发行市场。修改后的《条例》中，保障国家重点项目的表述被削弱，融资主体不再局限于全民所有制企业，这表明信用债券市场开始向多元化方向发展。然而，在接下来的五年中，信用债券一直处于调控状态，发行量保持在较小的规模内，未能超过 1992 年的峰值。幸运的是，新增的银行贷款弥补了企业发行债券的需求，债券市场的调控并未对企业的融资需求和偿债能力产生重大影响。整顿期间，政府还加强了对市场的监管，出台了一系列措施以防范系统性风险，同时提高了市场透明度。

4.1.4　规范发展阶段（1997~2017 年）

经过五年的低谷期，信用债券市场迎来了持续 20 年的规范发展期，市场逐步进行内部完善。1995 年，债券招标发行试点启动，发行利率开始市场化；1996 年，信用债券创新品种——可转换债券问世；1997 年，全国银行间债券市场启动，商业银行将所持债券统一托管到中央国债登记结算公司，退出沪深交易所的债券市场；2003 年 8 月，中国证券监督管理委员会颁发了《证券公司债券管理暂行办法》，完善了交易所信用债券的发行和交易制度。尽管这一期间的发行量较 1997 年有所增加，但明显不及股市的发展，规模仍未突破千亿量级。然而，这一时期完善的一系列基础制度，为信用债券市场的再次扩张奠定了重要基础。2005 年，信用债券市场迎来了第二次扩张。一系列新的信用债券品种陆续推出，市场成员和产品种类不断丰富。同年 4 月，为了规范信贷资产证券化试点工作，保护投资人及相关当事人的合法权益，提高信贷资产流动性，丰富证券品种，中国人民银行、中国银行业监督管理委员会颁布了《信贷资产证券化试点管理办法》，银行间市场的短期融资债券在一个月后试水，交易所第一只公司债券于 2007 年 10 月发行，2008 年 4 月银行间市场推出了中期票据，2010 年又推出了超短期融资券，形成了银行间市场的主要品种。2013 年 11 月，为商业银行拓宽资本补充渠道提供了制度规范，也有利于促进债券市场发展和互联互通，证监会和银监会联合发布《关于商业银行发行公司债券补充资本的指导意见》。2015 年 1 月，中国证券监督管理委员会颁布《公司债券发行与交易管理办法》，将债券发行主体扩大至公司制法人，激发了交易所债券市场的活力，导致公司债券发行规模出现了爆发式增长。

4.1.5　稳定与挑战阶段（2018 年至今）

自 2018 年以来，中国债券市场进入了一个关键的稳定与挑战并存的阶段。这一时期，信用债券市场的发行量出现了环比回落，国内爆发了一系列违约事件，部分低评级、弱资质的债券在二级市场上无人问津，可能引发市场波动。然而，回顾信用债券跨越多轮经济周期的发展历程，信用债券市场仍然保持较高的增长势头。

为了应对这些挑战，政府和监管机构不断出台新的政策和措施以维护市场稳定。2018 年 4 月，中国人民银行、中国银行保险监督管理委员会、中国证券监督管理委员会和国家外汇管理局发布了《关于规范金融机构资产管理业务的指导意见》（以下简称资管新规），旨在统一监管标准，规范市场秩序，提高透明度和风险防控水平。2019 年 11 月，中国人民银行、国家发展改革委、财政部和中国证券监督管理委员会联合发布了《信用评级管理暂行办法》，进一步规范信用评级市场，提升信用评级质量和公信力。2021 年 8 月，为促进债券市场信用评级行业规范发展，提升中国信用评级质量和竞争力，推动信用评级行业更好地服务于债券市场健康发展的大局，中国人民银行、国家发展改革委、财政部、中国银行保险监督管理委员会和中国证券监督管理委员会发布了《关于促进债券市场信用评级行业健康发展的通知》。

与此同时，中国政府还积极推动信用债券市场的国际化进程。2019年 4 月，彭博巴克莱全球综合指数（Bloomberg Barclays Indices）正式纳入中国债券，这标志着中国债券市场向国际投资者开放迈出了重要一步。同年，沪伦通正式启动，为中英两国的债券市场互联互通提供了新的渠道。2020 年 2 月，中国债券正式被纳入摩根大通全球新兴市场政府债券指数，进一步提升了中国债券在国际市场的影响力。

债券市场是资本市场的重要组成部分，对提高直接融资比例意义重大，基础设施为债券市场运行提供保障。在市场基础设施方面，监管机构不断加强市场建设，提升交易系统和清算结算系统的效率和安全性。自2018 年以来，中国人民银行、中国证券监督管理委员会等部门持续发力，促进债券市场在基础设施、执法机制、信用评级、信息披露、违约处置等多方面的统一。2020 年 7 月，中国人民银行、中国证券监督管理委员会联合发布公告（〔2020〕第 7 号），标志着债券市场基础设施互联互通正式破冰。2021 年 3 月，中国人民银行办公厅发布了《关于进一步优化银行间债券市场基础设施对外开放服务，加强事中事后管理的通知》，进一步优化银行间债券市场基础设施对外开放服务，在依法合规便利境外机构投资者入市的同时，切实加强事中事后管理。2022 年 1 月，上海证券交易所、深圳证券交易所、全国银行间同业拆借中心、银行间市场清算所股份有限公司、中国证券登记结算有限责任公司共同发布《银行间债券市场与交易所债券市场互联互通业务暂行办法》落地，互联互通在"硬件"

维度取得实质性进展，标志着中国债券市场朝着统一的方向取得实质性进展。

4.2　中国信用债市场发展特征

债券市场根据债券发行主体的信用程度差异，主要分为利率和信用债。利率债的发行主体通常是国家政府或信用等级与国家政府相一致的机构，具有较高的信用质量，信用风险较低，因此受到投资者的广泛认可。信用债的发行主体则是政府之外的机构，其收益率主要受到发行主体信用状况的影响，因此其风险相对较高。利率债主要包括国债、政策性金融债、地方政府债券、央行票据等，而信用债主要为公司债券、企业债券、中期票据和短期融资债券等。其中，企业债由发展改革委注册发行，公司债由证监会注册发行，中期票据和短期融资券由中国银行间市场交易商协会注册发行。

表4-1对三种类型信用债券的区别进行了概括。

表 4-1　三种类型信用债券区别

	中票票据和短期融资券	企业债券	公司债券
发行管理部门	中国银行间市场交易商协会	国家发展改革委	中国证券监督管理委员会
发行主体	法人资格非金融企业	股份有限公司、有限责任公司和其他类型	公司制法人
净资产要求	无明确要求	股份有限公司不低于3000万元，有限责任公司和其他类型公司不低于6000万元	股份有限公司不低于3000万元，有限责任公司和其他类型公司不低于6000万元（大公募额外要求最近1期净资产不低于250亿元）
发行申报制度	注册发行	注册发行	注册发行

续表

	中票票据和 短期融资券	企业债券	公司债券
财务要求	无明确要求	连续三年盈利；最近三年 平均净利润高于债券 1 年 利息（仅银行间）、1 年 利息的 1.5 倍（可跨市场）	最近三年平均净利润高于债券 1 年利息（小公募）、1 年利息的 1.5 倍（大公募）
交易场所	仅银行间	银行间和交易所	仅交易所

资料来源：中国银行间市场交易商协会，国家发展改革委，中国证券监督管理委员会。

　　自 2007 年起，为了缓解上市公司的融资需求，以及满足各类投资者的投资需要，中国证券监督管理委员会依据《证券法》《公司法》，正式颁布了《公司债券发行试点办法》（以下简称《试点办法》），标志着中国公司债券市场的正式建立。2008 年，中国人民银行制定《银行间债券市场非金融企业债务融资工具管理办法》，并根据此办法，经中国银行间市场交易商协会注册可发行中期票据和短期融资券，这进一步促进了中国信用债市场的发展。同时，在监管竞争的压力下，企业债也逐步简化企业债核准程序，由原来的"先核准发行规模再批准发行"简化为"直接核准发行"，从两个环节简化为一个环节，全面实施注册制后改为注册发行，同时将预审工作下放至中央国债登记结算有限责任公司，极大地提高了核准的效率。

　　表 4-2 统计了 2007~2020 年信用债发行数量及规模。

表 4-2　2007~2020 年信用债发行数量及规模　单位：只，亿元

年份	发行数量	发行规模
2007	310	3922.60
2008	352	6710.40
2009	716	16329.73
2010	891	15073.75
2011	1417	22150.60
2012	2524	36950.57

年份	发行数量	发行规模
2013	2362	33221.35
2014	3388	45219.23
2015	4270	56134.69
2016	5160	66895.82
2017	4130	44887.86
2018	5365	58284.21
2019	6454	69189.08
2020	8624	92404.24
总数	45963	567374.13

资料来源：Wind 数据库，经笔者整理。

由表 4-2 可知，2007 年发行 310 只信用债，发行规模为 3922.60 亿元。2009 年全年共发行 716 只信用债，较上年增长 49%，发行规模上升至 16329.73 亿，增幅达 59%。2012 年信用债的发行规模呈现出井喷式增长，2012 年共发行 2524 只信用债，较上年增长 1107 只，增长率高达 44%，发行规模从 22150.60 亿元增长至 36950.57 亿元。2015 年中国证券监督管理委员会在扩大公司债券发行主体范围后，信用债的发行规模再次扩张，2016 年全年共发行 5160 只信用债，发行金额高达 66895.82 亿元，同比增长 16%。2020 年上市及非上市公司共发行 8624 只信用债，发行金额高达 92404.24 亿元，同比增长 34%。

4.3 中国信用债市场发行现状

4.3.1 信用债发行特征

表 4-3 显示的是对各行业发行信用债的发行数量及发行总金额的分

布情况，结果显示，截至 2020 年底，中国债券市场共发行 45963 只信用债，发行总额度为 567374.19 亿元，其中发行数量最多的三个行业分别为综合、建筑业、制造业，发行规模占比分别为 16.30%、14.65%、18.00%，发行数量最少的三个行业分别为卫生和社会工作、传播与文化产业、科学研究和技术服务业，发行规模占比仅为 0.0085%、0.0093% 和 0.0180%。

表 4-3　各行业信用债发行数量及规模　　单位：只，亿元

所属证监会行业名称	发行数量	发行规模
交通运输、仓储业	188	4738.00
交通运输、仓储和邮政业	4242	56556.87
传播与文化产业	12	53.00
住宿和餐饮业	76	470.20
信息传输、软件和信息技术服务业	313	8913.50
信息技术业	60	1464.65
农、林、牧、渔业	276	1748.60
制造业	9021	101870.40
卫生和社会工作	10	48.00
居民服务、修理和其他服务业	34	231.10
建筑业	8784	83139.72
房地产业	1764	22055.53
批发和零售业	2902	25801.47
批发和零售贸易	123	913.90
文化、体育和娱乐业	245	1445.99
水利、环境和公共设施管理业	595	4483.85
电力、热力、燃气及水生产和供应业	4275	80202.80
电力、煤气及水的生产和供应业	278	6589.30
社会服务业	37	268.50
科学研究和技术服务业	25	102.30
租赁和商务服务业	1461	13840.56
综合	8519	92471.34

所属证监会行业名称	发行数量	发行规模
综合类	205	2522.00
采掘业	121	6154.40
采矿业	2397	51288.21
总数	45963	567374.19

资料来源：Wind 数据库，经笔者整理。

表 4-4 显示的是各省份信用债发行规模及发行数量。从区域分布来看，信用债主要集中在浙江、江苏、上海、北京等省份或融资环境较好、市场认可度高、债券流通性较强的省份，这些地区的企业实力雄厚，资金需求量大，同时也有更多的金融机构和投资者参与市场，为信用债的发行和流通提供了良好的环境。其中北京的信用债发行规模及数量均位于全国第一，发行规模占比达 31.53%。相反，发行规模较小的省份如内蒙古自治区、西藏自治区等内陆或边远地区，由于地理位置、经济发展水平等因素的限制，金融资源相对匮乏，企业实力较弱，市场需求相对较小。同时，这些地区的投资者对信用债的认知和接受度也相对较低，导致信用债的发行规模和数量相对较少。

表 4-4 各省份信用债发行数量及规模　　单位：只，亿元

省份	发行数量	发行规模
上海	2435	35056.44
云南	957	9855.70
内蒙古	451	4732.40
北京	7307	178905.10
吉林	235	2422.90
四川	1563	14302.06
天津	993	11623.64
宁夏	114	767.10
安徽	1331	12645.09

续表

省份	发行数量	发行规模
山东	3073	31310.80
山西	1115	14258.40
广东	3607	45169.64
广西	806	6430.76
新疆	859	5844.70
江苏	5850	45808.16
江西	922	8866.10
河北	932	10254.40
河南	942	8844.50
浙江	3400	26772.98
海南	168	1911.16
湖北	1554	16957.28
湖南	1222	11500.27
甘肃	240	2857.90
福建	2148	15781.89
西藏	33	283.50
贵州	488	5112.00
辽宁	884	11709.70
重庆	1031	9417.04
陕西	860	13348.01
青海	137	1361.18
香港	73	1070.00
黑龙江	233	2193.30
总数	45963	567374.10

资料来源：Wind 数据库，经笔者整理。

　　表 4-5 显示的是不同类型信用债的发行规模及发行数量。发行规模最大的债券类型是超短期融资债券，发行金额高达 195829.4 亿元，占比为 34.5%；一般中期票据紧随其后，占比为 23.8%；一般短期融资券位列第三，占比为 14.8%。由此说明，企业更偏向于发行短期债券，主要

原因包括其流动性较好、发行速度快、资金使用效率高、成本相对较低等。相比之下，一般公司债在发行规模上占比仅为 10.9%，主要原因是一般公司债的发行要求较高，审批流程较长，使得企业在考虑债券融资时，更倾向于选择期限较短的信用债券。

表 4-5　各债券类型发行数量及规模　　单位：只，亿元

债券二级分类	发行数量	发行规模
一般中期票据	10344	134928.20
一般企业债	7642	90950.70
一般公司债	4687	61799.44
一般短期融资券	7974	83866.33
超短期融资债券	15316	195829.40
总数	45963	567374.10

资料来源：Wind 数据库，经笔者整理。

　　表 4-6 显示的是上市公司和非上市公司发行信用债的发行规模及发行数量。其中，非上市公司信用债发行规模远超上市公司，非上市公司发行规模占比为 79.6%，而上市公司仅发行 8474 只信用债，发行额度为 115909.1 亿元，发行数量占比为 18.4%。产生这一结果的主要原因是上市公司在资本市场上拥有更多的融资渠道，如公开发行股票、配股、增发等方式筹集资金。这些渠道不仅融资效率高，而且资金规模相对较大，因此，上市公司在面临资金需求时，往往更倾向于选择权益融资等方式，而非通过发行信用债来筹集资金。

表 4-6　是否上市公司信用债发行数量及规模　单位：只，亿元

是否上市公司	发行数量	发行规模
否	37489	451465.00
是	8474	115909.10
总数	45963	567374.10

资料来源：Wind 数据库，经笔者整理。

表 4-7 显示的是对不同上市地点信用债的发行数量及发行总金额的描述。截至 2020 年底,银行间债券市场共发行 37824 只信用债,发行数量占信用债市场的比例高达 82.3%,发行总额度为 465255.9 亿元,说明银行间债券市场在信用债发行中占据绝对主力地位。深沪交易所共发行 8139 只信用债,其中 7049 只信用债发行于上海证券交易所,发行数量占比为 15.3%,发行总额度为 90618.26 亿元,仅有 1090 只信用债发行于深圳证券交易所,发行额度为 11499.99 亿元,发行数量占比仅为 2.37%。

表 4-7 上市地点信用债发行数量及规模 单位:只,亿元

上市地点	发行数量	发行规模
上海证券交易所	7049	90618.26
深圳证券交易所	1090	11499.99
银行间债券市场	37824	465255.90
总数	45963	567374.10

资料来源:Wind 数据库,经笔者整理。

表 4-8 显示的是按照主体评级分布的信用债发行规模及发行数量的统计。中国信用债发行主体评级包括 BB+、BBB、BBB+、A-、A、A+、AA-、AA、AA+、AAA-、AAA 共 11 个等级。主体评级主要分布在 AA、AA+、AAA 这 3 个级别,其中 AA 的信用债数量为 13064 只,发行总金额为 98015.02 亿元,占总发行规模的 17.3%;AA+ 的信用债数量为 11091 只,发行总金额为 97179.11 亿元,占总发行规模的 17.15%;主体评级为 AAA 的信用债数量为 18404 只,发行总金额为 352252.8 亿元,占总发行规模的 62%。总体来看,中国发行信用债的主体评级整体偏高[①],

---

① 与中国信用评级现状不同,2019 年美国 AAA 级债券发行人的比重不足 1%,AAA 级债券占全部债务发行额的比例更低至 0.9%。与美国相比较,中国信用市场上 AAA 评级"泛滥"。此外,根据标普信评对 1200 家中国资产规模最大发债企业潜在主体信用质量分布的统计,BBB 级企业数量最多,其次是 BBB-和 BBB+,整体以 BBB 为中心呈正态分布,AAA 级占比极少。这说明对于中国的信用市场状况,国内评级机构和国际评级机构的认识和判断差距较大,国际评级机构的标准更为严格。

主体评级在 AA 级及以上的发行规模占总规模的 97%①，发债主体信用级别分化程度较小。这说明作为投资者重要参考的信用评级结果没有起到应有的预警作用，债权人利益保护弱。

表4-8　各主体评级信用债发行数量及规模　单位：只，亿元

发行时主体评级	发行数量	发行规模
BB+	1	0.30
BBB	1	4.20
BBB+	3	11.20
A-	9	29.92
A	47	177.70
A+	438	1679.45
AA-	2817	17242.68
AA	13064	98015.02
AA+	11091	97179.11
AAA-	4	43.00
AAA	18404	352252.80
总数	45879	566636.00

资料来源：Wind 数据库，经笔者整理。

　　表4-9 显示的是不同期限信用债的发行规模及发行数量。中国信用债的发行期限包括从不到一年至 20 年共 17 个发行期限类型，发行期限主要分布于小于 1 年、3 年、5 年和 7 年。其中，发行期限小于 1 年的信用债数量为 23340 只，发行额度为 280262.8 亿元，说明市场对短期融资有强烈需求。短期债券通常具有较低的风险和流动性较好，相较于长期债券更易于满足企业的短期资金需求。发行期限为 3 年的信用债数量为 6645 只，发行额度为 82406.42 亿元，发行期限为 7 年的信用债数量为

---

　　①　从主体信用等级来看，中国的信用债主体信用级别基本位于高级别区。高信用级别主体指信用级别为 AAA、AA+和 AA 的主体。

6013 只, 发行额度为 67709 亿元。此外, 共 7419 只信用债的发行期限为 5 年, 占总发行个数比重接近 16.1%, 发行总额数高达 98891.52 亿元, 占总发行额度比重 17.4%。总体而言, 中国公司偏好发行期限短的信用债, 这个可能是因为中国债权人利益得不到保护, 法律系统是无效率的或使用成本较高, 信息不对称问题严重, 使得公司更可能多地使用短期信用债券。这可能是对中国这样新兴市场经济体较弱的债权人法律保护环境的一种自适应。

表 4-9 各期限信用债发行数量及规模 单位: 只, 亿元

债券期限	发行数量	发行规模
小于或等于 1	23340	280262.80
2	353	3730.00
3	6645	82406.42
3.5	1	5.00
4	238	2822.139
5	7419	98891.52
6	578	6756.00
7	6013	67709.00
8	165	1964.90
9	24	447.00
10	997	17919.58
11	2	40.00
12	5	85.50
13	2	20.00
15	161	3997.30
18	2	30.00
20	18	287.00
总数	45963	567374.10

资料来源: Wind 数据库, 经笔者整理。

自 2000 年以来, 信用债市场经历了显著的发展。虽然在 2000 年和

2005 年信用债发行较为缓慢，但在随后的几年里，各行业的发行规模逐渐扩大。2010~2020 年，信用债内部占比有所分化，但发行规模整体稳步上升。然而，自 2020 年起，不少行业的债券发行规模开始下降。公用事业、材料、房地产、可选消费和能源等行业在 2023 年的发行规模相比 2020 年降幅较大，尤其是材料和能源类债券分别减少了 3217.80 亿元和 4547.90 亿元。除工业类企业发行债券显著增加外，仅有日常消费和信息技术类行业的发行规模分别增长了 1050.60 亿元和 1097.10 亿元。公用事业、材料、房地产和能源等行业的债券发行占比持续下降，相比 2010 年分别下降了 5.30 个、9.40 个和 11.30 个百分点。

表 4-10 展示了信用债券违约行业分布情况。

表 4-10　信用债违约行业分布情况　单位：家，只，亿元

行业	违约家数	违约只数	违约金额
房地产	95	619	3640.06
综合	42	195	1677.44
交通运输	16	67	796.65
非银金融	29	101	614.92
建筑装饰	22	74	567.10
商贸零售	29	95	509.37
煤炭	5	53	419.88
汽车	7	28	292.15
基础化工	13	36	249.74
医药生物	10	40	192.41
食品饮料	10	27	138.16
机械设备	15	33	102.87
通信	6	18	95.64
公用事业	9	16	92.75
钢铁	4	17	72.41
电子	3	6	71.56
建筑材料	2	7	71.21

续表

行业	违约家数	违约只数	违约金额
有色金属	11	19	70.80
电力设备	5	10	67.71
纺织服饰	9	13	53.31
传媒	6	8	51.04
农林牧渔	6	11	47.22
环保	6	10	46.28
石油石化	6	10	35.30
轻工制造	4	7	33.39
社会服务	6	12	23.93
计算机	2	4	23.88
国防军工	2	4	16.98
家用电器	1	2	9.59
银行	1	9	6.26
其他	5	9	0.00
合计	387	1560	10090.00

资料来源：Wind 数据库，经笔者整理。

由表 4-10 可知，信用债券违约主要集中在房地产行业，债券违约只数高达 619 只，违约金额高达 3640.06 亿元，其次是综合类行业，债券违约只数达 195 只，违约金额达 1677.44 亿元。这些数据反映了政策环境和市场变化对这些行业的影响，使得违约风险集中在这些行业。

近年来，中国发生一系列信用债违约事件①，也反映出中国评级行业存在评级虚高、区分度不足、事前预警功能弱等问题。根据 Wind 数据，发生违约主体的信用评级集中在 AA 级，其次是 AA+ 和 AA-，也有不少 AAA 级主体违约事件。例如，2014 年，"11 超日债"发生违约，成为中国第一只实质性违约的债券，其在 2012 年发行时的信用评级为 AAA。

---

① Wind 数据显示，2016 年信用债平均违约率仅有 0.19%，2017 年上升至 0.2536%，2018 年进一步攀升至 0.62%，2019 年再提升至 0.91%。2020 年，信用债违约情况延续常态化，违约率高达 1.51%。

社会资本与信用债券契约——理论和证据

2015 年，信用评级为 AA+的保定天威债券发生违约。2017 年 7 月，信用评级为 AAA 的"15 鲁焦 01"和"15 鲁焦 02"两只债券的价格出现"闪崩"。2020 年 11 月，主体信用等级为 AAA 的华晨汽车与永煤集团两家国企发行的债券实质性违约，打破了 AAA 级国有企业债券"刚性兑付"传统。

4.3.2　信用债发行利率分析

在资本市场中，债券作为一种重要的投资工具，其发行利率的确定至关重要。合理的债券发行利率不仅关系到发行人的融资成本，也直接影响对债券投资者的吸引力。信用债发行利率是债券投资者承担额外信用风险的补偿，同时也是债券投资者要求的风险溢价。信用债券发行利率与发行主体的资信情况、发行期限等有关。

表 4-11 展示了各期限信用票面利率的平均值。

表 4-11　各期限信用债票面利率平均值

债券期限	票面利率平均值
小于或等于 1	4.12
2	5.19
3	5.04
3.5	6.95
4	5.73
5	5.04
6	6.41
7	6.33
8	6.12
9	4.70
10	5.39
11	5.69
12	5.97
13	5.85

· 144 ·

债券期限	票面利率平均值
15	5.02
18	3.64
20	4.28

资料来源：Wind 数据库，经笔者整理。

　　由表 4-11 可知，随着信用债发行期限的延长，信用债票面利率的平均值逐渐升高然后逐渐下降，从一年期利率 4.12% 上升至三年半期利率 6.95%，随后下降，四年期利率为 5.73%，五年期利率为 5.04%，六年期、七年期和八年期利率稳在 6% 左右，九年期利率为 4.7%，十年期、十一年期和十二年期利率又逐渐上升，分别为 5.39%、5.69% 和 5.97%，然后随着期限的延长，利率逐渐下降，十三期利率为 5.85%，十五期利率为 5.02%，十八期利率为 3.64%，二十期利率为 4.28%。这可能是因为信誉度级别较高的主体要么发行期限短的信用债券，要么发行期限长的信用债券，债券投资者面临相对低的风险预期，因而利率相对较低。而信誉度级别中等的主体，面临相对较高的流动性风险（Diamond，1991a），发行期限中度的信用债券，因此利率相对高。

　　表 4-12 显示的是各主体评级信用债票面利率的平均值。

表 4-12　各主体评级信用债票面利率平均值

发行时主体评级	票面利率平均值
BB+	7.00
BBB	7.00
BBB+	6.39
A-	5.74
A	5.78
A+	6.47
AA-	6.45

续表

发行时主体评级	票面利率平均值
AA	5.73
AA+	4.73
AAA-	5.03
AAA	3.82
平均值	6.42

资料来源：Wind 数据库，经笔者整理。

由表 4-12 可知，随着债券主体信用评级的提升，不同主体信用评级对应的信用债发行利率整体呈现逐渐降低趋势，BBB、BBB+、A+ 和 AAA-四类级别出现错配情况，错配产生的主要原因为 BBB、BBB+、A+ 和 AAA-四类级别的发行个数较少，极端值影响较大。仅考虑发行数量较多的 AA-、AA、AA+ 和 AAA 四类级别，信用债券的发行利率的均值分别为 6.45%、5.73%、4.73% 和 3.82%。可以看出，信用债主体信用评级与债券发行利率呈负相关关系，从 AA 级主体评级对应发行利率至 AAA 级主体评级对应的发行利率，信用债发行主体的债券融资成本共降低 2.63 个百分点。结果表明，债券主体信用评级越高，信用债券发行利率。

表 4-13 显示的是非上市公司与上市公司信用债发行利率的比较。

表 4-13　是否上市公司信用债票面利率平均值

是否上市公司	票面利率平均值
否	4.87
是	4.39

资料来源：Wind 数据库，经笔者整理。

由表 4-13 可知，非上市公司所对应的债券发行利率均值大于上市公司的债券发行利率均值。产生这一结果的主要原因可能是非上市公司的信用评级通常低于上市公司，评级较低的债券往往需要提供更高的收益率来吸引债券投资者。因此，非上市公司为了弥补其信用风险，往往需要提供更高的债券发行利率以吸引债券投资者。此外，由于非上市公司的信息披露程度较低，市场对其财务状况和经营风险的了解相对较少，或者市场上对非上市公司信用债的需求不足，投资者对其信用债的投资意愿均可能相对较低。因此，为了吸引债券投资者，非上市公司将不得不提供更高的收益率以此获得债券融资。

表 4-14 显示的是不同主体评级在不同年份中发行利率的走势。

表 4-14　不同主体评级的信用债各年票面利率平均值

年份	AA	AA+	AAA
2007	4.45	4.40	4.43
2008	5.62	5.22	4.64
2009	4.58	4.03	3.41
2010	4.69	4.10	3.67
2011	6.43	5.73	5.21
2012	6.42	5.45	4.46
2013	6.19	5.36	4.81
2014	6.80	5.83	5.22
2015	5.30	4.48	3.97
2016	4.52	3.75	3.27
2017	6.08	5.40	4.79
2018	6.71	5.74	4.65
2019	5.88	4.64	3.54
2020	4.94	4.90	2.94

资料来源：Wind 数据库，经笔者整理。

由表 4-14 可知，2017 年以后各级别信用债的发行利率均有所下降，且下降趋势非常显著。2017 年信用债 AA 级的发行利率为 6.08%、AA+级的发行利率为 5.4%、AAA 级的发行利率为 4.79%，2020 年信用债 AA、AA+和 AAA 级的平均发行利率分别为 4.94%、4.90%和 2.94%，相较于

2017 年分别下降 1.14%、0.50% 和 1.71%。其主要原因是自 2017 年以来，随着经济增长的稳定和市场预期的改善，政府出台了一系列支持债券市场发展的政策措施，包括优化债券发行审批流程、加强信息披露要求等。这些政策的实施，提高了市场的透明度和公信力，增强了投资者对市场的信任度，从而有利于降低信用债的发行利率。另外，随着机构投资者队伍的壮大和投资者风险偏好的提高，信用债市场的投资者结构逐渐优化。机构投资者对信用债的需求增加，从而在一定程度上推动了市场规模的扩大和发行利率的下降。

4.4 中国信用债券特殊性（限制性）条款

随着债券发行规模的不断扩大，日益频繁的违约事件受到市场参与者的广泛关注。据 Wind 数据库统计，自 2014 年"11 超日债"违约打破刚性兑付以来，截至 2020 年底，全国共有 595 只债券违约，涉及煤炭、钢铁、有色等多个行业以及山东、浙江、江苏、四川等多个省份。债券市场的频繁违约给投资者带来了巨大的财产损失，成为威胁金融市场稳定的风险因素，阻碍了债券市场的健康发展。在此背景下，如何保护债券市场投资者利益，成为维护债券市场稳定和促进债券市场健康可持续发展的关键问题。债券契约特殊性条款是列示于债券募集说明书中的文本性条款，是债券契约条款的重要组成内容。代理成本理论指出，债券投资者与股东之间存在股利支付、资产替换、所有权稀释、投资不足四类冲突（Smith 和 Warner，1979）。理性的债券投资者能够识别股东和管理者的自利动机，通过要求设置约束发行人股利支付、举借新债和对外投资等行为的条款，以及设置一些预警公司信用风险的事件类条款，给予债券投资者更多保护自身利益的权利。

4.4.1　美国债券市场的特殊性条款分类

Smith 和 Warner（1979）最先对债券契约特殊性条款的分类和内涵进行了界定。他们通过分析美国律师基金会收集的债券契约特殊性条款的信息，对当时美国债券市场的特殊性条款进行分类和总结。他们将债券市场特殊性条款分为四类，包括限制生产/投资类条款、限制股利支付类条款、限制融资类条款和其他条款。随后有诸多学者基于 Smith 和 Warner 的研究，细化债券契约特殊性条款分类。Billett 等（2007）选取了美国固定投资债券数据库（FISD）中的 15 条债券契约特殊性条款进行实证研究，并将这些条款分为限制支付类条款、限制融资类条款、限制投资类条款和事件驱动条款。Nikolaev（2010）详细分析了 FISD 中的债券契约特殊性条款，列示了 36 种条款，并将其分为限制支付类条款、限制投资类条款、限制融资类条款、会计信息类条款、其他条款五类。Reisel（2014）通过观察特殊性条款相关系数矩阵和聚类分析，对特殊性条款进行重新分类，将其分为限制融资类条款、限制投资及资产出售类条款、限制支付类条款。Bozanic（2016）按照条款对公司的制约方式将条款分为四类，包括维持公司偿付能力和收益的会计条款、预防权益稀释的融资条款、预防价值转移的限制条款、保护债权人控制权的法律条款。Mansi 等（2021）按照条款对公司违约风险的影响分类，将特殊性条款分为加速违约类条款以及与违约无关类条款。

表 4-15 参考以往文献分别对国外债券契约特殊性条款进行分类，并针对不同类别条款的内容进行文献总结。

表 4-15　国外学者对于债券契约特殊性条款分类及内容的总结

分类	债券契约特殊性条款内容
限制支付类条款	红利限制条款； 股票回购限制条款； 赎回次级债限制

分类	债券契约特殊性条款内容
限制融资类条款	长期债务限制； 次级债务限制； 优先债务限制； 担保债务限制； 股票发行限制； 股票处置、转让限制； 获取留置权
限制投资类条款	风险投资限制； 并购限制； 资产出售限制； 融资租赁限制
会计信息类条款	未偿还债务占比限制； 总负债限制； 维持一定公司净值； 维持一定盈利能力； 固定费用偿付比率限制； 负债/息税前利润比率限制
事件驱动类条款	评级下降触发款； 净值下降触发款； 交叉违约条款； 交叉加速清偿条款； 控制权变更限制； 关联交易限制； 对子公司担保限制

4.4.2 中国信用债券市场的特殊性条款分类

近年来，中国学者债券契约特殊性条款的影响因素及经济后果进行研究。陈超和李镕伊（2014）最早对中国债券契约特殊性条款进行研究，并将条款分为与特殊事件有关的违约条款、与红利支付有关的违约条款、与债券再融资有关的违约条款、与投资生产相关的违约条款、与债权人治理有关的条款。史永东和田渊博（2016）参考 Smith 和 Warner（1979）、Billett 等（2007）的分类方法，再结合中国公司债券契约的特点，将中国公司债券契约特殊性条款分为期权类条款、限制资产转移类条款、限制融资类条款、事件驱动类条款、偿付安排类条款共五类条款，这种分类方式得到后期学者的广泛应用（史永东等，2017；甄红线等，2019）。肖作平和刘辰嫣（2018）将限制投融资类条款进一步划分为限制投资类条款与限制再融资类条款。郭瑾等（2022）在研究债券契约特殊性条款时，没有纳入期权类条款，并将中国公司债特殊性条款分为限制支付型、限制投融资型、事件威慑型和偿付威慑型四类。

表 4-16 参考以往文献分别对中国债券契约特殊性条款进行分类，并针对不同类别条款的内容进行文献总结：

表 4-16　中国学者对于债券契约特殊性条款分类及内容的总结

分类	债券契约特殊性条款内容
期权类条款	利率可调整； 可提前偿还； 可赎回； 可回售
限制资产转移类条款	限制向股东分红； 限制关联交易； 限制高管薪酬
限制融资类条款	暂缓重大对外投资； 限制收购或兼并； 限制出售资产； 限制质押资产； 限制担保
事件驱动类条款	技术违约补偿
偿付保障类条款	主要责任人不得调离； 建立偿债基金； 不可撤销担保或抵押担保； 追加担保； 加速清偿

尽管当前针对债券契约特殊性条款的研究取得了一定成果，然而，已有文献尚存在以下不足之处：第一，现有文献对债券契约特殊性条款的分类与内容尚未形成一致观点。第二，在 2016 年前，中国债券市场上使用的大部分特殊性条款触发机制不清晰或过于宽松，并不能对投资者进行有

效的保护。如暂缓重大对外投资、限制收购或兼并、限制向股东分红和主要负责人不得调离条款的触发机制为"当发行人预期或确实无法按期偿付债券本息时",限制出售资产、限制质押资产、限制担保条款的触发机制排除"正常经营活动"或"对价公平合理"等。然而,"预期无法偿付""正常经营""对价公平合理"等触发条件模糊不清,使这类条款的可实施性不强且可监管性较弱,此时管理层有很大操作空间,投资者的利益并未得到有效保护。

为了化解债务违约风险,保护投资者利益,自2016年起,中国银行间市场交易商协会、中国证券业协会和深沪交易所等机构均颁布了关于完善投资者保护条款的指导文件。2016年9月,中国银行间市场交易商协会颁布了《投资人保护条款范例》(以下简称《范例》),该《范例》于2019年进行更新;2017年6月,中国证券业协会颁布了《公司债券投资者保护条款范例(征求意见稿)》;2021年8月,深沪交易所分别颁布了《公司债券发行上市审核业务指南第2号——投资者权益保护(参考文本)》。通过阅读上市公司信用债券的募集说明书,根据Billett等(2007)、Chava等(2010)对债券契约中特殊性条款的分类,并结合中国债券契约的特点,本书将信用债券契约特殊性条款分为四大类。具体分类及说明如表4-17所示。

表4-17 债券契约特殊性条款分类及内容

条款类别	条款名称	条款内容
投融资类条款	限制出售/转移重大资产	发行人出售或转移重大资产价值不得超过净资产一定比率
	对外提供重大担保	发行人及其合并财务报表范围内子公司提供单笔担保或担保余额不得超过净资产一定比率
	对外重大投资	发行人及其合并财务报表范围内子公司对外作出重大投资不得超过一定比率
	债券担保	发行人不得对已存续或新发行的债券设置担保物权或保证担保
	债务重组	发行人不得对本期债务融资工具进行债务重组

条款类别	条款名称	条款内容
事件类条款	交叉违约	发行人及其合并财务报表范围内子公司未能清偿除本期债券以外的其他债务融资工具的本金和/或利息达到或超过一定金额
	评级承诺	发行人主体评级或债项评级下调至一定程度
	控制权变更	发行人实际控制人变更；或控制人变更导致信用评级下降至一定程度
财务指标承诺类条款	资产负债率	发行人资产负债率不得超过一定数值
	未偿还债务比率	发行人未偿还债务与净资产的比率不得超过一定比率
	净利润亏损	发行人净利润不得为负
	流动比率	发行人流动比率不得超过一定数值
期权类条款	利率可调整	发行人有权决定是否在本期债券存续期上调票面利率
	可回售	投资者有权选择在本期债券存续期内回售给发行人
	可赎回	发行人有权赎回本期债券
	可提前偿还	发行人有权决定是否在本期债券存续期提前偿还债务

4.4.3 信用债券契约特殊性条款的使用频率和相关性统计

中国债券市场发展迅猛，特殊性条款的应用也随之频繁。与此同时，债券契约特殊性条款也存在弊端，如其设计不够合理及使用不够全面均影响对违约风险的防控，达不到保护投资者利益的目标。中国债券市场目前仍处于初级阶段，债券契约特殊性条款缺乏设计经验及市场磨合，效力不够，这便给了债券发行方利用漏洞、违背合同、侵害债权人利益的机会。

中国债券市场使用特殊性条款的历史悠久，萌芽期可追溯至千禧年发行的政策性银行金融债。快速发展期是从 2015 年开始，银行间市场交易商协会、中国证券监督管理委员会、国家发展改革委等陆续出台了一系列政策解除限制、扩大发行人范围、简化发行流程、优化募集资金使用，特殊性条款常态化的速度也伴随着债券市场蓬勃发展而加速。截至 2020 年底，中国信用债市场共发行 45963 只债券，其中深沪交易所共发行 8474 只信用债，包括 2015 年前的 3185 只债券和 2016 年及以后的 5289 只债券。

表 4-18 列示了样本信用债券契约特殊性条款的使用频率。

表 4-18　信用债特殊性条款的使用频率　　　　单位：%

条款内容		2007~2015 年	2016~2020 年
投融资类条款	出售转移重大资产	0.00	2.14
	对外重大投资	0.00	0.02
	对外提供重大担保	0.00	0.43
	债券担保	0.03	0.13
	债务重组	0.00	0.87
事件类条款	交叉违约	0.00	14.18
	评级承诺	0.00	0.38
	控制权更改	0.00	9.21
财务指标承诺类条款	资产负债率	0.06	5.73
	流动比率	0.00	0.06
	未偿还债务比率	0.00	2.80
	净利润亏损	0.00	0.26
期权类条款	利率可调整	14.41	20.55
	可回售	13.53	14.05
	可赎回	2.17	6.45
	可提前偿还	0.31	0.11

由表 4-18 可知，在 2007~2015 年中国上市公司发行的 3185 只信用债中，几乎没有债券都包含了交叉违约、评级承诺、控制权变更、流动比率、未偿还债务比率、净利润亏损、出售转移重大资产、对外重大投资、对外提供重大担保、债券担保以及债务重组等条款，这些条款是 2016 年

中国银行间市场交易商协会颁布的关于完善投资者保护条款的指导文件后，上市公司才逐渐使用的条款。在其他条款的使用频率上，14.41% 的债券发行方在募集说明书中指出可能在债券存续期的某一期末上调债券的票面利率；13.53% 的 A 股债券发行公司发行的公司债募集说明书中允许债券持有人有权提前将其持有的全部或部分本期债券回售给发行人；2.17% 的债券发行方在募集说明书中对到期赎回及有条件赎回的措施进行明确规定；0.31% 的债券发行方发行的债券募集说明书中会设置提前偿还条款，有助于投资者更好地了解发行人的偿债能力，进而更好地保护投资者的利益。在 2016 年后，上市公司逐渐使用投融资类、事件类、财务指标承诺类特殊性条款，在这些特殊性条款中，交叉违约条款的使用频率最高，达 14.18%。

表 4-19 列示了信用债特殊性条款的相关性统计。由表 4-19 可知，1 交叉违约与排除 16 可提前偿还之外的其他条款都显著相关，因为交叉违约条款明确约定了触发情形、救助及豁免机制、信息披露机制等，其涉及了其他条款中的内容。13 利率可调整与 14 可回售、15 可赎回及 16 可提前偿还这些条款相关，特别是与 14 可回售条款的相关性高达 0.829，表明债券发行方通常匹配使用利率可调整与可回售条款。调整票面利率条款一般伴随可回售、赎回等特殊性条款出现，而当第一期满时，债券发行方与投资者均会依据局势做出相应的选择。若发行方调低票面利率，投资者将不得不行使"投资者回售选择权"，将其持有的债券回售给发行方。若调高票面利率，投资者选择不回售。16 可提前偿还条款常见于企业债，赋予投资人能够分期提前偿还本金的权利，且因其条款性质，常见于期限较长的债券中，能够缓解企业建设大型项目时的偿付压力。8 限制出售转移重大资产与 9 对外重大投资、10 对外提供重大担保、11 债券担保具有相关性，说明债券发行方通常同时使用此类条款抑制内部人的自利行为。

表 4-19　信用债特殊性条款的相关性统计

	1	2	3	4	5	6	7	8	9	10	11	12	13	14	15	16
1	1.000															
2	0.130***	1.000														
3	0.476***	0.113***	1.000													
4	0.379***	0.069***	0.366***	1.000												
5	0.060***	-0.001	0.049***	0.097***	1.000											
6	0.193***	-0.006	0.215***	0.274***	-0.003	1.000										
7	0.079***	-0.002	0.040***	0.055***	-0.001	0.061***	1.000									
8	0.254***	0.100***	0.312***	0.215***	0.162***	0.008	0.046***	1.000								
9	0.035***	-0.003	0.114***	0.185***	-0.001	0.028**	0.054***	0.093***	1.000							
10	0.135***	0.296	0.317	0.292	0.033	0.090	0.085	0.310***	-0.001	1.000						
11	0.085***	0.236***	0.108***	0.138***	-0.001	-0.004	-0.001	0.197***	-0.000	-0.002	1.000					
12	0.237***	-0.004	0.023***	0.046***	0.169***	0.027***	0.037***	0.103***	-0.001	0.058***	-0.002	1.000				
13	-0.032***	-0.004	-0.031***	0.009	-0.009	-0.040***	0.003	0.020*	-0.005	-0.013	0.045***	-0.014	1.000			
14	-0.029***	0.002	-0.011	-0.002	-0.008	-0.038**	0.009	0.016	-0.004	-0.014	0.054***	-0.011	0.829***	1.000		
15	0.061***	-0.011	-0.039***	0.021**	-0.004	-0.009	-0.009	0.012	-0.002	-0.001	-0.007	0.275***	0.422***	0.050***	1.000	
16	-0.014	-0.002	-0.011	-0.008	-0.001	-0.006	-0.002	-0.005	-0.000	-0.002	-0.001	-0.003	0.071***	0.069***	0.079***	1.000

注：1～16 分别表示 16 条特殊性条款。其中，1 表示交叉违约；2 表示评级承诺；3 表示控制权变更；4 表示资产负债率；5 表示流动比率；6 表示债券担保；7 表示净利润亏损；8 表示限制出售/转移重大资产；9 表示对外重大投资；10 表示对外提供重大担保；11 表示债务重组；12 表示未偿还债务比率；13 表示利率可调整；14 表示可回售；15 表示可赎回；16 表示可提前偿还。

4.5　本章小结

　　本章对中国信用债券市场发展历程、信用债券市场发展特征、信用债市场的发行现状以及中国债券契约特殊性条款的设计等进行详细讨论，并做了国际比较，有助于进一步全面深刻地理解中国信用债市场的特征。

　　首先，本章指出中国信用债市场的规模发展历程及其原因。随着2007年深沪交易所推出公司债券，中国信用债市场进入快速发展阶段，2008年4月22日公开发行的200亿元中期票据推进了中国信用债市场的发展。2012年信用债的发行规模呈现井喷式增长，全年共发行2524只信用债，较上年增长1107只，增长率高达44%，发行规模从22151亿元增长至36951亿元。2015年中国证券监督管理委员会在扩大债券发行主体范围后，信用债的发行规模再次扩张。截至2020年末，中国信用债市场的存量规模已达到92404亿元，较2007年增长24倍，信用债市场已成为中国金融市场的不可分割的一部分。

　　其次，本章介绍了信用债市场发行现状，包括信用债发行特征以及信用债发行利率分析。从各行业发行信用债的数量及总金额来看，发行数量最多的三个行业分别为综合、建筑业和制造业，发行规模占比分别为16.30%、14.65%和18.00%；从区域分布来看，信用债主要集中在浙江、江苏、上海、北京等沿海省份或融资环境较好、市场认可度高、债券流通性较强的省份，这些地区的企业资金需求量大，能吸引更多的金融机构和投资者，为信用债的发展提供了良好的环境。其中北京信用债发行规模及数量均位于全国第一，发行规模占比达31.53%；从信用债类型的发行规模及数量来看，发行规模最大的是超短期融资债券，达195829.4亿元，占比为34.5%，这说明发债方更偏向于发行超短期融资债券，其具有流动性较好、发行速度快、资金使用效率高、成本相对较低等优势；从上市地点发行信用债的发行数量及总金额来看，截至 2020 年底，银行间共发行 37824 只信用债，发行数量占比高达 82.3%，发行总额度为 465255.9 亿元，表明银行间市场在信用债发行上占据主力地位；中国发行期限为小于 1 年的信用债数量最多，高达 23340 只，发行额度为 280262.8 亿元，说明市场对短期融资有强烈需求，因其具有较低的风险和流动性较好，相较于长期债券更易于满足企业的短期资金需求。同时，这也可能是对中国这样新兴市场经济体较弱的债权人法律保护环境的一种自适应。中国信用债发行主体评级多为 AA 级以上级别，发行规模占总规模比重为 97%，表明评级的区分度较差。同时，相比于美国债券的信用评级，中国信用债的信用评级普遍存在等级虚高及区分度较差的问题，不能如实反映公司违约风险。在信用债发行利率方面，信用债主体信用评级与债券发行利率呈负相关关系，债券主体信用评级越高，债券发行利率，即债券融资成本越低。这说明中国信用债市场的主体信用评级是债券票面利率的影响因素之一。此外，自 2017 年政府出台了一系列支持债券市场发展的政策措施，如优化债券发行审批流程、加强信息披露要求等后，2017 年以后各级别信用债的发行利率均显著下降。这些政策的实施，提高了市场的透明度和公信力，增强了投资者对市场的信任度，从而有利于降低信用债的发行利率。

最后，本章就中国信用债券契约特殊性条款的设计以及特殊性条款的使用频率和相关性进行分析。债券契约特殊性条款是债券契约的重要内容，根据美国成熟债券市场中对债券契约特殊性条款的设计，并结合中国债券契约的特点，本书定义了 16 条中国信用债市场的债券契约特殊性条款。通过与美国债券市场特殊性条款的设计对比，本书研究发现中国早期信用债的债券契约特殊性条款存在部分条款实施条件模糊不清、条款设计较为单一等问题。为了化解债券违约风险，保护投资者利益，自 2016 年起，中国银行间市场交易商协会、中国证券业协会和深沪证券交易所等机构均颁布了关于完善投资者保护条款的指导文件，其中引入包括交叉保护条款、控制权变更条款、评级承诺条款、限制资产转移、限制对外提供重大担保等特殊性条款，并且，指导文件对各条款触发情形及处置程序进行详细描述。此后，中国上市公司逐渐使用这些特殊性条款对投资者进行保护。

第5章　社会资本影响信用债券契约的理论研究

　　社会资本在企业经济活动中具有关键作用，特别是在公司财务活动中。作为一种无形资产，社会资本不仅通过人际关系网络、信任机制和社会规范提升了市场信任度，还有效地降低了交易成本，优化了融资条件。这些因素使企业能够在复杂的市场环境中实现稳定发展，并在长期发展中发挥重要作用。在全球金融市场中，信用债券作为重要的融资工具，其发行条件受到市场环境、企业财务状况和法律制度等多方面因素的影响。中国社会是一个关系型社会，社会资本在信用债券契约条款设计中可能起到重要作用，通过增强信息传递、建立信任、执行契约和完善公司治理等机制，不仅提升了市场信任度，还成为法律制度的重要补充。因此，社会资本在中国债券市场中的作用可能尤为突出。

　　社会资本作为一种非正式制度，对缓解金融摩擦起着关键作用。金融摩擦限制了公司获取外部融资的机会，尤其在信息和代理问题严重的情况下，债券契约往往更加严格（Myers 和 Majluf，1984；Miller 和 Reisel，2012）。然而，社会资本通过增强信任、信息流动和合作行为，有效缓解金融摩擦，为企业获取资源、降低违约风险提供了支持（Allen 等，2005；Fracassi，2017）。

　　作为一种无形资产，社会资本不仅通过人际关系网络、信任机制和社会规范提升了市场的信任度，还优化了企业的融资条件（Putnam，1993；

Fukuyama，1995a）。在信用债券市场中，尤其是在中国这一关系型社会中，社会资本通过信息传递、信任建立、契约执行①和公司治理的完善，在债券契约中可能发挥显著作用。这使得在社会资本丰富的环境中，债券契约的设计能够更加简化和灵活，减少了对严格契约的依赖，降低了企业的合规成本和债权人的监督成本（Besanko 和 Kanatas，1993）。

社会资本作为社会科学中的核心概念，已被广泛研究，并被认为对社会、社区、组织及个人的经济效益具有深远的影响（Coleman，1988；Putnam，1993）。众多研究表明，社会资本不仅有助于促进社会合作、抑制机会主义行为，还能通过增强信任机制、简化交易过程，为经济活动带来积极的回报（Fukuyama，1995a，1995b；Knack 和 Keefer，1997；Putnam，2001；Buonanno 等，2009）。然而，尽管已有大量研究探讨了社会资本对公司财务政策的重大影响，如投融资政策、股利政策、现金持有量等（Habib 和 Hasan，2017；Gao 等，2021；Cao 等，2023；Hoi 等，2023），但对社会资本如何影响债券契约知之甚少②。

在这一背景下，本书通过考察社会资本如何影响信用债券契约，探索社会资本对企业经济效益的具体影响。Guiso 等（2010）指出，社会资本通过强大的合作规范和密集的社会网络，能够为企业带来积极的经济回报。合作规范作为社会资本的重要组成部分，通过约束个体的自利行为，限制交易中的机会主义行为，从而促进合作（Knack 和 Keefer，1997；Coleman，1988）。这一规范的有效性尤其体现在具有密集社会网络的社区中，这类社区能够更有效地促进和执行合作规范，从而减少"搭便车"问题（Guiso 等，2010）。在合作规范强的社区，个人通常会将机会主义行为视为与社会价值观相悖，从而面临内在和外在的制裁（Coleman，

---

① 契约执行被认为对债券市场和金融发展水平是至关重要的。与法律系统松懈的国家相比，位于契约执行力强、投资者权利保护完善的法律体系中，国家的金融发展水平更高、资本市场规模越大、公司外部融资能力越强（La Porta 等，1997，1998）。

② 先前文献强调公司治理机制、法律制度和信息质量在债券契约条款设计中的重要性（Miller 和 Puthenpurackal，2002；Bhojraj 和 Sengupta，2003；Mansi 等，2011；Chen 等，2013），但鲜有文献考察非正式制度（社会资本）如何影响债券契约条款。

1988；Elster，1989），进一步增强了社会资本在经济活动中的积极作用。

社会资本作为一种公共品，对社区和企业产生了广泛的扩展性影响。Coleman（1988）指出，社会资本是一种特殊的社会资源，通过规范化的合作行为，能够为整个社区带来集体利益。公民规范的形成和执行依赖于密集的社会网络，而这种网络不仅能够促进信息流动，还通过强化社会信任，减少交易成本，提升社会整体的经济效率（Putnam，1995）。研究表明，社区社会资本的密度和强度不仅影响拥有社会资本的个人，还对生活在高社会资本地区的其他社区成员产生扩展性影响（Kwon 等，2013）。这些扩展性影响包括对社区中的个人和组织产生的积极效应。

社会资本在信贷环境中的作用已成为学术界和实务界广泛关注的课题。社会资本通过增强信任和促进合作，改善了企业与金融机构之间的关系，并对信贷市场的稳定性和效率产生了深远影响。具体而言，社会资本通过促进信息的传播和共享，使信贷市场中的信息更加对称，从而降低了投资者对风险的预期。Guiso 等（2004a，2010）对欧洲各国的数据分析发现，在社会资本水平较高的地区，信息不对称问题显著减少，直接导致企业融资成本降低。Knack 和 Keefer（1997）进一步指出，在社会资本丰富的地区，金融机构能够通过社会网络获取更为全面的借款人信息，从而降低了因信息不对称引发的风险，使企业更容易获得贷款。

债券契约的设计是金融交易中至关重要的一部分，通常用于规避和控制信息不对称带来的风险。然而，在社会资本丰富的环境中，债券契约条款的设计可以变得更加简化和灵活。传统经济学理论认为，复杂的债务契约是为了防范债务人机会主义行为，特别是在信息不对称严重的情况下（Diamond，1991b）。但在社会资本充裕的情况下，债权人与债务人之间的长期关系和信任机制显得尤为重要。如 Besanko 和 Kanatas（1993）指出，债权人在与债务人长期互动中积累的私人信息和信任关系，能够替代部分正式契约中的条款。这种信任关系不仅减少了信息不对称带来的不确定性，还使债权人能够更灵活地调整融资条件，而无须依赖严格的契约条款。这种债务契约的优化在一定程度上降低了企业的合规成本，也减少了债券人的监督成本。

文献表明，公司管理决策并非在社会真空中产生，而是受到社会环境的影响（Nahapiet 和 Ghoshal，1998；Droege 和 Hoobler，2003；Hasan 等，2017a，2017b）。公司的社会环境包括社会资本的积累，能够显著影响公司行为选择以及与外部利益相关者的互动。本章理论分析社会资本如何影响信用债券契约，并分析社会资本影响信用债券契约的渠道机制。首先，本章理论分析社会资本与信用债券之间关系，提出一个总的研究假设。其次，理论分析社会资本对具体债券契约条款的影响，主要聚焦信用债券企业三个重要方面的条款，包括信用债券利率，信用债券发行规模和信用债券契约特殊性条款。最后，理论分析社会资本影响债券契约的渠道机制。图 5-1 描述了社会资本与信用债券契约之间的关系。

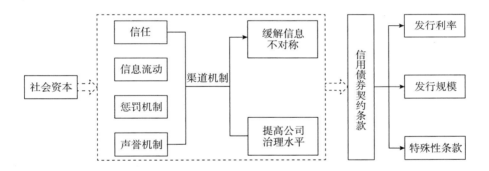

图 5-1　社会资本与信用债券契约

5.1　社会资本与信用债券契约

人们广泛认为，社会资本作为一种重要的非正式制度对经济增长和金融交易产生积极的作用（Allen 等，2005），可以弥补传统融资理论"社会化"不足的现象（Fracassi，2017）。社会资本对经济绩效的影响体现在信息、交易和监控成本的减少上。正如 Knack 和 Keefer（1997）所指出的，在高度信任的社会中，经济交易中不太可能被剥削，因此，对书面契约的需求较少，诉讼频率较低，对正式制度执行契约的依赖程度较低，政府被认为更值得信赖。同样，公民规范限制了自身利益和机会主义行为，从而降低了监督和执行契约的成本。与此同时，社交网络构成了一个信息流动的渠道，促进了有价值信息的共享，降低了逆向选择风险（Java-khadze 等，2016）。社会资本理论中，社会资本被认为是一种社会监督机制，通过信任、信息流动、声誉和惩罚等机制促进信息交流、鼓励合作缓解金融摩擦，帮助公司获取更多的资源，降低违约风险。因此，社会资本可能在债券契约中可能发挥重要作用。

首先，在金融市场中，信任是每一项交易的核心要素。信任被定义为委托人自愿将资源交由受托人处置，并期望获得公平回报的意愿，它是金融和经济增长的基础。Arrow（1972）强调，金融市场的健康运行和发展依赖各方之间的信任。信任的存在降低了市场的不确定性，增强了交易的顺畅性，从而提高了整体市场效率。因此，培养和维护信任对金融市场的参与者来说至关重要。信任在经济交易中的作用不仅限于降低交易成本，还能促进市场参与者之间的合作。Knack 和 Keefer（1997）指出，在信任度较高的社会中，经济交易被掠夺的风险较低，因此对书面契约、诉讼以及正式制度执行契约的依赖程度较低。这种信任环境减少了交易的复杂性和成本，促进了市场流动性和整体效率。在这种环境下，市场参与者能够更顺利进行合作，降低监督成本，提升交易效率（Guiso 等，2008）。Gui-so 等（2008）指出，金融交易严重依赖投资者与借款人之间的相互信任，信任的高低直接影响金融市场的发展状况。在许多情况下，信任甚至可以替代正式制度（如法律）的部分功能，特别是在契约执行成本高昂或契约本身不完备的情况下。缔约双方之间的信任不仅能防范投机行为，还能够减少信息不对称带来的负面影响，从而在市场中占据更有利的位置（Johnson 等，2002）。信任不仅减少了道德风险，还通过增强网络成员之间的合作，有效降低了外部监督成本和交易成本（Guiso 等，2004a，2008；Ferris 等，2017a；Benson 等，2018）。

信任水平的提升直接影响借贷成本和公司风险承担。Ferris 等（2019）指出，信任能够减少监控成本和信息不对称，在金融契约中起着关键作用。社会资本通过弥补契约的不完备性，缓解金融摩擦，企业可以降低债券契约违约的可能性，并签订更宽松的债券契约条款。同时，这种信任还巩固了银行与政治家之间的关系，进一步为企业获取低成本融资提供支持。因此，企业往往会通过构建和维护有效的社会关系网络来获得更好的融资条件。Nguyen 和 Ramachandran（2006）指出，高级管理者通过与政府官员、银行经理及其他商业伙伴建立的长期社会关系，能够发展为关系型社会资本。这种社会资本通过多渠道网络向潜在资本提供者传递企业的可靠性和信誉度信号，从而增强债权人对企业的信任，降低信息不对称，提高债权人的借贷意愿。

社会资本的价值不仅取决于关系的结构（Moran，2005；Uzzi，1997；Nahapiet 和 Ghoshal，1998）。基于 Granovetter（1985）最初对嵌入性的概念化，这种更广泛的视角明确区分了其所定义的结构嵌入性和关系嵌入性，即网络的配置与关系质量之间的区别（Moran 和 Structural，2005）。Nahapiet 和 Ghoshal（1998）将结构嵌入性定义为人与人之间的非人格化联系配置。这包括行为者之间是否存在网络联系，以及其他结构特征，如连通性、中心性和等级（Moran，2005）。与结构嵌入性的"非人格化"性质相对，Nahapiet 和 Ghoshal（1998）定义了关系嵌入性，即人们通过互动历史与彼此发展起来的个人关系。关系嵌入性的关键方面包括人际信任、可信任度、重叠的身份认同以及亲密感或人际团结（Moran，2005）。

在以往的实证研究中，通常使用"信任"一词指的是"诚信度"或"普遍信任"。部分文献区分了诚信与普遍信任（Colquitt 等，2007；Hasan 等，2022）。他们认为，一方面诚信与受托人的客观特征（如诚信、能力）相关（Ang 等，2015；Hasan 等，2017a，2017b），另一方面普遍信任则指委托人对潜在交易伙伴可能诚实行为的主观信念（Hong 等，

2005；El-Attar 和 Poschke，2011）。A（委托人）对 B（受托人）的信任
程度是 B 的诚信和 A 的普遍信任的函数（Hasan 等，2022）。Collier 和
Gunning（1999）认为，公民社会的经济利益可以通过建立信任以减少交
易成本，并通过社会网络的知识外部性以及通过增强集体行动能力来实
现。Guiso 等（2009）研究表明，在互信水平较高的国家之间，贸易和投
资流动量较大。El-Attar 和 Poschke（2011）研究发现，信任度较低的西
班牙家庭在住房上的投资更多，而在金融资产尤其是高风险资产上的投资
较少。Bottazzi 等（2016）提供了证据，表明风险投资家在不信任的国家
中较少为企业家提供资金，即便他们提供资金，契约的条款也与他们信任
的国家不同。

在中国的社会文化背景下，信任的建立和维护更多地依赖社会资本。
中国社会结构以关系网络为核心，这种关系网络不仅决定了社会资源的流
动，还决定了信任关系的强度（费孝通，1947）。这种关系网络不仅存在
于家庭和亲属关系中，还扩展到商业和社交网络，形成了复杂而有力的社
会资本体系。通过这种关系网络，企业能够利用社会资本获取资源，增强
外部利益相关者对企业的信任，进而降低融资成本。社会资本作为信任的
主要推动力，在金融市场中发挥着重要作用。高宇和高山行（2010）研
究表明，企业拥有的社会资本越多，外部利益相关者对企业的信任感越
强，从而直接促进了企业的经营能力与财务表现。边燕杰和丘海雄
（2000）强调，企业通过建立良好的关系网络，能够积累丰富的社会资
本，这不仅帮助企业获取资源，还能快速提升企业的成长速度，进一步增
强外部市场对企业的信任感，从而对企业的经营状况产生积极影响。许浩
然和荆新（2016）研究表明，社会关系网络能够显著降低公司发生债务
违约的概率，这种信任增强了外部投资者对企业的信心，但在制度环境完
善的地区，这种信任与企业经营状况之间的关系被显著弱化。游家兴和邹
雨菲（2014）研究了中国民营企业家对社会资本的信任提升作用，发现
企业家在法律制度建设薄弱的地区，通过其社会资本能够更有效地提升外
部市场对企业的信任，从而对公司经营产生更加显著的积极影响。

由于中国的制度环境与西方国家不同，中国的金融、法律等正式制度环境较弱，企业在经济运行中往往通过非正式制度获取所需资源和信息。因此，社会资本在中国通过关系网络的形式对企业的融资环境产生了深远影响。卢洪友等（2011）指出，中国的制度环境相对不完善，因此企业更加依赖关系网络来获取资源和信息。在这种背景下，社会资本通过增强企业在外部市场中的信任度，帮助企业获得更多的资源和融资机会，并在融资过程中减少了契约不完备性所带来的风险。游家兴和刘淳（2011）研究发现，社会资本具有隐性担保和信号传递的功能，拥有丰富社会资本的公司，往往能够获得更多的资源和投资机会，从而改善企业的经营状况。这种积极的经营信号传递给债权人后，增强了他们对公司经营能力和偿债能力的信任，从而在金融契约中给予企业更为宽松的条件。余明桂和潘红波（2008）研究发现，企业的政治关联作为一种社会资本，能够显著增强银行对企业的信任，从而帮助企业获得更多的银行贷款，并降低融资成本。在制度不完善的地区，这种通过社会资本提升信任的作用更加显著。邓建平和曾勇（2011）进一步指出，具有银行关联的企业由于能够通过社会资本增强银行对其的信任，从而获得更多长期借款，减少短期偿债压力，尤其在金融环境较差的地区，这种信任效应更加明显。

大量研究强调了社会资本存量作为信任的重要前提条件（Arrow，1973；Knack 和 Keefer，1997；Guiso 等，2004a，2008）。企业通过增强社会资本的建设，提高市场信任度，能够有效降低交易成本和契约不完备性带来的风险，从而在金融市场中占据更有利的位置。例如，为了说明社会资本对信任的影响，Guiso 等（2004a）认为，意大利高社会资本地区的家庭更容易获得机构信贷。Hasan 等（2017a）研究发现，位于高社会资本县的美国公司获得了有利的银行贷款条件。Lin 和 Pursiainen（2018）研究发现，在股权众筹中，来自高社会资本地区的企业家拥有更好的筹资结果。Jha 和 Chen（2015）研究发现，审计师向总部位于高社会资本地区的公司收取较低的费用，主要是因为审计师对这些公司提交的报告更有信任感。贷方似乎也有更大的信任感，他们收取的利息较低，并要求的抵押品也较少（Hasan 等，2017a）。Jha（2019）研究发现，位于高社会资本地区的公司不太可能进行欺诈，操控性应计项目较少，年度报告的可读性更高。高社会资本地区的公司高级管理者表现出较少的自利行为（Hoi 等，2019）。Hossain 等（2023）指出，分析师承认他们无法验证客户提供的信息，因此在决策时部分依赖于启发式。即使 A 公司和 B 公司在限制代理问题和财务报告质量方面表现相同，分析师可能对高社会资本地区的公司更有信心（Bettis，2017；Åstebro 和 Elhedhli，2006）。这种信心源于分析师意识到大部分预期的代理问题是不可见的，而管理者的内在规范会影响公司内部真实代理问题。高社会资本地区公司良好的历史记录和高质量报告将对信用分析师产生光环效应，使他们对这些公司更有好感。此外，来自高社会资本地区的管理者可能更具有合作性，愿意提供额外的信息和回答进一步的问题，这也是分析师在评估过程中所期望的（Hossain 等，2023）。根据 Whitley（2000）定义的商业体系类型，通常企业会尝试与政府掌权者建立关系，以获取信息、资源或支持。然而，组织之间形成嵌入式关系可能会因此失去意义（Sargut 等，2007）。为了获得资源并在商业环境中生存，组织必须了解国家的官僚体系并将其内化。基于这一点，组织行为者的社会资本水平比其教育、技能和经验的水平更加重要（Sargut 等，2007）。因此，来自高社会资本地区的委托人可能会预期对方采取合作而非机会主义行为（信任），而来自高社会资本地区的受托人则可能会履行承诺，具有较低的道德风险（诚信）。

社会资本通过建立信任关系和促进契约执行，显著提升了金融交易的顺畅性和效率。来自美国对等借贷平台 Prosper 的数据表明，借款人的可信外表（Duarte 等，2012）和在线友情网络（Lin 等，2013）通过信任的印象提高了他们的筹资成功率。Herzenstein 等（2011）、Larrimore 等（2011）研究发现，使用详细的叙述、具体的描述和定量词汇有助于提高投资者的信任，更容易获得筹资成功。Michels（2012）显示，额外的不可验证披露与投标活动的增加和债务成本的降低相关。Ferris 等

（2017a）指出，资本市场的核心问题在于信任，社会网络作为一种有效的信任促进工具，使市场参与者之间的合作更加顺利，降低了监督成本，提高了交易效率。研究表明，当信息来自社会网络中的熟人时，这些信息往往被赋予更高的价值和可靠性（Guiso 等，2008）。这种现象表明，企业应当积极建立和维护其社会网络，以提高其市场竞争力和交易效率。Acquaah（2007）进一步指出，高级管理者的社会资本通过增强内部和外部利益相关者之间的信任，显著提升了企业的经营状况和绩效。这种信任不仅有助于企业内部资源的有效整合，还为企业在外部市场中建立了更加稳固的信任，从而提升市场竞争力。企业应当认识到社会资本在提升信任中的关键作用，并通过有效的管理策略来增强企业的社会资本。

总结来说，信任在金融市场中的作用至关重要，它不仅关系到个体之间的互动，更是整个市场的系统运作基础。社会资本作为信任的重要前提条件，通过建立和维护信任关系，显著提升了金融交易的顺畅性和效率。在中国特有的社会文化和制度环境下，社会资本的作用尤为显著，它帮助企业建立和维持信任关系，并通过关系网络的形式，进一步增强了企业在市场中的地位。因此，在金融市场中，企业和个人都应当重视社会资本的建设和维护，以提升信任水平，降低交易成本，提高市场竞争力。

其次，社会资本在经济市场中扮演着至关重要的角色，尤其是在缓解信息不对称方面。信息不对称普遍存在，导致交易双方因信息掌握程度的差异而在市场中处于不同的地位，进而引发逆向选择和道德风险等问题（Botosan，1997）。在金融市场中，这种信息不对称性尤为突出，债券投资者通常难以全面掌握公司运营、管理和投资等关键信息，因此往往要求更严格的债券契约。与此同时，银行等金融机构由于具有信息优势和监督能力，相比债券投资者而言，与公司内部人之间的信息和代理问题相对较轻（Fama，1985）。此外，社会资本可以通过合作规范直接影响公司的信用评级。位于高社会资本地区的公司管理层可能更具有合作性，因此评级机构认为他们更具有可信度（Hossain 等，2023）。位于高社会资本地区的公司拥有合作文化，这使公司与外部方之间的信息流通更加顺畅，交易成本更低。Fukuyama（1995a）研究认为，社会资本较高地区的交易成本，包括沟通成本，显著降低。Laursen 等（2012）研究发现，意大利高社会资本地区的公司在信息交流方面更加高效，用户、供应商和大学之间的合作更为顺畅。其他研究也提出了类似的观点（Gupta 等，2020；Hasan 等，2020）。研究表明，高效的信息交流能够促进信任并提高可信度的认知（Tuomela 和 Tuomela，2005；Yamagishi 等，2005）。

社会资本通过促进信息流动和共享，有效降低了网络成员之间的信息不对称（Rauch 和 Casella，2003；Cohen 等，2008）。它可以通过允许更开放和诚实的信息共享来缓解企业间交易中固有的信息不对称性（Zaheer 等，1998）。社会资本能够减少缔约双方之间的信息不对称，从而缓解逆向选择和道德风险（Knack 和 Keefer，1997）。在一个紧密联系的系统中，自利的机会主义行为受到了约束，行为不确定性减少，社会资本创造了一种相互信任，使交换中的任何一方即使有机会也不会利用其他方的脆弱性（Kale 等，2000）。密集的社会网络不仅激励成员对掠夺者实施社会制裁（Coleman，1988），还通过频繁互动促进社区内关于不道德和机会主义行为的信息共享（Putnam，2000）。网络成员处于有利位置时，能够更有效地获取信息，增强监督动机，进而降低外部监管成本。这一信息流动机制有助于缓解信息和代理问题，使公司能够签订更宽松的债券契约。

社会资本理论进一步阐述了其在公司融资中降低信息不对称，提升信息共享水平的作用。Van der Gaag 和 Snijders（2003）研究认为，人们的网络在规模、广度、资源内容以及特定资源的存在差异。这一过程可以通过结构维度、关系维度和认知维度三个方面来解释。在结构维度上，社会资本通过社会性交互连接，增强了企业间的关系强度、时间投入和沟通频率。Yli-Renko 等（2001）指出，这些互动能够显著提高信息共享的密度、频率和广度，从而减缓信息不对称。Haeckel（1998）强调，良好的社会交互可以促使企业之间分享更多的资源、知识和经验，进一步提升企业对市场变化的响应能力。因此，增强结构维度，减缓信息不对称，以促使企业获得其他利益相关者的认可。

在关系维度上，社会资本通过信任关系的建立，减少了企业间的猜忌与沟通成本，进一步促进了信息的流通。Morgan（1994）指出，在没有契约约束的情况下，信任成为合作成功的关键要素，能够显著促进信息共享行为。信任的建立使得合作双方更愿意共享彼此的信息，增强了合作的意愿，并最终减少了因信息不对称而产生的融资成本。在中国环境下，叶飞和徐学军（2009）的研究也表明，社会资本是影响信息共享的重要因素。因此，随着信息共享水平的提高，企业能够更好地展示自身的透明度和信用，获得更宽松的债券契约。

在认知维度上，社会资本通过共同愿景和共同语言等资源，促进了企业之间的共同意识。Tsai 和 Ghoshal（1998）认为，共同愿景能够减少企业间的误解，增加思想与资源交换的机会。共同的目标和期望不仅能够增强企业间的合作，还能够有效治理机会主义行为，促进信息流通。他们进一步指出，共同愿景为企业间的信息交流提供了有意义的沟通平台，从而提升信息共享的效率。这种认知维度的提升，使企业能够以整体利益为优先，减少自利行为，从而在融资中减缓信息不对称，获得更加宽松的债券契约。因此，企业通过增加社会资本建设，推动共同愿景，以促进信息共享，进而影响债券契约。

信息不对称问题在中国金融市场中尤为突出，特别是在债务融资领域。由于信息不对称导致逆向选择和道德风险，从而增大债券发行利差。有文献指出，由于法律制度相对不完善，社会资本作为一种社会资源，对正式制度起到补充作用，存在于个体或组织所处的网络位置和结构中，有助于公司以更低成本获得资金并降低违约风险（Haselmann 等，2018；Hasan 等，2022）。社会资本通过增强信任和促进信息流动，显著降低信息不对称的负面影响（Shane 和 Cable，2002；Engelberg 等，2012）。企业依赖社会资本的关系网络来减少因信息不对称带来的市场不确定性，从而获得更低的融资成本。Hasan 等（2017a）指出，高级管理者的社会资本通过信息中介的功能，有效降低了债权人与债务人之间的信息不对称。这种减少信息不对称的过程不仅提高了债权人对企业财务状况的了解程度，增强了他们对企业的信任，从而降低了投资风险，并为企业在债券契约中的偿还条件提供了更大灵活性。社会资本通过其网络关系和信任机制，帮助企业在信息不对称的市场环境中获得更好的融资条件，从而降低融资成本。因此，利用社会资本的信息共享功能，以获得更宽松的债券契约条款。

社会资本还通过优化企业在债券市场中的行为，减少对严格债券契约条款的依赖。当企业面临高信息不对称时，往往需要依赖严格的债券契约条款来缓解潜在的风险。而在社会资本充裕的情况下，投资者能够通过企业渠道了解相关信息，在融资时减少对严格条款的依赖，从而获得更有利的融资条件（Nahapiet 和 Ghoshal，1998；Droege 和 Hoobler，2003）。这种信息共享不仅减少了信息不对称带来的不确定性，还使得债权人能够更灵活地调整融资条件，进一步优化债务契约结构。因此，当企业的社会资本越丰富，降低投资者对严格契约条款的依赖，从而使得企业获取更宽松的融资条件。

总结来说，社会资本通过促进信息流动和共享，有效降低了信息不对称对金融市场带来的负面影响。这不仅帮助企业获得了更宽松的债券契约条款，还通过减少道德风险和监督成本，提高了市场效率和交易的有效性。因此，高级管理者要充分利用社会资本，降低信息不对称，帮助公司获取宽松的债券契约条款。

在高社会资本的环境中，合作规范的传播得到了加强，公民意识也得到了提升（Guiso 等，2004a）。社会资本在这些环境中的作用不仅体现在促进合作，更在于它通过强化内部制裁机制，如社会排斥（Uhlaner，1989）和污名化（Posner，2000），显著提高了从事机会主义行为的成本。这种成本的提高，包括了社会制裁和个人心理负担，使违反社会规范的行为受到更严厉的惩罚（Elster，1989）。研究表明，在那些社会规范执行更为严格的社会中，不当行为的惩罚力度更大，从而有效遏制了机会主义行为的发生（Guiso 等，2004a；Hasan 等，2022）。

在这样的社会环境中，管理者和个体都面临更高的行为代价和风险，这自然降低了他们采取机会主义行为的可能性（Coleman，1988；Spagno-lo，1999）。合作规范的存在增加了违规行为的成本，这不仅有助于群体克服集体行动的困境，还解决了社会和经济领域的诸多挑战（Bloch 等，2008）。此外，这些规范还限制了追求私利和机会主义行为的空间（Gula-ti 等，2000；Wu，2008），进一步维护了社会的和谐与经济的稳定。

社会资本的概念涉及个人通过社会关系网络获得利益的能力（Bour-dieu，1985）。这些网络通过促进协调、合作及互惠的规范，实现了成员的共同利益（Coleman，1988；Putnam，1995）。在高社会资本的地区，管理者和个体面临着来自社会的更高水平的监督。研究表明，居住在这些社区的个人和企业都不太可能从事机会主义行为，因为社会资本通过增强社会监督和内部制裁机制，提高了这种行为的成本（Lederman 等，2002；Bjørnskov，2003；Buonanno 等，2009）。

社会资本的存在，特别是在高社会资本的社区中，通过频繁的互动和信息共享，传达并执行合作规范，从而抑制机会主义行为（Uzzi，1996；Fukuyama，1995b；Fischer 和 Pollock，2004）。Coleman（1988）指出，社会资本的实质在于人与人之间的关系，这些关系构成了社会网络的基础，而社会网络则提供了有效的信息共享和规范传达与执行的平台。在这些网络中，个人和企业预期的机会主义行为成本更高，因为他们面临的不仅是外部的社会制裁，还包括负面道德情感引发的心理成本（Mazar 等，2008；Higgins，1987；Elster，1989）。

企业决策者在高社会资本环境中的决策同样受到社会规范的影响（Hilary 和 Hui，2009）。研究表明，位于高社会资本地区的公司更少从事损害其他利益相关者利益的行为（Hoi 等，2018；Hasan 等，2017a）。此外，高社会资本的公司更有可能遵守税法，缴纳更多的税，这表明高社会资本环境有助于抑制避税等违背合作规范的行为（Hasan 等，2017b）。

社会资本通过提供额外的监督和制裁机制，有效抑制了私利行为和机会主义行为的发生。在高社会资本环境中，社会规范不仅外部强制，还内化为个体行为准则。偏离这些准则带来的心理和社会代价极高（Boytsun

等，2011；Jha 和 Chen，2015）。密集的社会网络通过频繁的互动强化了这些内在的惩罚机制，阻止了机会主义行为（Knack 和 Keefer，1997；Guiso 等，2010）。高级管理者在高社会资本环境中同样不太可能进行机会主义行为，因为他们不仅需要维护道德自我概念，还意识到这些行为可能与社区规范相冲突，带来更大的心理和社会成本（Mazar 等，2008）。

因此，社会资本通过严格的社会规范和惩罚机制，有效降低了监督和契约执行的成本。这抑制了企业管理者通过债券契约攫取投资者财富的行为，降低了债券契约违约的可能性，并帮助公司达成更宽松的债券契约条款。在高社会资本的环境中，由于社会规范的严格执行和对违规行为的严厉惩罚，企业和个人都面临更高的违规成本，这促使他们遵守社会规范，采取更加负责任的行为。这种环境不仅促进了社会的整体福祉，也为经济的稳定和可持续发展奠定了坚实的基础。

最后，声誉是由行为者过去努力的质量决定的，它在公司和管理者的战略中扮演着重要角色（Podolny 和 Phillips，1996；Roberts 和 Dowling，2002）。Kirkbesoglu（2013）将声誉定义为管理者或组织由于某种个人特质而获得的知名度或显赫地位。良好的公司声誉对拥有它的公司或管理者具有战略价值（Rumelt，1987），它是一种战略因素，可用于获得高于平均水平的利润（Dollinger 等，1997）。公司的声誉影响信任，而这会导致联盟和其他组织间的关系。此外，良好的声誉是一项有价值的资产，可以使公司获得持续的盈利能力或持续的优异财务表现。因此，许多研究证实了与良好声誉相关的预期利益（Roberts 和 Dowling，2002）。

在公司融资活动中，声誉能够发挥重要的监督和认证作用（王正位和王新程，2021）。信任的建立不仅依赖于企业的信息披露质量，还与其在市场中的声誉和社会网络的广泛性密切相关。组织行为者嵌入在一个关系网络中（Wasserman 和 Galaskiewicz，1994），这些持续的社会关系为组织行为者提供了约束和机会，结合个人、问题和组织的特点，可能会改善组织行为者的社会资本。根据 Bourdieu（1986）的研究，社会资本代表了与持有稳定的社会关系网络相关的实际或潜在资源。他强调，社会资本的获得是通过发展持久的关系和联系网络，尤其是那些拥有大量经济和文化资本的声望群体之间的关系。

Bourdieu（1986）、Coleman（1988）都侧重于个人及其在网络中的角色和与他人的关系，作为其社会资本分析的主要单位。社会学家普遍认为，个人和群体的行为可以通过特定社会网络的成员资格得到极大促进，尤其是通过他们与网络中其他行为者的直接联系和间接联系。当公司表现出良好的声誉时，投资者和其他利益相关者往往会对公司给予更高的信任，这不仅有助于降低融资成本，还可以促使公司获得更为宽松的债券契约条款。然而，当公司出现违约行为或其他负面报道时，公众的负面观感往往会迅速传播，导致公司声誉受损，而公司声誉越低，其筹集资金的能力也会随之下降。这类高风险公司通常需要更严格的金融契约来加以约束和监督，以确保投资者的利益不受侵害（Diamond，1991b）。相比之下，拥有较高社会资本的公司不仅能够增强投资者对其的认可度和信心，还能通过其丰富的社会资源和良好的声誉提升公司的整体质量（Chuluun 等，2014；Skousen 等，2018）。社会资本与声誉之间存在密切的联系，社会资本能够通过增强企业在社交网络中的地位来提升其声誉，从而提高公司在市场中的流动性，帮助其获得更宽松的债券契约条款。

社会资本不仅提升了公司声誉，还通过其独特的声誉效应，显著降低了公司内部可能存在的机会主义行为。声誉效应是指公司在市场中积累的声誉通过影响外界对其诚信、能力和可靠性的认知，进而影响其经济行为和结果的一种现象。在一个高社会资本环境中，社会网络通过使机会主义行为的代价更高来降低相关成本，这是由于声誉效应（Gulati 等，2000）。声誉效应在这一过程中起到了关键作用，因为在密集的社交网络中，任何违反社会规范的行为都会迅速传播，并受到严厉的制裁（Coleman，1988；Putnam，2000）。这种机制促使公司更加注重自身行为，以避免声誉受损。对那些企图掠夺债券投资者财富的行为，社会资本能够通过声誉效应进行有效的监督和制裁，从而减少金融摩擦，提高公司在资本市场中的信誉和地位。

特别是在正式制度质量较差的地区，声誉成为公司获取融资资源的关键因素。声誉良好的公司不仅能够提供高质量的财务报告，还能通过高质量的盈余信息来有效缓解信息和代理问题（Cao 等，2015）。在一些注重声誉的地区，拥有强大社会资本的公司，即使在面临危机时，也能够通过其良好的声誉获得其他成员的信任和支持（Jøsang 等，2006）。这种信任不仅来自公司在社交网络中的良好表现，还得益于社会资本通过声誉效应在一定程度上为公司的借贷行为提供了隐性担保（Kinnan 和 Townsend，2012；Ambrus 等，2014）。声誉效应确保了公司能够在保持良好行为的同时，获得资本市场中的更多融资机会和渠道，并在竞争中处于有利地位（Brandt 和 Li，2003）。

在宏观层面，社会资本能够提升地方和国家政府的绩效，并促进经济增长（Putnam，1993；La Porta 等，1997；Knack 和 Keefer，1997）。在微观层面，每一项商业交易都包含信任的要素（Arrow，1972）。密集的社会网络有助于传达并执行合作规范相关的行为准则（Coleman，1988；Fukuyama，1995a，1995b；Uzzi，1997；Woolcock，1998），从不完全契约理论的角度来看，这有助于减少交易成本（Grossman 和 Hart，1986），并且有可能实现资源的有效分配（Lins 等，2017）。

综上所述，社会资本在债券契约中发挥了关键作用。通过增强企业的信任度和声誉（Dasgupta，1988；Kandori，1992；Boot 等，1993；Fafchamps，1996；Fogel 等，2018），社会资本有效减少了信息不对称，并在高社会资本环境中，通过严格的社会规范和惩罚机制，遏制了不当行为的发生，进而加强了对债券投资者利益保护。这种保护改善了企业获取外部融资的能力，降低了融资成本（Engelberg 等，2012；Chuluun 等，2014；Herpfer，2021），并有效缓解了融资约束。此外，这些机制促使管理者更加谨慎地管理企业，减少了机会主义行为，使企业能够获得更宽松的债券契约条款。社会资本不仅为企业提供了隐性担保，还通过提升其市场声誉，增强了融资能力和市场竞争力。因此，社会资本在帮助企业获得宽松的债券契约条款方面起到了重要作用。在高社会资本环境下，企业通过广泛的社会网络和良好的声誉，增强了投资者的信任感，缓解了信息和代理问题，降低了债券违约风险。债券投资者对这些企业的诚信和还款能力更加有信心，因此更愿意接受宽松的债券契约条款。

在中国，社会规范、商业文化和法制外的机制在促进高水平经济活动方面发挥了重要作用（Allen 等，2005）。与西方社会相比，中国的转型过程带来了更具活力的社会交流。中国的社会交往深深植根于当地的文化和历史传统。尽管世界各地的企业管理者都投入大量的时间和精力来培养人际关系，但中国的企业管理者可能更依赖个人关系的培养来应对他们处境的紧急情况。在中国法律、法规等正式制度约束较弱的环境中，作为一个重要的非正式制度——社会资本在促进经济增长方面可能发挥更重要作用，从而对债券契约产生重大的影响。

本书提出研究假设：社会资本丰富，公司越容易获得宽松的信用债券契约条款。

接下来，本书具体分析社会如何影响债券契约中最为重要的三个条款：债券发行利率、债券发行规模和债券契约特殊性条款（也称限制性条款或保护性条款）。

5.1.1　社会资本与信用债券利差

在债券投资中，信用利差是债券定价的核心内容，也是债券契约中的重要条款之一，对债券投资者和发行人来说具有重要的意义。债券利差是投资者在投资信用债券时为承担风险而要求的超额收益，即相对于无风险利率的溢价。信用风险通常被认为是影响信用债券利差的主要因素，研究表明，信用风险只能解释部分利差，存在未解释的利差部分，这被称为信用利差谜题（Huang 和 Huang，2012）。信用利差谜题反映了市场对企业信用风险的评估往往无法完全解释债券利差的波动，这暗示存在其他未被充分考虑的因素。学者从多个角度进一步研究了债券发行定价的影响因素。例如，Ederington 等（1987）、Ziebart 和 Reiter（1992）研究发现，债券的到期收益率与债券评级之间存在显著的关联性，高评级公司通常能够以较低的成本发行债券。这一结论在 Smith 和 Walter（2002）的研究中得到了进一步验证。Mählmann（2011）、Li 和 Zhang（2019）、Badoer 和 Demiroglu（2019）研究发现，债项评级和公司信用评级均对公司债券的发行定价产生显著影响，但债项评级的解释力更为突出。大量证据表明，银行会因其在贷款合同中面临的潜在风险而要求更高的贷款利差（Bharath 等，2008；Graham 等，2008；Hasan 等，2014）。

社会资本指的是嵌入在社会关系网络中的资源，包括信任、合作规范和广泛的社会网络（Coleman，1988；Putnam，1995）。社会资本不仅在市场中发挥了显著作用，还通过改变决策者行为的方式影响金融合同。Hasan 等（2017a）研究发现，社会资本能够显著影响债务合同的条款和执行效果，这主要通过改变决策者对实施机会主义行为的感知成本和收益来实现。机会主义行为在信息不对称的情况下尤其明显，表现为决策者利用其私有信息获取个人利益，而这种行为往往以牺牲债权人利益为代价，从而导致逆向选择和道德风险等经典的契约问题（Galai 和 Masulis，1976；Bebchuk，2002；DeFond 和 Jiambalvo，1994）。这些问题不仅损害债权人的利益，还可能引发更广泛的市场动荡，因为一旦机会主义行为被广泛识别，整个市场的信任度可能受到影响。

这些社会资本资源不仅影响企业的经营活动，还通过多种机制作用于债券利差。信息不对称是一个常见且影响深远的问题，尤其是在信用债券发行过程中，债券投资者由于缺乏足够的信息，通常会要求更高的利差以补偿潜在的信用风险（Glosten 和 Milgrom，1985；Kyle，1985）。高密度网络意味着个体之间的互动更多，这种互动意味着利益相关者，如机构投资者、银行家和经理，更有可能定期相互互动。利益相关者之间共享的信息高质量和高数量转化为更有效的监测（Wu，2008）。这些当事人之间的互动越频繁，就会导致更多的信息交换，所交换的信息也更为可靠。Hasan 等（2017a）发现，如果银行认为社会资本能够在债务契约中对道德风险施加环境压力，那么预计银行在向总部位于社会资本较高社区的公司贷款时会要求较低的贷款利差。在社会资本水平较高的地区，企业能够获得更低的贷款利差，因为银行对这些企业的信任度更高，预期的违约风险更低（Graham 等，2008）。社会网络中的关系还能够在契约执行过程中提供隐性保障，减少由于不完全契约带来的执行风险（Grossman 和 Hart，1986）。高水平的社会资本通常意味着企业与其外部利益相关者之间建立了更紧密的信任关系，这使得投资者对企业的信用风险有更积极的评估。这种信任关系能够部分替代法律、法规的功能，尤其在契约执行成本较高或契约条款不完备的情况下尤为重要（Granovetter，2005）。社会资本通过提升企业的声誉和信用度，使投资者在评估信用风险时更倾向于相信企业的还款能力，从而愿意接受较低的利差。这种信任机制降低了市场的不确定性，使企业能够以更低的成本获得融资。当公司展现出良好的社会行为和责任感时，投资者更愿意以较低的利率提供资金，因为他们相信这些公司更有可能履行其财务承诺。此外，社会资本可以在正式和非正式的贷款安排中充当社会抵押品，即网络在代理人之间建立信任或社会抵押品（Karlan 等，2009；Ambrus 等，2014）。因此，社会资本越丰富，信用债券契约中的利率越低，相对于无风险利率的溢价（利差）也就越低。

社会资本还通过规范企业管理者的行为来进一步降低债券利差。在一个高社会资本的环境中，企业管理者更倾向遵守社会规范和道德标准，因为他们知道，任何机会主义行为都可能导致声誉损失，并受到社会网络的制裁（Coleman，1988；Fukuyama，1997）。在信用债券市场中，投资者使用债券利差来补偿发行人可能带来的风险（Klock 等，2005；Bharath 等，2008）。在这种环境下，社会资本通过提高企业的可信度和减少道德风险，降低信用债券的发行利差。当网络的密度很高时，管理者在社区中互动更多，因此他们认为不道德行为的成本更高（Coleman，1990；Spagnolo，1999）。管理者更有可能认真对待利益相关者为有效监控而实施的任何检查。随着时间的推移，一个密集的网络，整合了社区中的合作规范，这些规范鼓励管理者诚实行事（Fukuyama，1997；Portes，1998；Putnam，2001）。因此，对偏差行为的惩罚更为严厉，因为诚实行为的标准更高。Bharath 等（2008）研究发现，由于债券投资者在债券发行后的再谈判能力较低，他们更依赖在发行前对发行人信用风险的评估。社会资本在此过程中通过降低预期的违约风险，使投资者在向高社会资本的公司提供融资时，愿意接受更低的利差。这种社会约束减少了管理者采取不当行为的可能性，增强了企业的信用度，使投资者更加信任企业，从而要求的利差也随之降低。

社会资本对公司治理的积极影响也是降低债券利差的关键因素。良好的公司治理结构通常与较高的社会资本水平相关联，这种结构不仅提高了企业的透明度，还增强了投资者对企业的信心（La Porta 等，1997）。组织间的信任水平影响债券融资成本，因为信任减少了代价高昂的监控和信息不对称。当投资者面对治理良好的企业时，他们对企业信用风险的评估往往更加乐观，这使他们在投资信用债券时更愿意接受更低的利差。

在中国的社会文化背景下，社会资本的重要性尤为突出。中国企业的社会关系网在企业经营活动中扮演着关键角色，特别是在信息披露机制不完善的情况下，社会资本成为增强企业信誉和降低信息不对称的重要手段（费孝通，1947）。通过社会资本可以更有效地传递信息，减少投资者对其信用风险的担忧，从而降低债券投资者要求的信用债券利差（Putnam，2000）。

综合上述分析可以看出，社会资本通过增强企业的信誉和信任度、降低信息不对称、规范管理者行为和改善公司治理来减少债券投资者的风险感知。这些因素共同作用，促使投资者在信用债券市场上愿意接受更低的利差。

基于上述逻辑推理，本书提出研究假设：在社会资本丰富的环境中，信用债券的发行利差较低。

5.1.2 社会资本与信用债券发行规模

信用债券的发行金额不仅是企业融资能力的直接反映，更是市场对企业信用度和信任度的明确信号。企业在资本市场中获取资金的能力，不仅取决于其财务状况和经营能力，还深受社会资本的影响。社会资本作为一种通过社会网络和人际关系积累的无形资产，能够通过多种途径影响企业的信用债券发行金额。

首先，社会资本通过增强企业的市场信任度，直接提高了企业的融资能力。社会资本丰富的企业往往具备广泛的关系网络和较高的市场声誉，这使它们在发行信用债券时，能够获得债券投资者的高度信任。Putnam（1993）指出，社会资本能够有效地促进社会信任，而这种信任是组织之间合作的基石。信任不仅降低了市场交易的成本，还提升了交易的效率，进而为企业获取更高的融资金额提供了支持。信任将不完全契约的负面后果降至最低（Grossman 和 Hart，1986），并通过这种联系影响到资本预算和公司融资行为。信任的经济代理人在做投资决策时采用更合适的投资范围，并选择长期而不是短期最优的生产技术。高信任社会的经济代理人需要转移更少的资源来保护自己免受其财产权的非法侵犯。因此，可以重新部署更多的资源，获得更多的债券发行金额。此外，社会信任会提升公司的财务报告质量。在高度信任的社会中，经济主体可以为人类操纵财务结果的机会主义行为赋予较低的可能性（Pevzner 等，2015）。因此，社会资本通过增强企业的透明度和可信度，使投资者更愿意购买其发行的债券，这直接推动了债券发行金额的增加。

其次，社会资本通过降低信息不对称，对信用债券的发行金额产生了积极影响。在金融市场中，信息不对称通常会导致投资者要求更高的风险溢价，从而限制企业的融资能力。然而，社会资本丰富的企业能够通过其广泛的社会网络，迅速传递和共享信息，降低信息不对称的程度。Cohen 等（2008）发现，社交网络是影响共同基金行业资产价格的信息流动的一个重要机制。Cai 和 Sevilir（2012）表明，社会联系改善了目标和收购者之间的信息流。研究表明，当企业能够提供更透明和可信的信息时，投资者对企业的风险评估将更加积极，这将直接反映在较高的债券发行金额上（Shleifer 和 Vishny，1992）。因此，社会资本通过降低信息不对称，扩大了债券发行规模。

最后，社会资本通过提高企业的市场声誉，进一步促进了信用债券的发行规模。许多研究表明，社会资本在社会网络中提供了一种非正式保险机制（Bloch 等，2008；Bramoullé 和 Kranton，2007；Genicot 和 Ray，2005）。社会资本中的社会规范可以对人类行为产生强大的影响，因为它们是自我强制的，是社会强制的，并且由于成员想要符合群体的期望而被内化，因为偏差是代价高昂的（Coleman，1990）。正如 Jin 等（2017）所指出的，社会会惩罚违反这些规范的行为，这种惩罚在羞耻、排斥中体现出来。因此，由于对违反社会规范的行为实施制裁，如声誉效应，社会规范和网络可以使机会主义行为的成本更高，从而抑制机会主义行为（Gulati 等，2000；Wu，2008）。市场声誉作为企业在资本市场中的一项重要资产，直接影响了投资者对其信用风险的评估。社会资本丰富的企业，往往能够通过长期积累的良好声誉，吸引更多的投资者。在这种情况下，投资者对企业未来的表现持乐观态度，从而愿意购买更多金额的债券。这种市场声誉的提升，不仅降低了企业的融资成本，还扩大了债券发行的潜在市场规模（Rajan 和 Zingales，1995）。因此，社会资本通过市场声誉效应，增加了信用债券的发行金额。

在中国，社会资本的影响尤为显著。中国企业的社会网络和人际关系在融资活动中起到了关键作用，特别是在信息透明度较低和市场监管机制不完善的情况下，社会资本的作用更为突出。通过利用其广泛的社会关系网，企业能够获得更多的融资资源，并在信用债券市场上筹集到更多的资金。例如，中国中铁股份有限公司和中国石油天然气集团公司等大型国有企业，凭借其强大的社会资本，成功进行了多次大规模的债券发行。这些企业通过其在国内外市场中的影响力和与政府的紧密关系，获得了大量的资金支持，显著提高了其债券发行规模。

社会资本还通过提升企业的抗风险能力，增强了其在债券市场中的融资优势。当市场面临不确定性时，社会资本丰富的企业通常能够依靠其稳固的社会关系，获得更为稳定的资金来源。Kargar 等（2021）研究表明，在市场动荡时期，具有高社会资本的企业更容易维持投资者的信心，从而确保其债券发行的顺利进行。这一能力使这些企业即便在市场条件不利的情况下，依然能够实现较高的债券发行金额，进一步巩固了其在资本市场中的地位。

社会资本通过增强企业的市场信任度、降低信息不对称、提升市场声誉和增强抗风险能力等多种途径，显著提高了信用债券发行金额。在一个社会资本丰富的环境中，企业能够更有效地利用其社会网络，扩大融资规模，吸引更多的债券投资者，最终实现更高的债券发行金额。

基于上述逻辑，本书提出研究假设：社会资本越丰富，信用债券发行金额越高。

5.1.3　社会资本与信用债券契约特殊性条款

在金融市场中，信用债券契约中的特殊条款是为了保护投资者免受企业可能的违约风险。这些条款（如限制借款能力、控制股东分红、限制资产出售等）旨在确保企业的行为不会对债券持有人的利益造成损害。然而，这些条款在一定程度上限制了企业的运营灵活性，增加了契约谈判和执行的复杂性（Smith 和 Warner，1979）。债券契约中这些特殊条款的存在，通常是因为市场对企业存在信息不对称的担忧。当投资者无法全面掌握企业的财务状况时，他们倾向通过增加特殊性条款来保护自己的投资。例如，当企业的信用风险较高或信息透明度不足时，投资者更有可能要求更严格的契约条款，以应对潜在的风险（Glosten 和 Milgrom，1985；Leland 和 Toft，1996）。这表明，在信息不对称的环境中，债券契约特殊性条款的数量和严格程度往往会增加，以弥补投资者的信心缺失。

相反，在社会资本丰富的情况下，企业通过其广泛的社会网络可以缓解这些信息不对称问题。社会资本还可以通过信息渠道提高经济效率，加强协调。研究表明，有价值的信息通过公司高级管理者的社交网络中传播（Larcker 等，2013；Singh 和 Schonlau，2009）。Cohen 等（2008）通过教育网络关注共同基金经理和公司董事会成员之间的联系，并明确表明共同基金经理在"关联"股票持有上投资更多、表现更好，这意味着通过社交网络的社会资本是信息流入资产定价的一个重要机制。其他研究人员也表明，信息通过社交网络流动更自由，成本更低（Hochberg 等，2007；Kuhnen，2009；Engelberg 等，2012；Fracassi，2017）。社会资本包括企业与政府、金融机构以及其他重要利益相关者的紧密关系，可以增加企业在市场中的信任度（Reisel，2014）。这种信任的增加，源自社会资本为企业提供了更多的资源和更广泛的支持，从而降低了债券投资者对债券违约风险的担忧。具体而言，社会资本丰富的企业，因其在市场中的声誉和信任度较高，能够更有效地传递企业的真实信息，减缓信息不对称问题。这种信息流动的增强，使投资者不再依赖严格的特殊性条款来保护自己，因为他们对企业的信任足以抵消潜在的风险。这种信任不仅降低了债券投资者的风险预期，还减少了对债券契约特殊性条款的需求。

社会资本不仅提升了市场对企业的信任度，还增强了企业应对市场不确定性的能力。研究表明，社会资本丰富的企业在面对经济波动时，能够依靠其社会网络中的资源支持，以更好地应对财务挑战（Kargar 等，2021）。Portes（1998）指出，社会资本水平较高的社会通常具有较高的互信水平，这种信任机制通过社区的力量展现出更高的契约可执行性，从而减少契约特殊性条款的复杂性。这表明，企业能够通过加强社会资本的建设，在竞争激烈的市场中获得更高的信任度，提升其市场竞争力和财务表现，降低交易成本。这进一步减少了债券投资者对债券契约特殊性条款的需求，因为他们相信这些企业即使在不利的市场条件下，仍然能够维持其财务稳定性和偿债能力。此外，社会资本在提升合作的同时，还通过加强如社会排斥（Uhlaner，1989）和污名化（Posner，2000）等内部制裁措施，增加了采取机会主义行为的代价。这不仅涉及社会层面的惩罚，还包括个人心理层面的压力，从而使违反社会规范的行为面临更加严重的后果（Elster，1989）。在这种社会资本丰富的背景下，管理者和个人都可能遭遇更高的行为成本和风险，这种情境自然而然地减少了他们从事机会主义行为的倾向，降低投资人风险（Coleman，1988；Spagnolo，1999）。社会资本，尤其是在社会资本水平较高的社区里，通过增强互动频率和信息共享，有效地传播和实施了合作规范，进而遏制了机会主义行为的发生，减少监督成本（Uzzi，1996；Fukuyama，1995a，1995b；Fischer 和 Pollock，2004）。

社会资本的积累提升了公司的市场声誉，这种声誉效应有效减少了公司可能采取的机会主义行为。社会资本在网络中提供了一种纪律机制，通过传递违约信息，并通过声誉损失促进了作弊者的排除（Kandori，1992；Johnson 等，2000）。在市场中，公司积累的良好声誉能够影响外界对其诚信度、能力以及可靠性的看法，进而积极影响其经济行为和成果。在社会资本充裕的环境中，由于违反社会规范的行为成本高昂，机会主义行为得到了有效遏制，这种环境促进了公司行为的自律，以维护其声誉不受损害（Gulati 等，2000）。在密集的社交网络中，任何不遵守规范的行为都会被迅速识别并受到相应的制裁（Coleman，1988；Putnam，2000），这样的机制强化了公司对声誉的重视，促使其避免任何可能损害声誉的行为。同时，基于声誉效应，投资者对这些公司的违约风险评估较低，从而减少了对严格监督和控制的需求，进而减少信用债券契约特殊性条款数量。

在经济转型时期的中国，市场环境深受腐败、人力和物质资源缺乏、管理不善与司法系统效率低下的困扰，而社会资本作为正式制度的一种替代机制，有助于限制机会主义行为（Coleman，1988；Gupta 等，2024；Mun 等，2024），约束自利行为（Knack 和 Keefer，1997），克服"搭便车"问题（Guiso 等，2008）和有效执行社区规范（Spagnolo，1999）。社会资本主要依靠社会关系网络将经济资源连接成一个有机的整体，从而形成一个资源共享和互利合作的机制。因此，我们可以观察到，在中国社会资本将对债券契约特殊性条款产生积极的影响。随着社会资本的增加，金融摩擦减缓，投资者对企业的信任度和声誉提升，进而减少了对债券契约特殊性条款的依赖。

基于上述逻辑，本书提出研究假设：社会资本越丰富，信用债券契约特殊性条款越少。

5.2 社会资本影响信用债券契约的渠道机制

跨学科研究表明，社会资本——可以通过鼓励合作行为来减少金融摩擦并促进经济交换（Coleman，1988；Putnam，2000；Fukuyama，1995a，1995b）。金融摩擦限制了公司获取外部融资的机会（Myers 和 Majluf，1984）。金融摩擦越严重，债券契约条款越严格（Miller 和 Reisel，2012）。因此，缓解金融摩擦的机制将对债券契约产生重要的影响。更强大的社会资本缓解了金融摩擦，从而减少道德风险和逆向选择问题（Knack 和 Keefer，1997；Carlin 等，2009）。事实上，证据表明，社会资本通过降低审计费用为社会带来价值（Jha 和 Chen，2015），由于避税事件的减少（Hasan 等，2017b），提高了经济绩效（Knack 和 Keefer，1997）。因此，社会资本可以替代企业监控（Jha，2019）。社会资本限制了机会主义、自私的行为，因为这些行为与合作规范相关的规定价值观相矛盾，而密集的社交网络加剧了实施此类行为的成本（Coleman，1988；Uhlaner，1989；Elster，1998；Putnam，1993；Spagnolo，1999；Posner，2000）。此外，即使实际行为无法观察，实施机会主义行为也会产生成本（Elster，1998）。之所以如此，是因为个人非常需要维持道德自我概念（Mazar 等，2008；Monin 和 Jordan，2009），可能通过突出实际行为和道德自我概念之间的差异来造成天生的不适（例如，内疚和羞耻）（Higgins，1987）。这些论点意味着，社会资本可以减轻管理者的私人激励。信任作为社会资本的代理，有助于限制机会行为（Coleman，1988），限制自身利益（Knack 和 Keefer，1997），并有助于克服"搭便车"问题（Guiso 等，2010）。社会资本较高的地区也更有效地执行社区规范（Spagnolo，1999）。因此，预计参与者之间的社会资本将对任何交易的价值产生重大影响。总体而言，文献表明，社会资本越高的社会越会带来更好的经济结果。此外，社会资本通过减少管理者自利行为的可能性和加大对不当行为的惩罚力度，增进了相互信任。换言之，通过降低感知到的道德风险水平，这反过来又降低了契约成本并产生经济收益。在减少感知到的道德风险方面，社会资本发挥着类似于董事会质量、分析师跟踪和产品市场竞争等监督机制的功能。因此，本书以将社会资本视为一种社会监控系统，较高的社会资本提供更好的监控，从而降低公平的成本。社会资本可能作为一种非正式的监督机制，阻止管理者采取机会主义/自私自利的行动，从而诱导他们更诚实地行事（Jha 和 Chen，2015；Jin 等，2017）。本书理论分析社会资本影响信用债券契约条款的渠道机制：信息不对称和公司治理。

5.2.1 信息不对称渠道

以往研究表明，"信息处理理论化"倾向于认为某类特定信息的"特殊性"源自认知而非动机因素。假设人们在做出判断、推理和记忆时是被动机驱动的，目的是追求准确和正确（Einhorn 和 Hogarth，1981；Miller 和 Cantor，1982）。有趣的是，这也是"人们是偏见信息处理者"的视角与传统的"人们是业余科学家"的视角所共有的主要假设之一，并且坚持这一假设为一些突出现象提供了"惊讶"价值。毕竟，只有当人们试图追求准确或正确时，他们不准确或不正确才会显得令人惊讶。事实上，人们可能并不仅仅被准确性或正确性驱动。实际上，人们在处理信息时很可能有多重且相互冲突的动机，因此无法完全满足所有动机的需求。准确性可能必须在某种程度上被牺牲，以满足其他动机（如自尊维护、社交目标）的要求。假设人们被动机驱动去追求准确性或正确性是"信息处理理论化"的一个重要特征，因为这一假设支持了以下立场：不准确或偏见的信息处理必须归因于信息限制，而不是动机因素。如果放弃这一假设，那么另一种视角可能浮现，即认为人类是"妥协的生物"，他们的判断和推论必须在尝试满足各种竞争性动机的背景下去理解。实际上，当人们采用这种视角时，识别什么是"准确"或"有效"就变得更加困难（Einhorn 和 Hogarth，1981；Miller 和 Cantor，1982；Kruglanski 和

Ajzen，1983）。事实上，两种视角都认为人类有其局限性或者是在满足动机需求方面的局限性，或者是在考虑相关信息的范围上的局限性。许多人类的认知特性，尽管在某些情境下可能会导致问题（如信息可得性），却无法通过建议的逻辑训练来完全消除（Higgins 和 Bargh，1987）。

信息不对称理论由 Akerlof（1970）、Spence（1973）和 Stiglitz（1975）在 20 世纪 70 年代首次提出，并逐渐发展为财务经济学的重要理论框架。这些研究揭示了信息不对称对市场效率的潜在危害。例如，Akerlof（1970）在其开创性的论文《柠檬市场》中，揭示了信息不对称如何导致市场失灵。Spence（1973）提出的信号理论进一步表明，市场参与者可以通过展示某些信息（如学历或证书）来减轻信息不对称的影响。在信贷市场中，Stiglitz 和 Weiss（1981）探讨了信贷配给问题，指出信息不对称可能导致"逆向选择"和"道德风险"，使市场中的劣质资产被高估，进而影响融资决策。信息不对称是限制公司获取外部融资机会的主要原因（Myers 和 Majluf，1984）。当信息不对称严重时，债券契约往往更加严格，因为投资者需要通过增加限制性条款来保护自身利益，以应对潜在的风险（Miller 和 Reisel，2012）。

相比银行而言，数量多、金额小的债券投资者面临更严重的道德风险和逆向选择问题。此外，债券通常交易广泛，债券契约违约往往是不可谈判的，对公司声誉造成不良的影响，并最终可能导致公司破产。因此信息不对称对债券契约的影响比银行贷款更为明显。Bharath 等（2008）研究表明，公司会计质量决定了其对私人和公开债务市场的选择。信息不对称较严重的公司往往选择银行贷款等私人债务融资方式，因为银行具有更强的信息获取能力，可以降低逆向选择的风险。信息不对称是影响债券契约的一个重要决定因素（Miller 和 Reisel，2012）。在公开债券市场上，信息不对称将导致更严格的债券契约条款，如更高的债券利差、更多的特殊性条款和较低的债券发行规模。这些影响在 Mansi 等（2011）和 Chava 等（2010）的研究中得到了验证。研究发现，信息不对称程度越大，债券融资成本越高，债券契约条款越严格（Miller 和 Reisel，2012；Chen 等，2013）。

为了应对信息不对称带来的不利影响，社会资本被认为是一种重要的调节因素。现有研究发现社会资本为公司与金融机构之间的信息共享提供了有效的机制（Hochberg 等，2007；Cohen 等，2008；Kuhnen，2009），它改善了公司的信息环境，减缓了信息不对称问题。社会资本通过增强社会网络的密度和合作规范，能够有效缓解信息不对称问题，从而优化金融契约的结构（Coleman，1988；Putnam，2000；Fukuyama，1995b）。在金融市场中，社会资本通过促进信息流动和信任的建立，减缓了信息不对称问题，进而帮助公司获得宽松的债券契约条款。例如，Allen 等（2019）研究了非正规融资在支持企业增长中的作用，发现社会资本在信息生产和契约执行方面具有显著优势，尤其是在正规融资渠道有限或不可用的情况下。Engelberg 等（2012）表明，社会资本放松了信息约束并降低了贷款成本。Cohen 等（2008）发现，社会网络是资本获取公司与金融机构（如共同基金经理）之间信息传递的重要渠道。

　　社会资本促进了信息流动和共享，降低网络成员之间的信息不对称（Cohen 等，2008）。在现实的经济市场中，信息不对称普遍存在，且交易双方因信息的掌握程度存在差异，造成交易者在市场中的优劣地位，导致逆向选择和道德风险问题（Botosan，1997）。在金融市场中，缔约双方之间不可避免地存在信息不对称，债券投资者往往无法全面掌握公司运营、管理和投资等信息，因而要求更严格的债券契约。同时，银行等金融机构比债券投资者具有信息优势和监督能力（Fama，1985）。因此，相比银行而言，债券投资者与公司内部人之间的信息不对称问题更严重。然而，更强的社交网络可以减少缔约双方之间的信息不对称，从而缓解逆向选择和道德风险问题（Knack 和 Keefer，1997）。社会资本通过缓解信息不对称影响了信用债券的发行利差、发行金额和特殊性条款。具体来说，社会资本丰富的企业能够通过其社会网络、信任机制，降低信用债券的发行利差，增加债券发行金额，并减少债券契约特殊性条款。

　　综上所述，社会资本在缓解信息不对称问题方面起到了重要作用，从而降低了信用债券的发行利差，增加了信用债券发行金额，并减少了信用债券契约中的特殊性条款数量。

基于上述逻辑，本书提出研究假设：社会资本通过缓解信息不对称问题，进而帮助公司获得更宽松的信用债券契约条款，即社会资本通过缓解信息不对称问题，从而减少信用债券发行利差、增加信用债券发行金额和降低信用债券契约特殊性条款数量。

5.2.2　公司治理渠道

密集的网络不仅激励人们对掠夺者（公司内部人）实施社会制裁（Coleman，1988），还允许人们之间频繁互动，促进社区内关于不道德和机会主义行为的信息共享（Putnam，2000）。网络成员的有利位置能够增强成员间的监督动机，降低外部监管成本，缓解代理问题，这有助于公司签订宽松的债券契约条款。此外，在社会规范更严格的社会中，对不当行为的惩罚更高（Guiso等，2004a；Hasan等，2022），因此高社会资本的管理者不太可能采取机会主义行为（Coleman，1988；Spagnolo，1999）。类似地，社会规范可以抑制不道德行为，因为对违反社会规范的行为实施制裁会使其成本更高（Gulati等，2000；Wu，2008）。社会规范还会影响个人的行为和对他人的信任（Goodell等，2023）。社会规范通过提供增量监控功能限制私利和机会主义行为，减轻投资者对潜在代理问题的担忧（Gupta等，2018），从而降低监督和契约执行成本。公民规范深深植根于社会，并影响着个人的行为。道德自我观念和不良行为的心理代价也可以通过内在渠道鼓励合作。当一个人偏离社会规范和理想时，就会产生一种负罪感，这对个人来说是一种代价（Jha和Chen，2015）。Boytsun等（2011）研究表明，社会规范在提高透明度、外部监督和增强委托代理关系中扮演着重要的角色。社会规范可以对人类行为产生强大的影响，因为它们是自我强制的、社会强制的，并且是内部化的。由于偏差代价高昂，成员希望符合群体的期望。如Jin等（2017）指出的，社会惩罚违背这些规范的行为，这种惩罚表现为羞耻、排斥。因此，社会资本的惩罚机制降低了监督和契约执行成本，抑制了公司内部人掠夺债券投资者财富行为，帮助公司签订更宽松的债券契约条款。当社交网络很强大时，代理人可能会担心不当行为造成更大的成本（Coleman，1990；Spagnolo，1999）。此外，监视可能更有效，因为监视可能共享信息（Wu，2008）。正如 Fuku-yama（1997）、Portes（1998）和 Putnam（2001）指出的，长期强大的网络可能会形成一种有利于合作的规范。人们几代人都内化了这一规范，本质上不太可能采取机会主义行为。Hughes 等（2014）的资源相互依赖的概念进一步表明，信任是这些关系中防止机会主义行为的关键组成部分。Inkpen 和 Tsang（2005）认为，一种信任的氛围基于当事人之间的关系嵌入，制裁机会主义行为，并有助于自由的知识交换。代理问题一直是公司治理研究的核心议题，源于所有权与控制权的分离。这种分离可能导致管理者为追求自身利益而损害股东的利益，进而产生代理成本。随着公司规模的扩大和所有权的分散化，代理问题日益严重，要求通过有效的治理机制来控制代理成本（Fama 和 Jensen，1983）。已有研究指出，代理问题可能导致首席执行官（CEO）薪酬中的管理者租金提取行为，进而导致机会主义的薪酬安排，过度倾向于首席执行官（CEO），并导致较高的薪酬水平（Yermack，1997；Bertrand 和 Mullainathan，2001）。公司治理的核心在于通过机制减少管理层与股东之间的代理问题，确保企业决策符合股东的利益（Jensen 和 Meckling，1976；Shleifer 和 Vishny，1986）。

社会资本不仅涵盖企业与外部利益相关者的关系，还包括内部治理结构中的信任与合作。在现代企业中，利益不一致问题更加突出，需要通过有效的公司治理机制来减少代理问题，确保企业的长期健康发展。社会资本通过增强企业与外部利益相关者的联系，形成了一种强大的外部监督网络，使管理层在决策过程中更加透明和负责，从而减缓了代理冲突（La Porta 等，1998）。Hossain 等（2023）发现，位于高社会资本地区的公司被视为拥有更诚实的管理者，并由于该地区的合作规范和密集的社会网络，使代理问题得到缓和。他们的研究间接表明，在公司治理较差的情况下，社会资本对债券契约的影响可能更大。社会资本能够通过提升公司治理水平，从而降低债务融资成本（Fama 和 Jensen，1983；La Porta 等，2000）。

社会资本在公司治理中的作用尤为关键，尤其在信息不对称和代理问题较严重的情况下。社会资本通过密集的社会网络有助于传达并执行与合作规范相关的行为准则（Coleman，1988；Fukuyama，1995a，1995b）。位于社会资本较高地区的企业管理者在进行租金提取时面临较高的边际成本（Elster，1989；Posner，2000），与社会资本较低地区的同行相比，他们的机会主义行为成本更高（Hoi 等，2019）。在高社会资本地区，社会网络能够促进信息共享，降低信息不对称，提高公司治理透明度，并减少代理问题对企业决策的影响（Granovetter，1985）。La Porta 等（2002）指出，良好的公司治理能够有效缓解公司内部人与债权人之间的代理冲突，减少债务融资成本。

社会资本的影响不仅限于代理问题的缓解，还直接影响企业的融资环境，特别是在债券市场上。治理水平较高的公司通常能够以较低的发行成本发行信用债券，并减少债券契约中的特殊性条款（Smith 和 Warner，1979；Jensen 和 Meckling，1976）。高的社会资本还能够通过缓解代理冲突，减少未来现金流的不确定性，降低企业的债务成本并提高信用评级（Hossain 等，2023）。实证研究进一步支持了社会资本对公司治理的影响。研究表明，密集的社会网络能够减少管理层的机会主义行为，提升企业长期绩效（Hoi 等，2018；Hasan 等，2017a）。同时，高社会资本水平还与公司杠杆率和短期债务比例的降低相关（Huang 和 Shang，2019）。这些研究表明，社会资本通过减缓代理冲突，能够有效地改善债券契约。

在中国，由于投资者法律保护不健全、金融发展水平相对滞后，企业往往依赖社会资本来弥补正式制度的不足。在公司治理体系中，投资者法律保护是一个非常重要的议题。20 世纪 90 年代全球范围内掀起的公司治理运动，其核心就是通过修改《公司法》《破产法》《证券法》，并推出公司治理准则等一系列途径来完善投资者保护的法律体系，以提高公司治理水平。中国的法律体制发展并不比任何其他主要的新兴市场国家（如印度、巴基斯坦和南非）超前，并且明显比那些英国法系国家落后。在中国债权人法律保护极不健全的背景下，债券发行人和债券投资者之间的代理问题更加严重。社会资本通过增强企业与政府、金融机构等利益相关者的信任关系，提升公司治理的透明度和有效性（Fan 和 Wong，2005）。位于高社会资本地区的公司在融资过程中，能够通过密集的社会网络和合作规范，减缓代理问题，提高市场竞争力（Guiso 等，2015）。这种信任关系不仅减少了信息披露中的障碍，也增强了企业的市场信任度，从而帮助公司获得宽松的信用债券契约条款。

总的来说，社会资本通过提升公司治理能力，降低代理冲突，进而帮助公司获得宽松的债券契约条款。这种提升的治理能力使企业能够以更低的成本发行信用债券，增加债券发行金额，并减少债券契约中的特殊性条款数量。

基于上述逻辑，本书提出研究假设：社会资本通过提高公司治理能力，进而帮助公司获得宽松的信用债券契约条款，即社会资本通过提高公司治理能力，从而减少信用债券发行利差、增加信用债券发行金额和降低信用债券契约特殊性条款数量。

5.3　本章小结

社会资本在信用债券契约中起到了至关重要的作用，特别是通过促进信任、信息共享、制裁机制和声誉管理，显著提升了企业的市场表现。首先，社会资本通过建立广泛的人际网络，增强了企业与利益相关者之间的信任，信任在市场交易中起到了至关重要的作用，特别是在信息不对称较为严重的环境中。社会资本通过增强市场对企业的信任，减少了投机行为和机会主义行为的发生。同时，社会资本在信息共享方面也具有重要作用。企业通过其广泛的社会网络，能够更加有效地传递关键信息，降低信息不对称所带来的风险。投资者因信息不对称而要求严格债券条款的情况在这种机制下得到缓解，社会资本的存在使投资者对企业的财务状况和经营风险有更清晰的了解，减少了对严格契约条款的依赖，进一步帮助企业获得宽松的融资条件并降低了融资成本。与此同时，社会资本在制裁和声誉管理中也发挥了关键作用，密集的社会网络能够有效传达并执行合作规范，特别是在高社会资本的环境中，违反这些规范的机会主义行为会受到更为严格的社会制裁。通过声誉管理，企业不仅能够减少外部监督成本，还能够通过社会资本的声誉效应降低债权人对违约风险的预期，从而减少债券契约中的特殊性条款数量。这种内部约束机制进一步推动了企业在债券市场中的良好表现和融资能力。此外，社会资本还能为公司融资提供一种隐性担保，可作为正式和非正式借贷安排中的社会抵押品，使网络成员获得更多的融资机会。

总之，社会资本不仅促进了信任、信息交流和声誉，也抑制了公司内部人机会主义行为，还能为公司融资提供一种隐性担保，可作为正式和非正式借贷安排中的社会抵押品，帮助公司获得融资资源。社会资本可被视为一个社会监控系统，促进债券发行人和债券投资者之间的信任和合作，缓解金融摩擦，降低债券契约违约的可能性，帮助公司签订更宽松的债券契约条款。

第6章　社会资本影响信用债券契约的实证研究

在第 5 章中本书理论研究了社会资本如何影响信用债券契约，提出了一个总的研究假设：高级管理者的社会资本越丰富，公司越容易获得宽松的信用债券契约条款。接着理论分析社会资本如何影响信用债券利差、债券发行规模和特殊性条款，提出三个研究假设：第一，高级管理者的社会资本越丰富，信用债券利差越低；第二，高级管理者的社会资本越丰富，信用债券发行规模越大；第三，高级管理者的社会资本越丰富，信用债券契约特殊性条款数量越少。最后，理论分析了社会资本影响信用债券的渠道机制：信息透明度和公司治理，并提出研究假设。本章构建计量经济模型实证检验第 5 章提出的相关研究假设。

6.1　样本选择

6.1.1　数据来源

信用债券契约中的发行利差、发行规模、债券契约特殊性条款等数据来自 Wind 数据库。为了建立高级管理者连锁网络，本书为 2007～2020 年上市公司高级管理者成员创建了独特的 ID。连锁高级管理者指同时在两家或两家以上的上市公司工作的高级管理者。由于 Wind 数据库中关于高级管理者的信息分别在现任高级管理者文件和离职高级管理者文件中，关于高级管理者的任职时间，只披露了高级管理者的就职时间和离职时间。因此需要手工整理每年度的高管人员及高管在公司间的兼职情况。此外，为了确保高级管理者社会网络信息可靠、准确，本书采用文本分析和网络爬虫通过国家企业信息公示系统、工商局网站、第三方的企业信息查询平台和公司年度报告等渠道进行验证。根据整理的高级管理者年度兼职情况，接下来利用 MATLAB 编程，建立每年度的高级管理者连锁的邻接矩阵。最后基于每年度的邻接矩阵计算了各个公司的网络中心度。公司特征数据同样来自国泰安数据服务中心。

6.1.2 样本选择

本书选取从 2007 年 9 月 1 日至 2020 年 12 月 31 日在沪深证券交易所、银行间交易商协会发行的信用债券作为研究样本，并按照如下标准筛选：①由于大多数非上市公司的财务数据披露制度较差，发行信用债券的非上市公司并未全部公开披露财务指标，因此本书剔除非上市公司发行的信用债券。②剔除金融类上市公司发行的公司债券和可转换债券，这是因金融类公司自身特性而将之剔除样本外①。③剔除相关变量数据不全的公司。④为了降低异常值的影响，将所有连续变量进行上下 1% 的 Winsorize 处理。根据上述原则，本书最终得到了 7978 个观察值。

---

① 这是因为：首先，金融公司的融资结构受到诸如储蓄保险等显性（或隐性）投资者保险计划的强烈影响。其次，从严格意义上讲，金融公司的债务与非金融公司的债务不具有可比性。最后，法规对金融公司的最少资本金要求管制更为严格，这也许会直接地影响到它们的融资结构。

6.2　变量定义与实证模型设计

6.2.1　被解释变量

信用债券发行利差、信用债券发行规模、信用债券契约特殊性条款是信用债券契约设计中最为重要的条款，尤其是契约特殊性条款[①]。本书使用这三类重要条款度量中国上市公司发行信用债券的契约条款。对债券发行利差变量，我们从万德（Wind）数据库中下载信用债券发行时票面利率与中债到期收益率，借鉴 Boubakri 和 Ghouma（2010）、Gong 等（2018）的方法，使用债券发行票面利率减去同期可比国债收益率之间的差额度量。对于债券发行金额，借鉴林晚发等（2018）、彭叠峰和程晓园（2018）、黄小琳等（2017）的方法，使用信用债券发行金额（以亿元为单位）进行度量。对于信用债券契约特殊性条款，借鉴 Nikolaev（2010）、Qi 等（2011）、Bradley 和 Roberts（2015）的方法，使用特殊性条款个数加总进行度量。

6.2.2　解释变量

社会资本的特征之一——产生于社会网络，为特定社会网络成员持有。中国社会——"差序格局"或人情社会，以每个人为出发点，向外发展出各样的社会关系而成为自我中心社会网络，每个网络中的他人，又有其为自我中心社会网，网网相连，结成一片。中国人除血缘和地缘外，受社会类属的制约较弱。中国人是以关系为导向，每个人拥有自己的

---

① 债券契约特殊性条款不仅在法律上为双方当事人的权利进行保护，实现契约目的，而且在金融市场中对于防范信用风险、促进市场稳定和发展具有不可替代的作用。

"人脉"，在人脉中进行社会交换、积累资源，并以此达到个人目的。因此，我们认为社会网络关系能更好地度量中国的社会资本。本书借鉴 Freeman（1979）和 Opsahl 等（2010）的方法，中心强度（Centrality_Strength）的测定采用以下三个指标：点度中心强度（CS_Degree）、中介中心强度（CS_Betweeness）和特征向量中心强度（CS_Eigenvector）。各个中心强度的具体计算方法如下：

6.2.2.1　点度中心强度

$$\text{CS\_Degree}_i = \left(\sum_{j}^{N} X_{i,j} \right)^{(1-\alpha)} \times \left(\sum_{j}^{N} W_{i,j} \right) \tag{6-1}$$

点度中心强度衡量每个公司与网络中其他成员之间具有直接关系的总数及关系的权重，能够描述样本公司的活跃程度和关系强度。其中，i 表示网络中某个成员，j 表示除 i 外的其他成员，α 表示调整参数，其决定了关系数量相对关系权重的重要性，可以根据研究设计和数据进行设置，N 表示样本公司总数。X 表示二元矩阵，成员 i 与成员 j 有关系时，$X_{i,j}$ 取值为 1，否则为 0。W 表示权重邻接矩阵，成员 i 与成员 j 有关系时，$W_{i,j}$ 大于 0，这个值代表了关系的权重。

6.2.2.2　中介中心强度

$$\text{CS\_Betweeness}_i = \frac{g_{j,k}^{w,\alpha}(i)}{g_{j,k}^{w,\alpha}} \tag{6-2}$$

中介中心强度衡量样本公司在网络中的绝对地位及控制其他成员连带路径的程度。中介中心强度高的成员能获得更多的信息流和商业机会。其中，$g_{j,k}^{w,\alpha}$ 表示网络中考虑关系权重后成员 i 与成员 j 之间的捷径数，$g_{j,k}^{w,\alpha}(i)$ 表示网络中考虑关系权重后成员 j 通过成员 i 到达成员 k 的捷径数，w 表示权重矩阵，α 与点度中心强度中参数的定义一致。

6.2.2.3　特征向量中心强度

$$\text{CS\_Eigenvector}_i = \frac{\sum_{j}^{N} b_{i,j}^{w,\alpha} E_j}{\lambda} \tag{6-3}$$

特征向量中心强度是对网络中一个节点相对重要性的度量，用来衡量公司在网络中的声誉。其中，E_j 和 λ 可通过求标准的"特征值-特征向量：$BE = E\lambda$"方程解得，λ 表示考虑关系权重后的公司中心强度的最大特征值，E_j 表示成员 j 的中心强度的特征值。成员 i 与 j 有连带关系时，$b_{i,j}^{w,\alpha}$ 大于 0，这个值表示关系权重。

本书采用社会资本的网络结构测度指标，把间接连带纳入研究范畴，度量社会资本。本书的解释变量社会资本采用高级管理者①连锁网络的四个中心度指标（点度中心度、中介中心度、特征向量中心度和综合中心度）。基于图论理论，本书分年度构造所有股 A 非金融类上市公司的高级管理者连锁网络，且设定为无向网络。本书使用 2007 ~ 2020 年样本期间的高级管理者任职数据，建立年度高级管理者连锁邻接矩阵 A_t（n×n）。其中，t 表示年度，n 表示每年度的上市公司数量。如果上市公司 i 和上市公司 j 有共享高级管理者，则 $A_{ij} = 1$，否则 $A_{ij} = 0$。作为社会网络分析技术的一部分，中心度可以描述网络中节点的重要性。通过每个年度的上市公司邻接矩阵，计算得到每年度每家公司的中心度数据。参考 Freeman（1979）、Bonacich（1987）和 Opsahl 等（2010）的研究，我们使点度中心度、中介中心度和特征向量中心度三种中心度来度量各个公司在高级管理者连锁网络的网络地位。

对于单值网络，点度中心度的计算公式为：

$$\text{NrmDegree}_i = \sum_j A_{ij} \tag{6-4}$$

其中，$\sum_j A_{ij}$ 表示高级管理者连锁网络邻接矩阵。如果上市公司 i 和上市公司 j 有共享高级管理者，则 $A_{ij} = 1$，否则 $A_{ij} = 0$。点度中心度衡量与本公司直接相连接的公司数目。拥有高点度中心度的公司有更多的机会交换资源，并有更大的知名度。

中介中心度的计算公式为：

---

① 根据新公司法第 265 条第（1）项，高级管理人员是指公司的经理、副经理、财务负责人，上市公司董事会秘书和公司章程规定的其他人员。

$$nBetweenness_i = \sum_i g_{jk}(n_i)/g_{jk} \qquad (6\text{-}5)$$

其中，g_{jk} 表示连接上市公司 i 和上市公司 j 的最短路径的数量；$g_{jk}(n_i)$ 表示所有连接上市公司 i 和上市公司 j 的最短路径的数量中经过当前公司的路径数量。因此，中介中心度衡量的是在整个网络中，本公司扮演不可替代的中介角色的程度。关于最短路径的概念举例如下：A 公司和 B 公司之间没有共享的高级管理者，但是可以有几条线路通过间接的高级管理者连锁获得连接：路径 1 是 A—C—B，路径 2 是 A—D—E—B，路径 3 是 A—F—B，路径 4 是 A—F—E—B。这当中，路径 1 和路径 3 经过一个节点，路径 2 和路径 4 经过两个节点。因此，路径 1 和路径 3 是 A 公司和 B 公司之间的最短路径，其中一条路径通过 C 公司，因此 C 公司扮演 AB 公司连接中的桥梁角色的概率是 1/2，加总 C 公司在所有其他两两公司之间的桥梁的角色的概率就得到了 C 公司在网络中的桥梁的角色，即中介中心度。具有高度中介中心度的公司被认为通过在网络中扮演重要的中间角色而具有控制能力，能够控制别人意味着它们拥有更多的机会获取更多的信息和资源，并取得更大的成功。

Bonacich（1987）提出了特征向量中心度的概念：

$$nEigenvector_i = \frac{1}{\lambda} \sum_j A_{ij}e_j \qquad (6\text{-}6)$$

其中，A_{ij} 表示邻接矩阵，e_j 表示邻接矩阵的特征向量，λ 表示相应的最大特征值，特征向量中心度衡量与公司直接相连的那些公司的总体网络地位。当公司与位于网络核心的公司直接相连时本公司的中心度更高，当公司与位于网络边缘的公司相连本公司的中心度更低。举例说明：A 公司和 B 公司在同一个连锁网络中，A 公司只有一位连锁高级管理者，在 C 公司任职，并且 C 公司没有任何高级管理者在外兼职；与 A 公司类似，B 公司只有一位连锁高级管理者，在 D 公司任职，但 D 公司的高级管理者分别在 7 家公司任职。在这个案例模型中，A 公司和 B 公司都只有一个直接相连的公司，人力资本是相同的，但相连的对象不同。B 公司的对象 D 公司比 A 公司的对象 C 拥有更高的网络地位和更多的网络资源，因此在这个案例中，B公司比A公司的网络地位更高，获得的资源也会更多。

由于点度中心度、中介中心度和特征向量中心度之间高度相关，参考El-Khatib等（2015）的做法，我们采用主成分分析法，提取最大公因子，构建了综合中心度指标来研究高级管理者连锁网络中心度对信用债券契约的影响。并且由于每年网络大小不完全相同，不同年度之间的网络中心度直接混为一谈有规模上的干扰。为了使不同年度的网络中心度之间具有可比性，本书参考Fogel等（2018）的做法，并将每年的中心度数据除以当年最大值作为标准化的手段（Composite）。

6.2.3　控制变量

参考林晚发等（2019）、徐思等（2022）的文献，本书将控制变量分为两类：第一类是公司财务特征变量，包括公司规模（Size）、公司资产负债率（Lev）、资产收益率（Roa）、营业收入增长率（Growth）、市账率（Mtb）、有形资产比率（Tangible）；第二类是公司治理特征变量，包括董事会规模（Boardsize）、独立董事占比（Inde_board）、第一大股东持股比例（Top1）、审计质量（Big4）。此外，本书还通过引入年度、行业、债券类别虚拟变量以分别控制年度（Year）、行业（Industry）、债券类别（Type）的相关影响（见表6-1）。

表6-1　研究变量定义

变量类型	变量名称	变量符号	变量定义
被解释变量	债券信用利差	Spreads	信用债券发行利率减去同期可比国债收益率之间的百分点差额
	债券金额	Amount	信用债券发行金额（以亿元为单位）
	债券契约特殊性条款	Covenants	募集说明书中特殊条款个数总和
解释变量	社会资本	NrmDegree	点度中心度
		nBetweenness	中介中心度
		nEigenvec	特征向量中心度
		Composite	用主成分分析法，提取最大公因子，构建了综合中心度

续表

变量类型	变量名称	变量符号	变量定义
中介变量	信息不对称	IA	深沪交易所披露的上市公司信息披露评级，其中 A＝4，B＝3，C＝2，D＝1
	公司治理	CorpGov	基于主成分分析法构建公司治理水平综合指标
控制变量	公司规模	Size	公司员工人数的自然对数
	资产负债率	Lev	总负债/总资产
	资产收益率	Roa	净利润/总资产
	营业收入增长率	Growth	本期营业收入与上一期营业收入的差值除以上一期营业收入
	市账率	Mtb	总市值与总资产的比值
	有形资产比率	Tang	固定资产/总资产
	董事会规模	Boardsize	董事会人数的自然对数
	独立董事占比	Inde_board	独立董事总数/董事会成员总数
	第一大股东持股比例	Top1	大股东持股数/总股数
	审计质量	Big4	当审计单位为国际四大事务所时取值为1，否则为0
	年份	Year	年份虚拟变量
	行业	Industry	行业虚拟变量
	信用债券类别	Type	信用债券类别虚拟变量①

6.2.4 实证模型的设计

为了实证检验社会资本如何影响信用债券发行利差，我们构建如下实证检验模型：

$$\text{Spreads}_{it} = \beta_0 + \beta_1 \text{Network}_{it} + \sum_{j=1}^{9} \beta_{1+j} \text{ControlVAR}_{it} + \text{Year fixed effects} + \text{Industry fixed effects} + \text{Type fixed effects} + \varepsilon_{it}$$

(6-7)

---

① 信用债券主要分为公司债券、企业债券、中期票据和短期融资债券四类。

为了实证检验社会资本如何影响信用债券发行金额，我们构建如下实证检验模型：

$$Amount_{it} = \beta_0 + \beta_1 Network_{it} + \sum_{j=1}^{9} \beta_{1+j} ControlVAR_{it} + Year\ fixed$$
$$effects + Industry\ fixed\ effects + Type\ fixed\ effects + \varepsilon_{it}$$

$$(6-8)$$

为了实证检验社会资本如何影响信用债券契约特殊性条款，我们构建如下实证检验模型：

$$Covenants_{it} = \beta_0 + \beta_1 Network_{it} + \sum_{j=1}^{9} \beta_{1+j} ControlVAR_{it} + Year\ fixed$$
$$effects + Industry\ fixed\ effects + Type\ fixed\ effects + \varepsilon_{it}$$

$$(6-9)$$

其中，Spreads 表示信用债券发行利差，Amount 表示信用债券发行金额，Covenants 表示信用债券契约特殊性条款。解释变量 Network 表示社会资本中的社会网络结构，包含点度中心度（NrmDegree）、中介中心度（nBetweenness）、特征向量中心度（nEigenvec）和综合中心度（Composite）。β 表示回归系数，ε 表示随机误差项。ControlVAR 表示控制变量，相关变量定义见研究变量定义如表6-1所示。同时，为避免异常值影响，本书对连续变量进行了上下 1% 的 Winsorize 处理。为避免行业、年度和债券类别异质性的影响，本书还控制了行业（Industry）、年度（Year）和信用债券类别（Type）固定效应。

6.3　描述性统计及相关性统计

6.3.1　描述性统计

表6-2为主要回归变量的描述性统计分析，为了控制离群值的影响，

本书对所有连续变量进行了上下 1% 水平的 Winsorize 处理。解释变量包括高级管理者连锁网络的四个中心度变量。从被解释变量数值分布情况来看，债券信用利差（Spreads）的平均值（中位数）为 1.329%（1.209%），标准差为 1.384%，最小值为 −1.868%，最大值为 6.541%，波动幅度较大，这表明不同信用债券之间的信用利差存在较大的差异，这可能与不同信用债券的风险有关。信用债券金额（Amount）的平均值为 12.703 亿元，标准差为 12.582，最小值为 1 亿元，最大值为 80 亿元，表明不同信用债券的发行金额也存在较大的差异，可能与信用债券发行方的规模和融资结构有关。信用债券契约特殊性条款（Covenants）的平均值为 0.581，标准差为 1.057，表明大部分信用债券发行都包含了一些特殊性条款，但具体的条款数量和种类存在较大的差异。特殊性条款的最小值为 0.000，最大值为 10.000，信用债券契约特殊性条款数量存在较大的差异。从解释变量数值分布情况来看，社会网络（Composite）的平均值（中位数）为 2.113（0.642），最小值为 0.000，最大值为 24.063，存在较大的差异，不同公司的高级管理者在社会网络中的位置和影响力存在较大的差异，这些差异与公司高级管理者个人的就职背景、学术背景等有关。从控制变量来看，公司规模（Size）的均值为 9.315，资产负债率（Lev）的均值为 0.604，说明样本公司中总资产的平均 60.4% 来源于公司负债。资产收益率（Roa）、营业收入增长率（Growth）、市账率（Mtb）和有形资产占总资产的比率（Tang）的平均值分别为 0.035、0.149、0.781 和 0.289。董事会规模（Boardsize）的均值为 9.647。独立董事占比（Inde_board）约为 38.4%、第一大股东持股比例（Top1）约为 39.4%，审计质量（Big4）的均值为 0.306，说明样本中有 30.6% 的公司债券是由四大会计师事务所审计的上市公司发行的。

表 6-2　描述性统计

变量	N	Mean	Sd	Min	25%	50%	75%	Max
Spreads	7978	1.329	1.384	−1.868	0.313	1.209	2.143	6.541

续表

变量	N	Mean	Sd	Min	25%	50%	75%	Max
Amount	7978	12.703	12.582	1.000	5.000	10.000	16.000	80.000
Covenants	7978	0.581	1.057	0.000	0.000	0.000	1.000	10.000
NrmDegree	7978	0.266	0.164	0.000	0.141	0.244	0.363	0.716
nBetweenness	7978	0.276	0.313	0.000	0.045	0.177	0.405	1.688
nEigenvec	7978	2.098	3.915	0.000	0.192	0.626	2.091	23.959
Composite	7978	2.113	3.924	0.000	0.201	0.642	2.103	24.063
Size	7978	9.315	1.462	5.533	8.327	9.177	10.242	12.825
Lev	7978	0.604	0.144	0.232	0.505	0.621	0.716	0.862
Roa	7978	0.035	0.030	−0.043	0.016	0.028	0.047	0.126
Growth	7978	0.149	0.264	−0.457	0.015	0.110	0.240	1.393
Mtb	7978	0.781	0.785	0.109	0.256	0.493	1.001	4.020
Tang	7978	0.289	0.220	0.002	0.083	0.255	0.466	0.715
Boardsize	7978	9.647	2.217	6.000	8.000	9.000	11.000	15.000
Inde_board	7978	0.384	0.067	0.308	0.333	0.364	0.429	0.571
Top1	7978	0.394	0.157	0.102	0.269	0.388	0.507	0.747
Big4	7978	0.306	0.461	0.000	0.000	0.000	1.000	1.000

6.3.2　相关性统计

表 6-3 呈现了各个变量之间的 Person 相关性检验结果。首先，被解释变量债券信用利差（Spreads）与解释变量社会资本中的社会网络 Nrm-Degree、nBetweenness、nEigenvec 和 Composite 均在 1% 的置信水平上显著负相关，系数分别是 -0.119、-0.160、-0.220 和 -0.220，这初步验证了社会资本对债券信用利差有显著的积极影响：社会资本越丰富，债券信用利差越低，说明社会资本有效减缓了金融摩擦，并在高社会资本环境中，通过严格的社会规范和惩罚机制，遏制了不当行为的发生，增强了对债券投资者利益保护，提高了债券投资者的信息，进而降低债券信用利差。其次，被解释变量债券金额（Amount）与解释变量社会资本的社会网络

表6-3 相关性分析

变量	Spreads	Amount	Covenants	NrmDegree	nBetweenness	nEigenvec	Composite	Size	Lev	Roa	Growth	Mtb	Tang	Boardsize	Inde_board	Top1	Big4
Spreads	1.000																
Amount	-0.285***	1.000															
Covenants	0.294***	-0.106***	1.000														
NrmDegree	-0.119***	0.083***	-0.098***	1.000													
nBetweenness	-0.160***	0.131***	-0.100***	0.867***	1.000												
nEigenvec	-0.220***	0.152***	-0.041	0.541***	0.489***	1.000											
Composite	-0.220***	0.152***	-0.042**	0.543***	0.492***	1.000***	1.000										
Size	-0.340***	0.542***	-0.069***	-0.006	0.035***	0.089***	0.088***	1.000									
Lev	-0.002	0.121***	0.130***	0.044***	0.023**	0.034***	0.034***	0.287***	1.000								
Roa	-0.049***	-0.053***	-0.079***	0.010	0.024**	-0.012	-0.012	-0.125***	-0.555***	1.000							
Growth	0.208***	-0.104***	0.091***	-0.034***	-0.041***	-0.089***	-0.088***	-0.094***	0.038***	0.187***	1.000						
Mtb	0.151***	-0.214***	-0.070***	0.137***	-0.131***	-0.138***	-0.138***	-0.256***	-0.552***	0.560***	0.135***	1.000					
Tang	-0.183***	0.178***	-0.196***	0.078***	0.136***	0.049***	0.050***	0.114***	-0.022	-0.038	-0.096***	-0.076***	1.000				
Boardsize	-0.118***	0.173***	-0.121***	0.270***	0.306***	0.055***	0.056***	0.025**	0.024	0.061***	-0.043***	-0.076***	0.340***	1.000			
Inde_board	-0.148***	0.163***	-0.028	-0.063***	-0.072***	0.137***	0.136***	0.295***	0.129***	-0.110***	-0.066***	-0.123***	-0.086***	-0.407***	1.000		
Top1	-0.176***	0.339***	-0.084***	0.000	0.009	0.022**	0.022	0.152***	-0.024*	0.014	-0.045***	-0.130***	0.077***	0.069***	0.136***	1.000	
Big4	-0.330***	0.389***	-0.084***	0.137***	0.176***	0.173***	0.173***	0.483***	0.093***	-0.058***	-0.128***	-0.203***	0.046***	0.009	0.246***	0.218***	1.000

注：***、**和*分别表示在1%、5%和10%的水平上显著。

NrmDegree、nBetweenness、nEigenvec 和 Composite 均在 1% 的置信水平上呈显著正相关关系，这表明社会网络对信用债券发行金额有显著的积极影响：社会资本越富，信用债券发行规模越大，说明社会资本通过增强信任度、降低信息和代理问题、提升市场声誉和增强抗风险能力等多种途径，显著提高了信用债券发行金额。此外，被解释变量信用债券契约特殊性条款（Covenants）与解释变量社会资本中的社会网络 NrmDegree、nBetweenness、nEigenvec 和 Composite 均在 1% 的置信水平上呈显著负相关关系，这表明社会网络对信用债券契约特殊性条款有显著的影响：社会资本越丰富，信用债券契约特殊性条款数量越少，说明社会资本在信用债券契约特殊性条款设计中起着关键性作用，随着社会资本越高，金融摩擦越少，投资者对债券发行人的信任度越高，投资者信心越足，从而减少了对信用债券契约特殊性条款的依赖。综合中心度与其他三类中心度的相关系数分别为 0.543、0.492 和 1.000，且全在 1% 的置信水平上显著，说明各中心度之间的相关性很强，在同一个模型中，可能会引起严重的多重共线性问题，因此在下面的回归分析中，每个中心度都单独列在不同模型中。

6.4　实证结果分析

6.4.1　单变量检验

首先，本章以 Composite 的中位数为临界值进行分组，大于等于中位数的样本为高中心度组，小于中位数的样本为低中心度组。然后，在高低中心度两组间对债券契约进行均值 T 检验。

表 6-4 报告了社会资本的网络中心度与信用债券契约的单变量分析。

表 6-4　单变量检验结果

变量	低中心度	均值	高中心度	均值	差异
Spreads	3970	1.560	4008	1.101	0.459***
Amount	3970	10.634	4008	14.753	-4.119***
Covenants	3970	0.674	4008	0.489	0.185***
Size	3970	9.231	4008	9.399	-0.168***
Lev	3970	0.592	4008	0.615	-0.023***
Roa	3970	0.036	4008	0.034	0.003***
Growth	3970	0.165	4008	0.133	0.032***
Mtb	3970	0.908	4008	0.656	0.251***
Tang	3970	0.284	4008	0.294	-0.010**
Boardsize	3970	9.325	4008	9.965	-0.640***
Inde_board	3970	0.382	4008	0.386	-0.004***
Top1	3970	0.374	4008	0.413	-0.039***
Big4	3970	0.208	4008	0.404	-0.197***

由表 6-4 可知，中心度低的组的债券发行信用利差的均值在 1% 的置信水平上显著高于中心度高的组，信用债券发行规模均值在 1% 的置信水平上显著低于中心度高的组，信用债券契约特殊性条款数量的均值在 1% 的置信水平上显著高于中心度高的组。单变量检验的结果表明高级管理者连锁网络中心度的提高有助于降低债券发行的成本、提高债券发行规模和减少债券契约特殊性条款设置，初步验证了本书提出的假设：社会资本越丰富，公司越容易获得宽松的信用债券契约条款，说明在高社会资本环境下，企业通过广泛的社会关系网络，缓解了金融摩擦，增强了投资者的信任感和信心，因此更愿意接受宽松的信用债券契约条款。

在控制变量中，高中心度样本的公司规模相对较大，资产负债率、有形资产比率、董事会规模、独立董事占比、第一大股东持股比例、审计质量较高，但高中心度组别的资产收益率、营业收入增长率、市账率相对低中心度组较低。

6.4.2   多元回归分析

本书采用控制行业和年度固定效应模型来分析社会资本与信用债券契约之间的关系。表 6-5 报告了社会资本中的社会关系网络与信用债券融资成本之间关系的多元回归结果。

表 6-5   高级管理者连锁网络与债券信用利差的基本回归

变量	(1)	(2)	(3)	(4)
	Spreads	Spreads	Spreads	Spreads
NrmDegree	-0.504 *** (-7.857)	—	—	—
nBetweenness	—	-0.207 *** (-6.667)	—	—
nEigenvec	—	—	-0.024 *** (-10.913)	—
Composite	—	—	—	-0.023 *** (-10.920)
Size	-0.154 *** (-15.293)	-0.153 *** (-15.078)	-0.153 *** (-15.205)	-0.153 *** (-15.203)
Lev	0.677 *** (6.623)	0.666 *** (6.480)	0.688 *** (6.778)	0.688 *** (6.777)
Roa	-4.710 *** (-11.031)	-4.789 *** (-11.224)	-4.795 *** (-11.222)	-4.794 *** (-11.221)
Growth	0.181 *** (3.947)	0.182 *** (3.957)	0.166 *** (3.617)	0.166 *** (3.617)
Mtb	0.035 * (1.924)	0.042 ** (2.274)	0.044 ** (2.431)	0.044 ** (2.428)
Tang	-0.333 *** (-5.813)	-0.322 *** (-5.611)	-0.317 *** (-5.527)	-0.317 *** (-5.529)
Boardsize	-0.011 ** (-2.018)	-0.013 ** (-2.398)	-0.017 *** (-3.351)	-0.017 *** (-3.344)
Inde_ board	-0.689 *** (-4.103)	-0.708 *** (-4.201)	-0.575 *** (-3.430)	-0.575 *** (-3.431)

续表

变量	（1）	（2）	（3）	（4）
	Spreads	Spreads	Spreads	Spreads
Top1	−0.955***	−0.953***	−0.946***	−0.946***
	(−12.895)	(−12.882)	(−12.886)	(−12.888)
Big4	−0.281***	−0.281***	−0.287***	−0.287***
	(−12.040)	(−11.962)	(−12.470)	(−12.466)
常数项	4.609***	4.550***	4.734***	4.734***
	(9.703)	(9.967)	(10.061)	(10.062)
Year	Yes	Yes	Yes	Yes
Industry	Yes	Yes	Yes	Yes
Type	Yes	Yes	Yes	Yes
样本量	7978	7978	7978	7978
Adj R^2	0.635	0.634	0.636	0.636

注：***、**和*分别表示在1%、5%和10%的水平上显著；系数下面的数值为T统计量。

表6-5中列（1）报告了社会资本中的社会网络程度中心度（NrmDegree）对债券信用利差的影响。回归结果显示，NrmDegree 的系数为−0.504，且在1%的置信水平上显著。这表明社会网络程度中心度越高，债券信用利差越低。列（2）报告了社会网络的中介中心度（nBetweenness）对债券信用利差的影响。回归结果显示，nBetweenness 的系数为−0.207，且在1%的置信水平上显著。这说明高的社会网络中介中心度会降低债券信用利差。列（3）报告了社会网络的特征向量中心度（nEigenvec）对债券信用利差的影响。回归结果显示，nEigenvec 的系数为−0.024，且在1%的置信水平上显著。这说明社会网络特征向量中心度越高，债券信用利差越低。列（4）报告了综合社会网络指标（Composite）对债券信用利差的影响。结果显示，Composite 的系数为−0.023，且在1%的置信水平上显著。这说明综合社会网络指标越高，债券信用利差越低。总的说来，这些估计结果验证了本书提出的研究假设：社会资本越丰富，债券信用利差越低，说明债券投资者认为社会资本能够

在债券契约中对道德风险施加环境压力，债券投资者在为社会资本丰富的公司提供资金时会要求较低的利率。在中国的社会文化背景下，高级管理者的社会关系网络在债券契约定价中扮演着重要角色，特别是在信息披露机制不完善的情况下，社会资本可以有效地传递信息，减缓代理问题，减少债券投资者对其信用风险的担忧，从而降低债券投资者要求的债券信用利差。

此外，资产负债率（Lev）较高、市账率（Mtb）较高、营业收入增长率（Growth）较高的公司，债券信用利差较高；资产收益率（Roa）较高、有形资产比率（Tang）较高的公司，债券信用利差较低。Big4 的系数显著为负，说明相较于非四大会计师事务所审计的公司，债券投资者更认可被四大会计师事务所审计的公司，因此由四大会计师事务所审计的公司的债券信用利差更低。

表 6-6 报告了社会资本中的社会关系网络与信用债券发行规模之间关系的多元回归结果。

表 6-6　高级管理者连锁网络与信用债发行规模的基本回归

变量	(1) Amount	(2) Amount	(3) Amount	(4) Amount
NrmDegree	1.084 *** (1.469)	—	—	—
nBetweenness	—	1.310 *** (3.154)	—	—
nEigenvec	—	—	0.293 *** (9.375)	—
Composite	—	—	—	0.292 *** (9.366)
Size	4.249 *** (36.520)	4.234 *** (36.324)	4.216 *** (36.495)	4.216 *** (36.492)
Lev	-7.693 *** (-6.963)	-7.493 *** (-6.774)	-7.515 *** (-6.818)	-7.513 *** (-6.816)

续表

变量	(1) Amount	(2) Amount	(3) Amount	(4) Amount
Roa	6.645 (1.312)	6.254 (1.238)	5.500 (1.094)	5.496 (1.093)
Growth	-1.341*** (-3.331)	-1.345*** (-3.356)	-1.151*** (-2.885)	-1.151*** (-2.886)
Mtb	-0.987*** (-5.214)	-0.957*** (-5.064)	-0.925*** (-4.969)	-0.924*** (-4.966)
Tang	2.624*** (4.065)	2.649*** (4.113)	2.662*** (4.159)	2.664*** (4.161)
Boardsize	0.477*** (7.543)	0.449*** (7.126)	0.455*** (7.400)	0.455*** (7.394)
Inde_board	11.561*** (5.762)	11.487*** (5.733)	9.666*** (4.751)	9.671*** (4.754)
Top1	11.537*** (15.306)	11.694*** (15.594)	11.847*** (15.675)	11.850*** (15.679)
Big4	2.621*** (9.015)	2.527*** (8.671)	2.465*** (8.565)	2.465*** (8.562)
常数项	-42.091*** (-14.319)	-41.877*** (-14.466)	-38.521*** (-12.649)	-38.522*** (-12.650)
Year	Yes	Yes	Yes	Yes
Industry	Yes	Yes	Yes	Yes
Type	Yes	Yes	Yes	Yes
样本量	7978	7978	7978	7978
Adj R^2	0.470	0.471	0.477	0.477

注：***、**和*分别表示在1%、5%和10%的水平上显著；系数下面的数值为 T 统计量。

表6-6中列（1）报告了社会资本中的社会网络程度中心度（NrmDegree）对信用债券发行规模的影响。回归结果显示，NrmDegree 的系数为1.084，且在1%的置信水平上显著。这表明高的社会网络程度中心度会提高信用债券发行规模。列（2）报告了社会网络的中介中心度（nBetweenness）对信用债券发行规模的影响。回归结果显示，nBetweenness 的系数为 1.310，且在 1%的置信水平上显著。这说明高的社会网络中介中心度会提高信用债券发行规模。列（3）报告了社会网络的特征向量中心度（nEigenvec）对信用债券发行规模的影响。回归结果显示，nEigenvec 的系数为 0.293，且在 1%的置信水平上显著。这说明社会网络特征向量中心度越高，信用债券发行规模越大。列（4）报告了综合社会网络指标（Composite）对信用债券发行规模的影响。回归结果显示，Composite 的系数为 0.292，且在 1%的置信水平上显著。这说明综合社会网络指标越高，信用债券发行越大。总体而言，这些估计结果验证了本书提出的研究假设：社会资本越丰富，信用债券发行规模越大，说明社会资本能够有效地促进信任，提高债券发行人声誉，并提供了一种非正式保险机制，社会资本不仅降低了信息不对称，还缓解代理冲突，进而促进信用债券发行规模。中国社会是一个关系型社会，高级管理者的社会关系网络在公司融资活动中扮演着重要角色，通过利用其广泛的社会关系网络，能帮助公司获得更多的融资资源，并在债券市场上募集到更多的资金。

此外，资产负债率（Lev）较高、市账率（Mtb）较高、营业收入增长率（Growth）较高的公司，信用债券发行金额较低；资产收益率（Roa）较高、有形资产比率（Tang）较高的公司，信用债券发行金额较高。审计质量（Big4）的系数显著为正，说明相较于非四大会计师事务所审计的公司，债券投资者更加认可被四大会计师事务所审计的公司。

表 6-7 报告了社会资本中的社会关系网络与信用债券契约特殊性条款之间关系的多元回归结果。

表 6-7　高级管理者连锁网络与信用债特殊性条款的基本回归

变量	（1）	（2）	（3）	（4）
	Covenants	Covenants	Covenants	Covenants
NrmDegree	−0.134** （−2.010）	—	—	—

续表

变量	(1)	(2)	(3)	(4)
	Covenants	Covenants	Covenants	Covenants
nBetweenness	—	−0.125*** (−3.691)	—	—
nEigenvec	—	—	−0.009*** (−3.421)	—
Composite	—	—	—	−0.009*** (−3.418)
Size	−0.061*** (−5.415)	−0.060*** (−5.310)	−0.060*** (−5.374)	−0.066*** (−5.580)
Lev	0.846*** (8.080)	0.829*** (7.929)	0.847*** (8.110)	0.886*** (8.101)
Roa	−0.964** (−2.185)	−0.940** (−2.126)	−0.972** (−2.199)	−1.049** (−2.206)
Growth	0.107** (2.433)	0.108** (2.445)	0.102** (2.294)	0.110** (2.387)
Mtb	0.017 (1.042)	0.015 (0.930)	0.018 (1.143)	0.019 (1.135)
Tang	−0.223*** (−3.836)	−0.224*** (−3.850)	−0.220*** (−3.771)	−0.240*** (−3.922)
Boardsize	−0.019*** (−3.721)	−0.017*** (−3.327)	−0.021*** (−4.097)	−0.201*** (−3.697)
Inde_board	−0.874*** (−5.141)	−0.870*** (−5.128)	−0.827*** (−4.853)	−0.877*** (−4.839)
Top1	−0.409*** (−5.539)	−0.421*** (−5.708)	−0.410*** (−5.557)	−0.437*** (−5.616)
Big4	−0.006 (−0.229)	0.001 (0.049)	−0.006 (−0.222)	0.005 (0.168)
常数项	0.681*** (4.437)	0.658*** (4.309)	1.280*** (8.192)	2.301*** (8.550)
Year	Yes	Yes	Yes	Yes
Industry	Yes	Yes	Yes	Yes
Type	Yes	Yes	Yes	Yes
样本量	7978	7978	7978	7571

续表

变量	（1）	（2）	（3）	（4）
	Covenants	Covenants	Covenants	Covenants
Adj R^2	0.332	0.333	0.333	0.329

注：＊＊＊、＊＊和＊分别表示在 1%、5% 和 10% 的水平上显著；系数下面的数值为 T 统计量。

表 6-7 中列（1）报告了社会资本中的社会网络程度中心度（NrmDegree）对信用债券契约特殊性条款的影响。回归结果显示，NrmDegree 的系数为 -0.134，且在 5% 的置信水平上显著。这表明社会网络程度中心度越高，信用债券契约特殊性条款越少。列（2）报告了社会网络的中介中心度（nBetweenness）对信用债券契约特殊性条款的影响。回归结果显示，nBetweenness 的系数为 -0.125，且在 1% 的置信水平上显著。这说明高的社会网络中介中心度会降低债券契约特殊性条款数量。列（3）报告了社会网络的特征向量中心度（nEigenvec）对信用债券契约特殊性条款的影响。回归结果显示，nEigenvec 的系数为 -0.009，且在 1% 的置信水平上显著。这说明社会网络特征向量中心度越高，信用债券契约特殊性条款越少。列（4）报告了综合社会网络指标（Composite）对信用债券契约特殊性条款的影响。回归结果显示，Composite 的系数为 -0.009，且在 1% 的置信水平上显著。这说明综合社会网络指标越高，信用债券契约特殊性条款越少。总体而言，这些估计结果验证了本书提出的研究假设：社会资本越丰富，信用债券契约特殊性条款越少，说明社会资本对信用债券契约特殊性条款产生积极的影响，社会网络中心越高，金融摩擦越少，债券投资者对公司的信任度越高，从而减少了对严格监督和控制的需求，进而减少了信用债券契约特殊性条款数量。中国社会是一个典型的关系型社会，比较重视非正式制度的潜在规则，因此会在一定程度上忽视理性的正式机制。在中国，高级管理者的社会资本作为缓解金融摩擦的一种重要的非正式机制对信用债券契约特殊性条款产生积极的作用。

此外，资产负债率（Lev）较高、市账率（Mtb）较高、营业收入增长率（Growth）较高的公司，信用债券契约特殊性条款较多；资产收益率（Roa）较高、有形资产比率（Tang）较高的公司，信用债券契约特殊性条款较少。审计质量（Big4）的系数显著为负，说明相较于非四大会计师事务所审计的公司，债券投资者更认可被四大会计师事务所审计的公司，因此此类公司的信用债券契约特殊性条款较少。

6.4.3 内生性检验

6.4.3.1 倾向得分匹配法

为处理因遗漏变量产生的内生性问题，本书采用倾向得分匹配法（PSM）进行内生性检验。首先，按照企业 Composite 中位数将样本分为实验组和对照组。随后，将实验组和对照组的样本按照控制变量进行卡尺内"1 对 1"无放回匹配，卡尺范围设定为 0.001，最终得到 2028 个实验组和对照组。在 PSM 的第一阶段的 Probit 回归中，解释变量为年度和行业以及一系列公司特征的变量。根据第一阶段获得的倾向得分值进行 1：1 的最近邻匹配。然后，基于匹配后的样本对模型（1）至模型（3）进行多元回归分析。结果报告如表 6-8 至表 6-10 所示。

表 6-8 报告了高级管理者的连锁网络与信用债融资成本的 PSM 回归结果。列（1）检验了社会资本中的社会网络程度中心度（NrmDegree）对债券信用利差的影响。结果显示，NrmDegree 的系数为-0.696，且在 1% 的置信水平上显著，表明社会网络程度中心度越高，债券信用利差越低。列（2）检验了社会网络的中介中心度（nBetweenness）对债券信用利差的影响。结果显示，NrmDegree 的系数为-0.329，且在 1% 的置信水平上显著，表明高的社会网络中介中心度会降低债券信用利差；列（3）检验了社会网络特征向量中心度（nEigenvec）对债券信用利差的影响。结果显示，nEigenvec 的系数为-0.027，且在 1% 的置信水平上显著，表明社会网络特征向量中心度越高，债券信用利差越低。列（4）检验了综合社会网络指标（Composite）对债券信用利差的影响。结果显示，Composite 的系数为-0.027，在 1% 的置信水平上显著，表明综合社会网络指标的提升会降低

债券信用利差。总的说来，PSM 回归结果与主回归基本一致，研究结论没有发生实质性变化。

表 6-8　高级管理者连锁网络与债券信用利差的 PSM 回归

变量	(1) Spreads	(2) Spreads	(3) Spreads	(4) Spreads
NrmDegree	-0.696*** (-7.545)	—	—	—
nBetweenness	—	-0.329*** (-6.790)	—	—
nEigenvec	—	—	-0.027*** (-7.840)	—
Composite	—	—	—	-0.027*** (-7.854)
Size	-0.118*** (-8.139)	-0.116*** (-7.975)	-0.118*** (-8.086)	-0.118*** (-8.085)
Lev	0.967*** (6.592)	0.958*** (6.504)	0.952*** (6.490)	0.952*** (6.489)
Roa	-3.874*** (-6.670)	-3.903*** (-6.718)	-3.969*** (-6.822)	-3.968*** (-6.820)
Growth	0.124** (2.063)	0.124** (2.046)	0.109* (1.797)	0.109* (1.797)
Mtb	0.107*** (4.089)	0.110*** (4.191)	0.112*** (4.343)	0.112*** (4.341)
Tang	-0.233** (-2.537)	-0.224** (-2.433)	-0.229** (-2.487)	-0.230** (-2.488)
Boardsize	-0.006 (-0.807)	-0.008 (-1.004)	-0.013* (-1.796)	-0.013* (-1.792)
Inde_board	-0.856*** (-3.366)	-0.877*** (-3.443)	-0.741*** (-2.910)	-0.741*** (-2.910)
Top1	-1.015*** (-10.124)	-1.020*** (-10.174)	-0.975*** (-9.834)	-0.975*** (-9.837)
Big4	-0.316*** (-9.119)	-0.312*** (-8.980)	-0.310*** (-8.915)	-0.310*** (-8.915)

续表

变量	(1)	(2)	(3)	(4)
	Spreads	Spreads	Spreads	Spreads
常数项	4.317*** (11.724)	4.241*** (11.906)	4.239*** (11.123)	4.240*** (11.127)
Year	Yes	Yes	Yes	Yes
Industry	Yes	Yes	Yes	Yes
Type	Yes	Yes	Yes	Yes
样本量	4056	4056	4056	4056
Adj R^2	0.569	0.567	0.568	0.568

注：***、**和*分别表示在1%、5%和10%的水平上显著；系数下面的数值为T统计量。

表6-9报告了高级管理者的连锁网络与信用债券发行规模的PSM回归结果。列（1）检验了社会网络程度中心度（NrmDegree）对信用债券发行规模的影响。结果显示，NrmDegree的系数为2.692，且在1%的置信水平上显著，表明社会网络程度中心度越高，信用债券发行规模越大。列（2）检验了社会网络的中介中心度（nBetweenness）对信用债券发行规模的影响。结果显示，NrmDegree的系数为1.725，且在1%的置信水平上显著，表明社会网络中介中心度越高，信用债券发行规模越大。列（3）检验了社会网络特征向量中心度（nEigenvec）对信用债券发行规模的影响。结果显示，nEigenvec的系数为0.268，且在1%的置信水平上显著，表明社会网络特征向量中心度的提升会提高信用债券发行规模。列（4）检验了综合社会网络指标（Composite）对信用债券发行规模的影响。结果显示，Composite的系数为0.268，且在1%的置信水平上显著，表明综合社会网络指标越高，信用债券发行规模越大。总的说来，PSM回归结果与主回归基本一致，研究结论没有发生实质性变化。

表6-9 高级管理者连锁网络与信用债券发行规模 PSM 回归

变量	（1）	（2）	（3）	（4）
	Amount	Amount	Amount	Amount
NrmDegree	2.692 ***	—	—	—
	(2.639)			
nBetweenness	—	1.725 ***	—	—
		(2.847)		
nEigenvec	—	—	0.268 ***	—
			(5.345)	
Composite	—	—	—	0.268 ***
				(5.340)
Size	3.855 ***	3.844 ***	3.845 ***	3.845 ***
	(24.262)	(24.220)	(24.315)	(24.314)
Lev	−10.689 ***	−10.579 ***	−10.276 ***	−10.275 ***
	(−7.060)	(−6.988)	(−6.825)	(−6.824)
Roa	7.023	6.710	5.940	5.934
	(0.999)	(0.955)	(0.848)	(0.847)
Growth	−0.348	−0.346	−0.208	−0.209
	(−0.702)	(−0.701)	(−0.421)	(−0.422)
Mtb	−1.923 ***	−1.919 ***	−1.892 ***	−1.891 ***
	(−6.934)	(−6.904)	(−6.947)	(−6.945)
Tang	1.963 **	1.958 **	2.115 **	2.116 **
	(2.143)	(2.139)	(2.315)	(2.316)
Boardsize	0.407 ***	0.403 ***	0.427 ***	0.426 ***
	(4.567)	(4.544)	(4.860)	(4.857)
Inde_board	15.896 ***	15.946 ***	14.498 ***	14.501 ***
	(5.620)	(5.645)	(5.062)	(5.064)
Top1	12.819 ***	12.936 ***	12.813 ***	12.815 ***
	(12.261)	(12.425)	(12.203)	(12.205)
Big4	3.332 ***	3.305 ***	3.250 ***	3.250 ***
	(7.716)	(7.666)	(7.581)	(7.581)
常数项	−33.630 ***	−33.340 ***	−33.340 ***	−33.340 ***
	(−10.635)	(−10.715)	(−10.594)	(−10.596)
Year	Yes	Yes	Yes	Yes
Industry	Yes	Yes	Yes	Yes

续表

变量	(1)	(2)	(3)	(4)
	Amount	Amount	Amount	Amount
Type	Yes	Yes	Yes	Yes
样本量	4056	4056	4056	4056
Adj R^2	0.472	0.472	0.476	0.476

注：＊＊＊、＊＊和＊分别表示在1%、5%和10%的水平上显著；系数下面的数值为T统计量。

表6-10报告了高级管理者的连锁网络与信用债券契约特殊性条款的PSM回归结果。列（1）检验了社会网络程度中心度（NrmDegree）对信用债券契约特殊性条款的影响。结果显示，NrmDegree的系数为-0.309，且在1%的置信水平上显著，表明社会网络程度中心度越高，信用债券契约特殊性条款越少。列（2）检验了社会网络的中介中心度（nBetweenness）对信用债券契约特殊性条款的影响。结果显示，NrmDegree的系数为-0.169，且在1%的置信水平上显著，表明社会网络中介中心度的提升能够有效降低信用债券契约特殊性条款数量。列（3）检验了社会网络特征向量中心度（nEigenvec）对信用债券契约特殊性条款的影响。结果显示，nEigenvec的系数为-0.012，且在5%的置信水平上显著，表明社会网络特征向量中心度越高，信用债券契约特殊性条款越少。列（4）检验了综合社会网络指标（Composite）对信用债券契约特殊性条款的影响。结果显示，Composite的系数为-0.012，且在5%的置信水平上显著，表明综合社会网络指标的提升能够有效降低信用债券契约特殊性条款数量。总的说来，PSM回归结果与主回归基本一致，研究结论没有发生实质性变化。

表6-10　高级管理者连锁网络与信用债特殊性条款 PSM 回归

变量	(1)	(2)	(3)	(4)
	Covenants	Covenants	Covenants	Covenants
NrmDegree	-0.309＊＊＊ (-2.988)	—	—	—

续表

变量	(1) Covenants	(2) Covenants	(3) Covenants	(4) Covenants
nBetweenness	—	−0.169*** (−2.920)	—	—
nEigenvec	—	—	−0.012** (−2.510)	—
Composite	—	—	—	−0.012** (−2.516)
Size	−0.037** (−2.128)	−0.036** (−2.075)	−0.037** (−2.123)	−0.037** (−2.123)
Lev	1.173*** (7.303)	1.165*** (7.265)	1.166*** (7.267)	1.166*** (7.266)
Roa	0.702 (1.085)	0.711 (1.092)	0.659 (1.015)	0.660 (1.015)
Growth	0.010 (0.159)	0.009 (0.155)	0.003 (0.048)	0.003 (0.048)
Mtb	0.082*** (3.262)	0.082*** (3.274)	0.084*** (3.372)	0.084*** (3.371)
Tang	−0.112 (−1.194)	−0.110 (−1.166)	−0.111 (−1.178)	−0.111 (−1.178)
Boardsize	−0.019** (−2.468)	−0.019** (−2.494)	−0.022*** (−2.932)	−0.022*** (−2.931)
Inde_board	−0.412 (−1.565)	−0.420 (−1.596)	−0.361 (−1.362)	−0.361 (−1.362)
Top1	−0.422*** (−3.910)	−0.429*** (−3.989)	−0.404*** (−3.745)	−0.404*** (−3.746)
Big4	−0.035 (−0.865)	−0.032 (−0.804)	−0.032 (−0.795)	−0.032 (−0.795)
常数项	0.572*** (2.665)	0.538** (2.518)	0.537** (2.520)	0.537** (2.520)
Year	Yes	Yes	Yes	Yes
Industry	Yes	Yes	Yes	Yes
Type	Yes	Yes	Yes	Yes
样本量	4056	4056	4056	4056

续表

变量	(1)	(2)	(3)	(4)
	Covenants	Covenants	Covenants	Covenants
Adj R^2	0.337	0.337	0.337	0.337

注：＊＊＊、＊＊和＊分别表示在1%、5%和10%的水平上显著；系数下面的数值为 T 统计量。

6.4.3.2　工具变量法（IV）

为了解决样本自选择和遗漏变量等内生性问题造成的估计偏误，本书构造工具变量，使用两阶段最小二乘回归法（2SLS）对基本假设进行回归。工具变量的选择原则为：与解释变量相关而与被解释变量无关。本书分别选择同年度同行业（IV＿industry）和同年度同省份样本公司 Composite 的平均值（IV＿province）作为社会网络的工具变量。从理论上来说，这两个工具变量与样本社会网络高度相关，满足相关性。同时，这两个工具变量不会直接影响样本的债券契约条款，满足排他性。

表 6-11 列示了第一阶段的回归结果。

表 6-11　第一阶段回归结果

变量	(1)	(2)	(3)	(4)
	NrmDegree	nBetweenness	nEigenvec	Composite
IV＿industry	0.012＊＊＊	0.030＊＊＊	0.714＊＊＊	0.716＊＊＊
	(6.584)	(7.655)	(14.497)	(14.492)
IV＿province	0.016＊＊＊	0.017＊＊＊	0.913＊＊＊	0.914＊＊＊
	(20.671)	(11.187)	(31.735)	(31.692)
Size	0.007＊＊＊	0.018＊＊＊	0.307＊＊＊	0.309＊＊＊
	(4.191)	(5.914)	(9.851)	(9.863)
Lev	−0.061＊＊＊	−0.215＊＊＊	−0.778＊＊	−0.788＊＊
	(−3.625)	(−6.888)	(−2.352)	(−2.378)
Roa	0.409＊＊＊	0.610＊＊＊	4.552＊＊＊	4.580＊＊＊
	(5.576)	(3.948)	(2.729)	(2.738)
Growth	0.005	0.009	−0.274＊	−0.274＊
	(0.699)	(0.704)	(−1.929)	(−1.923)

续表

变量	（1）NrmDegree	（2）nBetweenness	（3）nEigenvec	（4）Composite
Mtb	−0. 031 *** （−10. 299）	−0. 048 *** （−8. 874）	−0. 213 *** （−3. 621）	−0. 215 *** （−3. 653）
Tang	−0. 050 *** （−4. 844）	−0. 055 *** （−2. 962）	−0. 435 ** （−2. 323）	−0. 441 ** （−2. 349）
Boardsize	0. 017 *** （20. 055）	0. 035 *** （19. 235）	0. 034 * （1. 939）	0. 036 ** （2. 023）
Inde_ board	−0. 009 （−0. 335）	0. 015 （0. 300）	1. 142 ** （2. 098）	1. 137 ** （2. 084）
Top1	−0. 092 *** （−8. 026）	−0. 197 *** （−8. 464）	−1. 872 *** （−7. 794）	−1. 886 *** （−7. 827）
Big4	0. 035 *** （8. 447）	0. 100 *** （11. 571）	0. 201 ** （2. 258）	0. 205 ** （2. 296）
常数项	0. 053 （0. 932）	−0. 201 * （−1. 849）	−5. 738 *** （−7. 658）	−5. 745 *** （−7. 661）
Year	Yes	Yes	Yes	Yes
Industry	Yes	Yes	Yes	Yes
Type	Yes	Yes	Yes	Yes
样本量	7978	7978	7978	7978
Adj R^2	0. 279	0. 239	0. 488	0. 487

注： *** 、 ** 和 * 分别表示在 1% 、5% 和 10% 的水平上显著；系数下面的数值为 T 统计量。

在表 6-11 的工具变量法第一阶段中，用两个工具变量分别对网络中心度的四个中心度变量进行回归。结果显示，社会网络的两个工具变量——IV_ industry 和 IV_ province 的系数都在 1% 的置信水平上显著为正，说明工具变量与解释变量显著相关。

表 6-12 报告了高管连锁网络与债券信用利差工具变量法第二阶段的回归的结果，使用工具变量拟合值代替解释变量对债券契约进行回归。

表 6-12 高级管理者连锁网络与债券信用利差工具变量法回归

变量	(1) Spreads	(2) Spreads	(3) Spreads	(4) Spreads
NrmDegree	-3.612*** (-13.051)	—	—	—
nBetweenness	—	-2.506*** (-10.110)	—	—
nEigenvec	—	—	-0.063*** (-14.294)	—
Composite	—	—	—	-0.063*** (-14.289)
Size	-0.143*** (-12.581)	-0.118*** (-9.037)	-0.148*** (-14.607)	-0.148*** (-14.602)
Lev	0.483*** (4.173)	0.197 (1.525)	0.655*** (6.386)	0.654*** (6.381)
Roa	-3.392*** (-6.715)	-3.297*** (-5.620)	-4.576*** (-10.442)	-4.575*** (-10.438)
Growth	0.176*** (3.560)	0.185*** (3.551)	0.140*** (3.074)	0.140*** (3.075)
Mtb	-0.067*** (-2.901)	-0.073*** (-2.859)	0.031* (1.672)	0.031* (1.666)
Tang	-0.480*** (-7.005)	-0.454*** (-6.179)	-0.329*** (-5.629)	-0.329*** (-5.635)
Boardsize	0.050*** (6.506)	0.073*** (6.622)	-0.011** (-2.151)	-0.011** (-2.132)
Inde_board	-0.406** (-2.175)	-0.406** (-1.998)	-0.303* (-1.785)	-0.304* (-1.788)
Top1	-1.213*** (-13.821)	-1.385*** (-13.199)	-1.000*** (-13.443)	-1.001*** (-13.452)
Big4	-0.144*** (-5.070)	-0.031 (-0.754)	-0.259*** (-11.141)	-0.259*** (-11.131)
Year	Yes	Yes	Yes	Yes
Industry	Yes	Yes	Yes	Yes
Type	Yes	Yes	Yes	Yes
样本量	7978	7978	7978	7978

续表

变量	（1） Spreads	（2） Spreads	（3） Spreads	（4） Spreads
Adj R^2	−0.067	−0.314	0.149	0.149

注：＊＊＊、＊＊和＊分别表示在 1%、5% 和 10% 的水平上显著；系数下面的数值为 T 统计量。

表 6－12 中的列（1）检验了社会网络程度中心度拟合值（NrmDegree）对债券信用利差的影响。结果显示，NrmDegree 的系数为 −3.612，且在 1% 的置信水平上显著，表明社会网络程度中心度越高，债券信用利差越低。列（2）检验了社会网络的中介中心度拟合值（nBetweenness）对债券信用利差的影响。结果显示，NrmDegree 的系数为 −2.506，且在 1% 的置信水平上显著，表明高的社会网络中介中心度会降低债券信用利差。列（3）检验了社会网络特征向量中心度拟合值（nEigenvec）对债券信用利差的影响。结果显示，nEigenvec 的系数为 −0.063，且在 1% 的置信水平上显著，表明社会网络特征向量中心度越高，债券信用利差越低。列（4）检验了综合社会网络指标拟合值（Composite）对债券信用利差的影响。结果显示，Composite 的系数为 −0.063，且在 1% 的置信水平上显著为负，表明综合社会网络指标的提升会降低债券信用利差。两阶段最小二乘法（2SLS）的回归结果表明，在控制了潜在的内生性问题后，研究假设依然成立，研究结论没有发生实质性变化。

表 6-13 报告了高级管理者连锁网络与信用债券发债规模工具变量法第二阶段的回归结果。

表 6-13　高级管理者连锁网络与信用债券发债规模工具变量法回归

变量	（1） Amount	（2） Amount	（3） Amount	（4） Amount
NrmDegree	27.955＊＊＊ （10.574）	—	—	—

续表

变量	(1) Amount	(2) Amount	(3) Amount	(4) Amount
nBetweenness	—	19.210*** (8.336)	—	—
nEigenvec	—	—	0.491*** (11.088)	—
Composite	—	—	—	0.490*** (11.085)
Size	4.152*** (32.559)	3.966*** (29.485)	4.191*** (36.366)	4.191*** (36.361)
Lev	-6.016*** (-4.918)	-3.844*** (-2.899)	-7.348*** (-6.639)	-7.344*** (-6.635)
Roa	-4.751 (-0.855)	-5.364 (-0.896)	4.414 (0.876)	4.403 (0.874)
Growth	-1.296*** (-2.919)	-1.371*** (-3.076)	-1.021** (-2.561)	-1.021** (-2.562)
Mtb	-0.102 (-0.449)	-0.061 (-0.249)	-0.859*** (-4.608)	-0.858*** (-4.603)
Tang	3.891*** (5.418)	3.683*** (4.956)	2.722*** (4.245)	2.725*** (4.249)
Boardsize	-0.046 (-0.549)	-0.221** (-2.000)	0.426*** (6.918)	0.425*** (6.905)
Inde_board	9.113*** (4.221)	9.134*** (4.094)	8.317*** (4.040)	8.321*** (4.042)
Top1	13.763*** (15.973)	15.061*** (15.120)	12.118*** (15.955)	12.123*** (15.961)
Big4	1.436*** (4.251)	0.579 (1.395)	2.328*** (8.054)	2.326*** (8.047)
Year	Yes	Yes	Yes	Yes
Industry	Yes	Yes	Yes	Yes
Type	Yes	Yes	Yes	Yes
样本量	7978	7978	7978	7978
Adj R^2	0.235	0.161	0.356	0.356

注: ***、**和*分别表示在1%、5%和10%的水平上显著;系数下面的数值为T统计量。

表 6 - 13 中的列（1）检验了社会网络程度中心度拟合值（NrmDegree）对信用债发行规模的影响。结果显示，NrmDegree 的系数为 27.955，且在 1% 的置信水平上显著，表明社会网络程度中心度越高，信用债发行规模越大。列（2）检验了社会网络的中介中心度拟合值（nBetweenness）对信用债发行规模的影响。结果显示，NrmDegree 的系数为 19.210，且在 1% 的置信水平上显著，表明高的社会网络中介中心度会提高信用债券发行规模。列（3）检验了社会网络特征向量中心度拟合值（nEigenvec）对信用债券发行规模的影响。结果显示，nEigenvec 的系数为 0.491，且在 1% 的置信水平上显著，表明社会网络特征向量中心度越高，信用债券发行规模越大。列（4）检验了综合社会网络指标拟合值（Composite）对信用债发行规模的影响。结果显示，Composite 的系数为 0.490，且在 1% 的置信水平上显著，表明综合社会网络指标越高，信用债券发行规模越大。两阶段最小二乘法（2SLS）的回归结果表明，在控制了潜在的内生性问题后，研究假设仍然成立，研究结论没有发生实质性变化。

表 6-14 报告了高级管理者连锁网络与信用债券契约特殊性条款工具变量法第二阶段的回归的结果。

表 6-14 高级管理者连锁网络与信用债券契约特殊性条款工具变量法回归

变量	(1)	(2)	(3)	(4)
	Covenants	Covenants	Covenants	Covenants
NrmDegree	−1.507*** (−6.025)	—	—	—
nBetweenness	—	−0.933*** (−4.461)	—	—
nEigenvec	—	—	−0.026*** (−6.121)	—
Composite	—	—	—	−0.026*** (−6.118)

续表

变量	（1） Covenants	（2） Covenants	（3） Covenants	（4） Covenants
Size	−0.056 *** （−4.854）	−0.047 *** （−3.954）	−0.058 *** （−5.154）	−0.058 *** （−5.152）
Lev	0.761 *** （7.137）	0.664 *** （5.958）	0.832 *** （7.976）	0.832 *** （7.975）
Roa	−0.381 （−0.833）	−0.415 （−0.877）	−0.876 ** （−1.986）	−0.876 ** （−1.985）
Growth	0.105 ** （2.358）	0.109 ** （2.437）	0.090 ** （2.036）	0.090 ** （2.036）
Mtb	−0.028 （−1.569）	−0.026 （−1.315）	0.012 （0.775）	0.012 （0.772）
Tang	−0.288 *** （−4.836）	−0.271 *** （−4.505）	−0.225 *** （−3.869）	−0.225 *** （−3.871）
Boardsize	0.007 （1.068）	0.013 （1.404）	−0.018 *** （−3.565）	−0.018 *** （−3.558）
Inde_board	−0.749 *** （−4.396）	−0.764 *** （−4.471）	−0.707 *** （−4.204）	−0.707 *** （−4.205）
Top1	−0.522 *** （−6.670）	−0.573 *** （−6.595）	−0.434 *** （−5.889）	−0.434 *** （−5.893）
Big4	0.054 * （1.797）	0.089 ** （2.418）	0.006 （0.224）	0.006 （0.227）
Year	Yes	Yes	Yes	Yes
Industry	Yes	Yes	Yes	Yes
Type	Yes	Yes	Yes	Yes
样本量	7978	7978	7978	7978
Adj R^2	−0.022	−0.035	0.025	0.025

注：***、**和*分别表示在1%、5%和10%的水平上显著；系数下面的数值为T统计量。

表6-14中的列（1）检验了社会网络程度中心度拟合值（NrmDegree）对信用债券契约特殊性条款的影响。结果显示，NrmDegree的系数为−1.507，且在1%的置信水平上显著，表明社会网络程度中心度

越高，信用债券契约特殊性条款越少。列（2）检验了社会网络的中介中心度拟合值（nBetweenness）对信用债券契约特殊性条款的影响。结果显示，NrmDegree 的系数为-0.933，且在 1% 的置信水平上显著，表明高的社会网络中介中心度能有效降低信用债券契约特殊性条款数量。列（3）检验了社会网络特征向量中心度拟合值（nEigenvec）对信用债券契约特殊性条款的影响。结果显示，nEigenvec 的系数为-0.026，且在 1% 的置信水平上显著，表明社会网络特征向量中心度越高，信用债券契约特殊性条款越少。列（4）检验了综合社会网络指标拟合值（Composite）对信用债券契约特殊性条款的影响。结果显示，Composite 的系数为-0.026，且在 1% 的置信水平上显著，表明综合社会网络指标越高，信用债券契约特殊性条款越少。两阶段最小二乘法（2SLS）的回归结果表明，在控制了潜在的内生性问题后，高的社会资本能够降低信用债券契约特殊性条款数量——这一假设仍然成立，研究结论没有发生实质性变化。

6.4.3.3　Heckman 两阶段检验

本章研究设计中可能存在样本选择偏差问题，即是否发行信用债券是公司自身的选择，研究样本只包括发行信用债券的公司，而未发行信用债券的公司不在研究范围内。由于发行信用债券与未发行信用债券的公司特征可能存在系统性差异，为了解决样本选择偏差产生的内生性问题，本书参考了 Daher 和 Ismail（2018）的做法，使用 Heckman 两阶段估计模型，以控制发行信用债券与未发行信用债券样本的公司特征差异对结果产生的影响。具体做法为，在第一阶段中，本章分析了影响公司是否发行信用债券的影响因素，包括表 6-1 中的控制变量，并加入流动比率=流动资产/流动负债（Currentratio）、长期借款占比=非流动负债/负债总计（Longdebt）、企业性质（SOE）作为工具变量，且固定年份与行业效应，计算出逆米尔斯系数（IMR）。在第二阶段中，将 IMR 加入模型中进行回归。

表 6-15 的 Heckman 第一阶段结果显示，规模越大、资产收益率越高、董事会规模越大、独立董事占比越高、长期负债率越高以及审计质量高的公司越倾向于使用信用债券进行融资。而资产负债率越高、营业收入

增长率越高、市账率越高、有形资产比率越高、第一大股东持股比例越高
或流动比率越高的公司更不倾向于使用信用债券进行融资。同时，我们还
进一步考察了逆米尔斯（IMR）的系数，发现逆米尔斯的系数在统计上均
显著，说明样本选择偏差的问题在本研究中确实存在。

表 6-15　Heckman 第一阶段结果

变量	（1）
	Bond_ dummy
Size	0. 266 ***
	（23. 687）
Lev	−0. 073
	（−0. 624）
Roa	3. 681 ***
	（15. 416）
Growth	−0. 020
	（−0. 897）
Mtb	−0. 161 ***
	（−10. 730）
Tang	−0. 940 ***
	（−9. 460）
Boardsize	0. 036 ***
	（5. 263）
Inde_ board	0. 921 ***
	（4. 097）
Top1	−0. 002 **
	（−2. 456）
Big4	0. 210 ***
	（5. 252）
Currentratio	−0. 251 ***
	（−6. 819）
Longdebt	1. 159 ***
	（15. 454）
SOE	−0. 001
	（−0. 052）

续表

变量	(1)
	Bond_dummy
常数项	-13.481*
	(-1.915)
Year	Yes
Industry	Yes
Type	Yes
样本量	35336
Pseudo R^2	0.259

注：＊＊＊、＊＊和＊分别表示在 1%、5%和 10%的水平上显著；系数下面的数值为 T 统计量。

　　Heckman 第二阶段回归结果分别如表 6-16 至表 6-18 所示。

　　表 6-16 的高级管理者连锁网络与信用债券融资成本 Heckman 第二阶段回归结果显示：在控制了选择性样本偏差产生的影响后，列（1）中 NrmDegree 的系数为-0.488，且在 1%的置信水平上显著，表明社会网络程度中心度越高，债券信用利差越低；列（2）中 NrmDegree 的系数为 -0.197，且在 1%的置信水平上显著，表明社会网络中介中心度越高，债券信用利差越低；列（3）中 nEigenvec 的系数为-0.023，且在 1%的置信水平上显著，表明高的社会网络特征向量中心度会降低债券信用利差；列（4）中 Composite 的系数为-0.023，且在 1%的置信水平上显著，表明综合社会网络指标越高，债券信用利差越低。回归结果均与主回归结果基本一致，研究结论没有发生实质性变化。

表 6-16　高管连锁网络与信用债券融资成本 Heckman 回归

变量	(1)	(2)	(3)	(4)
	Spreads	Spreads	Spreads	Spreads
NrmDegree	-0.488***	—	—	—
	(-7.650)			

续表

变量	(1)	(2)	(3)	(4)
	Spreads	Spreads	Spreads	Spreads
nBetweenness	—	-0.197 *** (-6.370)	—	—
nEigenvec	—	—	-0.023 *** (-10.644)	—
Composite	—	—	—	-0.023 *** (-10.650)
Size	-0.093 *** (-7.229)	-0.092 *** (-7.110)	-0.092 *** (-7.181)	-0.092 *** (-7.179)
Lev	0.843 *** (8.104)	0.833 *** (7.962)	0.852 *** (8.255)	0.852 *** (8.253)
Roa	-3.513 *** (-7.768)	-3.594 *** (-7.953)	-3.607 *** (-7.985)	-3.607 *** (-7.984)
Growth	0.168 *** (3.680)	0.169 *** (3.691)	0.154 *** (3.360)	0.154 *** (3.361)
Mtb	-0.039 * (-1.902)	-0.033 (-1.604)	-0.030 (-1.478)	-0.030 (-1.479)
Tang	-0.421 *** (-7.126)	-0.410 *** (-6.931)	-0.404 *** (-6.854)	-0.405 *** (-6.856)
Boardsize	0.001 (0.161)	-0.001 (-0.238)	-0.005 (-1.030)	-0.005 (-1.024)
Inde_board	-0.477 *** (-2.828)	-0.496 *** (-2.934)	-0.369 ** (-2.188)	-0.369 ** (-2.190)
Top1	-0.984 *** (-13.280)	-0.980 *** (-13.259)	-0.974 *** (-13.277)	-0.974 *** (-13.280)
Big4	-0.213 *** (-8.522)	-0.213 *** (-8.492)	-0.219 *** (-8.875)	-0.219 *** (-8.872)
IMR	0.370 *** (7.386)	0.369 *** (7.375)	0.366 *** (7.326)	0.366 *** (7.326)
常数项	3.246 *** (6.464)	3.189 *** (6.570)	3.386 *** (6.797)	3.386 *** (6.797)
Year	Yes	Yes	Yes	Yes
Industry	Yes	Yes	Yes	Yes

续表

变量	（1）	（2）	（3）	（4）
	Spreads	Spreads	Spreads	Spreads
Type	Yes	Yes	Yes	Yes
样本量	7972	7972	7972	7972
Adj R^2	0.638	0.637	0.639	0.639

注：＊＊＊、＊＊和＊分别表示在 1%、5% 和 10% 的水平上显著；系数下面的数值为 T 统计量。

表 6-17 的高级管理者连锁网络与信用债券发行规模 Heckman 第二阶段回归结果显示：在控制了选择性样本偏差产生的影响后，列（1）中 NrmDegree 的系数为 1.126，但在常规置信水平上不显著；列（2）中 NrmDegree 的系数为 1.331，且在 1% 的置信水平上显著，表明高的社会网络中介中心度会提高信用债券发行规模；列（3）中 nEigenvec 的系数为 0.294，且在 1% 的置信水平上显著，表明社会网络特征向量中心度越高，信用债券发行规模越大；列（4）中 Composite 的系数为 0.293，且在 1% 的置信水平上显著，表明综合社会网络指标的提升会提高信用债券发行规模。回归结果与主回归结果基本一致，研究结论没有发生实质性变化。

表 6-17　高管连锁网络与信用债券发行规模 Heckman 回归

变量	（1）	（2）	（3）	（4）
	Amount	Amount	Amount	Amount
NrmDegree	1.126 （1.526）	—	—	—
nBetweenness	—	1.331＊＊＊ （3.204）	—	—
nEigenvec	—	—	0.294＊＊＊ （9.406）	—
Composite	—	—	—	0.293＊＊＊ （9.398）

续表

变量	(1)	(2)	(3)	(4)
	Amount	Amount	Amount	Amount
Size	4.392***	4.385***	4.387***	4.387***
	(28.600)	(28.529)	(28.735)	(28.733)
Lev	-7.306***	-7.079***	-7.050***	-7.048***
	(-6.483)	(-6.273)	(-6.277)	(-6.276)
Roa	9.538*	9.335*	8.973*	8.969*
	(1.761)	(1.728)	(1.668)	(1.667)
Growth	-1.376***	-1.382***	-1.192***	-1.192***
	(-3.388)	(-3.418)	(-2.961)	(-2.962)
Mtb	-1.162***	-1.144***	-1.136***	-1.136***
	(-5.526)	(-5.450)	(-5.476)	(-5.474)
Tang	2.417***	2.427***	2.410***	2.412***
	(3.680)	(3.704)	(3.695)	(3.697)
Boardsize	0.501***	0.475***	0.485***	0.485***
	(7.546)	(7.185)	(7.503)	(7.497)
Inde_board	12.048***	12.008***	10.248***	10.253***
	(5.953)	(5.939)	(5.000)	(5.003)
Top1	11.529***	11.682***	11.824***	11.826***
	(15.339)	(15.620)	(15.694)	(15.698)
Big4	2.751***	2.666***	2.629***	2.628***
	(8.938)	(8.662)	(8.634)	(8.632)
IMR	0.829*	0.885*	1.002**	1.002**
	(1.707)	(1.819)	(2.071)	(2.071)
常数项	-45.304***	-45.288***	-42.362***	-42.363***
	(-12.758)	(-12.895)	(-11.739)	(-11.740)
Year	Yes	Yes	Yes	Yes
Industry	Yes	Yes	Yes	Yes
Type	Yes	Yes	Yes	Yes
样本量	7972	7972	7972	7972
Adj R^2	0.471	0.472	0.478	0.478

注：***、**和*分别表示在1%、5%和10%的水平上显著；系数下面的数值为T统计量。

表 6-18 的高管连锁网络与信用债券契约特殊性条款 Heckman 第二阶段回归结果显示：在控制了选择性样本偏差产生的影响后，列（1）中 NrmDegree 的系数为-0.127，且在 10% 的置信水平上显著，表明社会网络程度中心度越高，信用债券契约特殊性条款越少；列（2）中 NrmDegree 的系数为-0.120，且在 1% 的置信水平上显著，表明高的社会网络中介中心度会降低信用债券契约特殊性条款数量；列（3）中 nEigenvec 的系数为-0.008，且在 1% 的置信水平上显著，表明高的社会网络特征向量中心度会降低信用债券契约特殊性条款数量；列（4）中 Composite 的系数为-0.008，且在 1% 的置信水平上显著，表明综合社会网络指标的提升会降低信用债券契约特殊性条款数量。回归结果与主回归结果基本一致，研究结论没有发生实质性变化。

表 6-18　高级管理者连锁网络与信用债券契约特殊性条款 Heckman 回归

变量	（1）	（2）	（3）	（4）
	Covenants	Covenants	Covenants	Covenants
NrmDegree	-0.127 * (-1.907)	—	—	—
nBetweenness	—	-0.120 *** (-3.541)	—	—
nEigenvec	—	—	-0.008 *** (-3.283)	—
Composite	—	—	—	-0.008 *** (-3.290)
Size	-0.029 ** (-2.259)	-0.029 ** (-2.214)	-0.029 ** (-2.245)	-0.029 ** (-2.245)
Lev	0.937 *** (8.620)	0.919 *** (8.460)	0.937 *** (8.645)	0.936 *** (8.644)
Roa	-0.321 (-0.665)	-0.311 (-0.644)	-0.337 (-0.698)	-0.337 (-0.697)
Growth	0.100 ** (2.256)	0.100 ** (2.271)	0.095 ** (2.125)	0.095 ** (2.125)

变量	（1）	（2）	（3）	（4）
	Covenants	Covenants	Covenants	Covenants
Mtb	−0.022	−0.023	−0.020	−0.020
	（−1.137）	（−1.185）	（−1.045）	（−1.046）
Tang	−0.271***	−0.271***	−0.267***	−0.267***
	（−4.498）	（−4.491）	（−4.423）	（−4.424）
Boardsize	−0.013**	−0.012**	−0.015***	−0.015***
	（−2.483）	（−2.139）	（−2.795）	（−2.792）
Inde_board	−0.764***	−0.762***	−0.719***	−0.719***
	（−4.411）	（−4.412）	（−4.150）	（−4.150）
Top1	−0.422***	−0.433***	−0.423***	−0.423***
	（−5.740）	（−5.897）	（−5.755）	（−5.756）
Big4	0.029	0.035	0.029	0.029
	（1.010）	（1.232）	（1.007）	（1.008）
IMR	0.192***	0.187***	0.189***	0.189***
	（3.711）	（3.627）	（3.663）	（3.663）
常数项	−0.011	−0.017	0.601**	0.601**
	（−0.047）	（−0.071）	（2.521）	（2.521）
Year	Yes	Yes	Yes	Yes
Industry	Yes	Yes	Yes	Yes
Type	Yes	Yes	Yes	Yes
样本量	7972	7972	7972	7972
Adj R^2	0.333	0.334	0.334	0.334

注：***、**和*分别表示在1%、5%和10%的水平上显著；系数下面的数值为T统计量。

6.4.4 稳健性检验

6.4.4.1 按照金额进行加权平均

由于同一家信用债券发行公司一年可能发行多只同类型信用债券，为避免重复样本对回归结果产生的影响，我们参考 Ge 和 Kim（2014）、王彤彤和史永东（2021）的做法，以样本当年公司发行多只同类型信用债券的发行量为权重，计算加权后的债券信用利差、信用债券契约特殊性条款，再进行回归检验。加权处理并删除重复样本后，每家公司每年只剩下一个观测值，这一方法将样本量缩减至3114个变量，样本量的变化较大。

表6-19报告了高级管理者连锁网络与信用债券融资成本按照金额进行加权平均的回归结果。

表6-19 高级管理者连锁网络与信用债券融资成本按照金额进行加权平均回归结果

变量	（1）Spreads	（2）Spreads	（3）Spreads	（4）Spreads
NrmDegree	-0.664*** (-6.121)	—	—	—
nBetweenness	—	-0.313*** (-5.538)	—	—
nEigenvec	—	—	-0.036*** (-8.501)	—
Composite	—	—	—	-0.036*** (-8.508)
Size	-0.165*** (-9.861)	-0.165*** (-9.869)	-0.165*** (-9.888)	-0.165*** (-9.887)
Lev	0.833*** (5.236)	0.831*** (5.225)	0.814*** (5.137)	0.814*** (5.136)
Roa	-5.021*** (-7.503)	-5.094*** (-7.610)	-5.217*** (-7.799)	-5.216*** (-7.797)
Growth	0.149** (2.211)	0.152** (2.251)	0.147** (2.193)	0.147** (2.193)
Mtb	0.095*** (3.287)	0.099*** (3.414)	0.103*** (3.590)	0.103*** (3.588)
Tang	-0.147 (-1.466)	-0.138 (-1.387)	-0.144 (-1.441)	-0.144 (-1.443)
Boardsize	-0.028*** (-3.208)	-0.029*** (-3.271)	-0.036*** (-4.267)	-0.036*** (-4.261)

续表

变量	（1） Spreads	（2） Spreads	（3） Spreads	（4） Spreads
Inde_board	−0.446 （−1.482）	−0.453 （−1.502）	−0.363 （−1.205）	−0.362 （−1.204）
Top1	−0.941*** （−8.531）	−0.941*** （−8.559）	−0.928*** （−8.484）	−0.928*** （−8.486）
Big4	−0.301*** （−7.028）	−0.298*** （−6.918）	−0.295*** （−6.914）	−0.295*** （−6.912）
常数项	4.901*** （8.934）	4.783*** （9.172）	4.858*** （9.054）	4.857*** （9.055）
Year	Yes	Yes	Yes	Yes
Industry	Yes	Yes	Yes	Yes
Type	Yes	Yes	Yes	Yes
样本量	3114	3114	3114	3114
Adj R^2	0.514	0.513	0.516	0.516

注：***、**和*分别表示在1%、5%和10%的水平上显著；系数下面的数值为T统计量。

表6-19中的列（1）中显示，NrmDegree的系数为−0.664，且在1%的置信水平上显著，表明高的社会网络程度中心度能降低了债券信用利差。列（2）中nBetweenness的系数为−0.313，且在1%的置信水平上显著，表明社会网络中介中心度的提升降低了债券信用利差。列（3）中nEigenvec的系数为−0.036，且在1%的置信水平上显著，表明社会网络特征向量中心度越高，债券信用利差越低。列（4）中Composite的系数为−0.036，且在1%的置信水平上显著，表明高的综合社会网络指标能降低债券信用利差。回归结果得出的结论仍然没有发生实质性改变。

表6-20报告了高管连锁网络与信用债券契约特殊性条款按照金额进行加权平均的回归结果。

表 6-20 高级管理者连锁网络与信用债券契约特殊性条款按照金额进行加权
平均回归结果

变量	(1)	(2)	(3)	(4)
	Covenants	Covenants	Covenants	Covenants
NrmDegree	−0.248***	—	—	—
	(−2.584)			
nBetweenness	—	−0.129***	—	—
		(−2.751)		
nEigenvec	—	—	−0.010**	—
			(−2.403)	
Composite	—	—	—	−0.010**
				(−2.409)
Size	−0.030*	−0.030*	−0.031*	−0.031*
	(−1.833)	(−1.835)	(−1.858)	(−1.857)
Lev	0.575***	0.574***	0.571***	0.571***
	(3.908)	(3.901)	(3.875)	(3.875)
Roa	−0.917	−0.935	−0.999	−0.999
	(−1.428)	(−1.452)	(−1.555)	(−1.555)
Growth	0.076	0.077	0.076	0.076
	(1.239)	(1.256)	(1.231)	(1.231)
Mtb	0.038	0.039	0.042*	0.042*
	(1.547)	(1.592)	(1.706)	(1.705)
Tang	−0.084	−0.082	−0.079	−0.079
	(−0.893)	(−0.878)	(−0.839)	(−0.840)
Boardsize	−0.022***	−0.022***	−0.026***	−0.026***
	(−2.935)	(−2.929)	(−3.416)	(−3.414)
Inde_board	−0.380	−0.380	−0.361	−0.361
	(−1.488)	(−1.491)	(−1.413)	(−1.413)
Top1	−0.335***	−0.336***	−0.328***	−0.328***
	(−3.374)	(−3.382)	(−3.314)	(−3.315)
Big4	−0.069*	−0.067	−0.069*	−0.069*
	(−1.656)	(−1.604)	(−1.652)	(−1.651)
常数项	0.786***	0.741***	0.768***	0.768***
	(3.438)	(3.324)	(3.408)	(3.407)
Year	Yes	Yes	Yes	Yes

续表

变量	(1)	(2)	(3)	(4)
	Covenants	Covenants	Covenants	Covenants
Industry	Yes	Yes	Yes	Yes
Type	Yes	Yes	Yes	Yes
样本量	3114	3114	3114	3114
Adj R^2	0.377	0.377	0.377	0.377

注：***、**和*分别表示在1%、5%和10%的水平上显著；系数下面的数值为T统计量。

表6-20中的列（1）显示，NrmDegree的系数为-0.248，且在1%的置信水平上显著，表明社会网络程度中心度越高，信用债券契约特殊性条款越少。列（2）中nBetweenness的系数为-0.129，且在1%的置信水平上显著，表明高的社会网络中介中心度能降低信用债券契约特殊性条款数量。列（3）中nEigenvec的系数为-0.010，且在5%的置信水平上显著，表明社会网络特征向量中心度的提升降低了信用债券契约特殊性条款数量；列（4）中Composite的系数为-0.010，且在5%的置信水平上显著，表明高的综合社会网络指标能降低信用债券契约特殊性条款数量。回归结果表明，社会资本的提升会降低信用债券契约特殊性条款数量——这一研究结论是稳健的。

6.4.4.2 改变被解释变量度量方式

在本章前面内容中的回归中，我们使用债券信用利差（Spreads）、信用债券发行金额（Amount）和信用债券契约特殊性条款（Covenants）作为信用债券契约条款的代理变量。为了证实检验结果的稳健性，我们用债券主体评级（Issuer rating）作为Spreads的替代变量，当债券主体评级为A、A+、AA-、AA、AA+、AAA-、AAA时，相应的Issuer ratings分别为1、2、3、4、5、6、7。用发行金额的自然对数（Amount_robust）度量Amount。用特殊性条款的指数加总作为Covenants的替代变量。具体而言，当各类别条款中至少存在一个特殊性条款时取1，否则取0。随后得到

5 个虚拟变量指数，将 5 个虚拟变量指数加总再除以 5 得到 Covenants_ro-bust 指标，再次进行回归。回归结果分别如表 6-21 至表 6-23 所示。

表 6-21 报告了社会资本的四个代理变量：程度网络中心度（NrmDe-gree）、中介网络中心度（nBetweenness）、特征向量网络中心度（nEigen-vec）和综合社会网络指标（Composite）分别对债券主体评级（Issue_rat-ing）的回归结果。

表 6-21　高级管理者连锁网络与债券信用利差改变被解释变量度量方式的回归结果

变量	（1）	（2）	（3）	（4）
	Issue_rating	Issue_rating	Issue_rating	Issue_rating
NrmDegree	0.800*** (11.287)	—	—	—
nBetweenness	—	0.383*** (10.912)	—	—
nEigenvec	—	—	0.029*** (11.268)	—
Composite	—	—	—	0.029*** (11.275)
Size	0.415*** (39.009)	0.412*** (38.796)	0.414*** (39.358)	0.414*** (39.355)
Lev	-0.419*** (-3.996)	-0.391*** (-3.716)	-0.444*** (-4.253)	-0.444*** (-4.251)
Roa	7.548*** (15.232)	7.639*** (15.397)	7.727*** (15.617)	7.727*** (15.615)
Growth	-0.072 (-1.562)	-0.073 (-1.602)	-0.054 (-1.157)	-0.054 (-1.157)
Mtb	-0.206*** (-10.256)	-0.213*** (-10.675)	-0.222*** (-11.283)	-0.222*** (-11.279)
Tang	0.119* (1.838)	0.103 (1.601)	0.090 (1.382)	0.090 (1.385)
Boardsize	0.035*** (6.269)	0.036*** (6.510)	0.046*** (8.603)	0.046*** (8.595)

续表

变量	（1） Issue_rating	（2） Issue_rating	（3） Issue_rating	（4） Issue_rating
Inde_board	0.159 （0.878）	0.182 （1.000）	0.034 （0.187）	0.034 （0.188）
Top1	1.411*** （19.150）	1.417*** （19.234）	1.384*** （18.907）	1.385*** （18.911）
Big4	0.322*** （11.747）	0.315*** （11.557）	0.337*** （12.669）	0.337*** （12.664）
常数项	−1.272*** （−3.044）	−1.136*** （−2.866）	−0.698 （−1.640）	−0.698 （−1.641）
Year	Yes	Yes	Yes	Yes
Industry	Yes	Yes	Yes	Yes
Type	Yes	Yes	Yes	Yes
样本量	7978	7978	7978	7978
Adj R^2	0.668	0.667	0.667	0.667

注：***、**和*分别表示在1%、5%和10%的水平上显著；系数下面的数值为T统计量。

表6-21中的列（1）显示，NrmDegree的系数为0.800，且在1%的置信水平上显著，表明高的社会网络程度中心度会导致高的债券主体评级。列（2）中nBetweenness的系数为0.383，且在1%的置信水平上显著，表明社会网络中介中心度越高，债券主体评级越高；列（3）中nEigenvec的系数为0.029，且在1%的置信水平上显著，表明高的社会网络特征向量中心度会导致高的债券主体评级；列（4）中Composite的系数为0.029，且在1%的置信水平上显著，表明综合社会网络指标越高，债券主体评级越高。这些结果表明在改变了被解释变量度量方式后结论和主回归获得的结论仍然保持一致，即社会资本越丰富，发行主体评级越高，债券信用利差越低。

表6-22报告了社会资本的四个代理变量：程度网络中心度（NrmDegree）、中介网络中心度（nBetweenness）、特征向量网络中心度（nEigenvec）和综合社会网络指标（Composite）分别对发行金额的自然对数（A-mount_robust）的回归结果。

表 6-22　高级管理者连锁网络与信用债券发行规模改变被解释变量度量

方式的回归结果

变量	（1）Amount_ robust	（2）Amount_ robust	（3）Amount_ robust	（4）Amount_ robust
NrmDegree	0. 253 *** （5. 124）	—	—	—
nBetweenness	—	0. 140 *** （5. 353）	—	—
nEigenvec	—	—	0. 022 *** （12. 010）	—
Composite	—	—	—	0. 022 *** （12. 003）
Size	0. 296 *** （40. 116）	0. 295 *** （39. 990）	0. 294 *** （40. 208）	0. 294 *** （40. 205）
Lev	−0. 027 （−0. 339）	−0. 014 （−0. 175）	−0. 024 （−0. 302）	−0. 023 （−0. 300）
Roa	1. 208 *** （3. 270）	1. 224 *** （3. 319）	1. 192 *** （3. 234）	1. 192 *** （3. 233）
Growth	−0. 051 （−1. 608）	−0. 052 （−1. 632）	−0. 037 （−1. 166）	−0. 037 （−1. 167）
Mtb	−0. 095 *** （−5. 976）	−0. 096 *** （−6. 077）	−0. 096 *** （−6. 092）	−0. 095 *** （−6. 090）
Tang	0. 190 *** （3. 995）	0. 186 *** （3. 920）	0. 185 *** （3. 900）	0. 185 *** （3. 902）
Boardsize	0. 036 *** （8. 455）	0. 035 *** （8. 354）	0. 037 *** （9. 124）	0. 037 *** （9. 116）
Inde_ board	0. 818 *** （6. 298）	0. 823 *** （6. 328）	0. 688 *** （5. 277）	0. 689 *** （5. 280）

续表

变量	(1) Amount_robust	(2) Amount_robust	(3) Amount_robust	(4) Amount_robust
Top1	0.765*** (14.281)	0.771*** (14.368)	0.775*** (14.552)	0.775*** (14.556)
Big4	0.156*** (8.050)	0.152*** (7.810)	0.152*** (7.928)	0.152*** (7.925)
常数项	16.405*** (44.484)	16.449*** (45.960)	16.758*** (45.181)	16.758*** (45.184)
Year	Yes	Yes	Yes	Yes
Industry	Yes	Yes	Yes	Yes
Type	Yes	Yes	Yes	Yes
样本量	7978	7978	7978	7978
Adj R^2	0.486	0.486	0.493	0.493

注：***、**和*分别表示在1%、5%和10%的水平上显著；系数下面的数值为T统计量。

表6-22中的列（1）显示，NrmDegree的系数为0.253，且在1%的置信水平上显著，表明高的社会网络程度中心度会增加信用债券发行金额。列（2）中nBetweenness的系数为0.140，且在1%的置信水平上显著，表明社会网络中介中心度越高，信用债券发行金额越大。列（3）中nEigenvec的系数为0.022，且在1%的置信水平上显著，表明高的社会网络特征向量中心度会增加信用债券发行金额。列（4）中Composite的系数为0.022，且在1%的置信水平上显著，表明综合社会网络指标越高，信用债券发行金额越大。这些结果表明在改变被解释变量度量方式后得出的结论和主回归获得的结论仍然保持一致，即社会资本越丰富，信用债券发行金额越大。

表6-23报告了社会资本的四个代理变量分别对各类别条款中是否存在特殊性条款的回归结果。

表 6-23　高级管理者连锁网络与信用债券契约特殊性条款改变被解释变量度量
方式的回归结果

变量	(1) Covenants_ robust	(2) Covenants_ robust	(3) Covenants_ robust	(4) Covenants_ robust
NrmDegree	-0.010 (-1.177)	—	—	—
nBetweenness	—	-0.014*** (-3.333)	—	—
nEigenvec	—	—	-0.001*** (-2.994)	—
Composite	—	—	—	-0.001*** (-3.002)
Size	-0.008*** (-5.751)	-0.008*** (-5.644)	-0.008*** (-5.710)	-0.008*** (-5.709)
Lev	0.141*** (10.524)	0.139*** (10.377)	0.141*** (10.538)	0.141*** (10.538)
Roa	-0.032 (-0.606)	-0.027 (-0.514)	-0.031 (-0.579)	-0.031 (-0.578)
Growth	0.009 (1.642)	0.009* (1.651)	0.008 (1.518)	0.008 (1.518)
Mtb	0.001 (0.590)	0.001 (0.404)	0.001 (0.584)	0.001 (0.583)
Tang	-0.029*** (-4.044)	-0.030*** (-4.081)	-0.029*** (-4.010)	-0.029*** (-4.011)
Boardsize	-0.003*** (-5.347)	-0.003*** (-4.820)	-0.003*** (-5.567)	-0.003*** (-5.564)
Inde_ board	-0.134*** (-6.239)	-0.133*** (-6.203)	-0.128*** (-5.975)	-0.128*** (-5.975)
Top1	-0.048*** (-5.242)	-0.050*** (-5.434)	-0.049*** (-5.299)	-0.049*** (-5.300)
Big4	-0.003 (-0.985)	-0.002 (-0.670)	-0.003 (-0.911)	-0.003 (-0.909)
常数项	0.099*** (4.810)	0.097*** (4.681)	0.164*** (7.719)	0.164*** (7.719)
Year	Yes	Yes	Yes	Yes

变量	(1) Covenants_robust	(2) Covenants_robust	(3) Covenants_robust	(4) Covenants_robust
Industry	Yes	Yes	Yes	Yes
Type	Yes	Yes	Yes	Yes
样本量	7978	7978	7978	7978
Adj R^2	0.299	0.299	0.299	0.299

注：＊＊＊、＊＊和＊分别表示在 1%、5% 和 10% 的水平上显著；系数下面的数值为 T 统计量。

表 6-23 中的列（1）显示，程度网络中心度（NrmDegree）对 Covenants_robust 在常规置信水平上不显著，其余列中三个解释变量中介网络中心度（nBetweenness）、特征向量网络中心度（nEigenvec）和综合社会网络指标（Composite）对信用债券契约特殊性条款的指数加总（Covenants_robust）的回归系数分别为 -0.014、-0.001、-0.001，且都在 1% 的置信水平上显著，进一步表明社会资本的提高能在一定程度上减少信用债券契约特殊性条款数量。回归结果结论与主回归结果基本一致，表明基准回归的结论（社会资本越丰富，信用债券契约特殊性条款越少）具有稳健性。

6.5 机制检验

第 5 章的理论分析中，我们认为社会资本会通过影响信息不对称和公司治理进而影响信用债券契约。为了实证社会资本影响信用债券契约的作用渠道，本书借鉴 Baron 和 Kenny（1986）的中介传导效应检验，构建如下中介效应模型：

$$\text{Mediator}_{i,t} = \beta_0 + \beta_1 X_{i,t} + \text{Controls}_{i,t} + \varepsilon_{i,t} \tag{6-10}$$

$$Y_{i,t} = \beta_0 + \beta_1 X_{i,t} + \beta_2 Mediator_{i,t} + Controls_{i,t} + \varepsilon_{i,t} \qquad (6\text{-}11)$$

其中，Mediator 代表中介变量信息不对称和公司治理，具体定义将在下文分别介绍。其中，X 表示社会资本的四个自变量程度网络中心度（NrmDegree）、中介网络中心度（nBetweenness）、特征向量网络中心度（nEigenvec）、综合网络中心度（Composite），Y 表示信用债券契约的三个因变量债券信用利差（Spreads）、信用债券发行规模（Amount）和信用债券契约特殊性条款（Covenants），控制变量和主检验的控制变量保持一致。

使用上述构建的中介效应检验社会资本影响信用债券契约的渠道机制时，必须满足三个条件：第一，解释变量（社会资本）必须显著影响因变量信用债券契约；第二，解释变量（社会资本）必须显著影响渠道变量（Mediator）；第三，渠道变量（Mediator）必须影响因变量信用债券契约。此外，借鉴 Krull 和 MacKinnon（2001）的研究，我们采用 Sobel 检验方法考察中介效应是否具有统计意义。

6.5.1　信息不对称

表 6-24 至表 6-26 列示了信息不对称中介效应检验的结果。本书使用深沪交易所披露的上市公司信息披露评级作为信息不对称的反向代理变量（IA），其中信息披露评级为 A 的公司赋值为 4，B 赋值为 3，C 为 2，D 为 1，数值越小代表信息不对称越严重。也就是说，IA 越大，信息不对称水平越低。

表 6-24 是债券信用利差（Spreads）的信息不对称渠道检验的结果。

表 6-24　高级管理者网络中心度和债券信用利差的信息不对称渠道检验结果

变量	(1)	(2)	(3)	(4)	(5)	(6)	(7)	(8)
	IA	IA	IA	IA	Spreads	Spreads	Spreads	Spreads
NrmDegree	0.114 ** (2.181)	—	—	—	−0.354 *** (−4.427)	—	—	—
nBetweenness	—	0.056 ** (2.091)	—	—	—	−0.123 *** (−3.042)	—	—

续表

变量	(1)	(2)	(3)	(4)	(5)	(6)	(7)	(8)
	IA	IA	IA	IA	Spreads	Spreads	Spreads	Spreads
nEigenvec	—	—	0.006*** (3.044)	—	—	—	-0.019*** (-7.838)	—
Composite	—	—	—	0.006*** (3.041)	—	—	—	-0.019*** (-7.840)
IA	—	—	—	—	-0.349*** (-14.459)	-0.351*** (-14.467)	-0.346*** (-14.348)	-0.346*** (-14.348)
Size	0.084*** (12.558)	0.084*** (12.466)	0.084*** (12.663)	0.084*** (12.662)	-0.122*** (-9.666)	-0.122*** (-9.657)	-0.123*** (-9.822)	-0.123*** (-9.820)
Lev	-0.363*** (-4.937)	-0.356*** (-4.794)	-0.368*** (-5.048)	-0.368*** (-5.046)	0.661*** (5.347)	0.655*** (5.255)	0.679*** (5.554)	0.679*** (5.551)
Roa	2.606*** (7.017)	2.631*** (7.076)	2.612*** (7.049)	2.612*** (7.049)	-4.692*** (-8.841)	-4.766*** (-8.972)	-4.720*** (-8.875)	-4.720*** (-8.875)
Growth	0.019 (0.585)	0.019 (0.571)	0.024 (0.715)	0.024 (0.714)	0.280*** (5.041)	0.282*** (5.052)	0.267*** (4.775)	0.267*** (4.776)
Mtb	-0.018 (-1.384)	-0.020 (-1.490)	-0.020 (-1.567)	-0.020 (-1.566)	0.044** (2.024)	0.050** (2.338)	0.051** (2.380)	0.051** (2.379)
Tang	0.364*** (7.575)	0.362*** (7.535)	0.363*** (7.566)	0.363*** (7.567)	-0.325*** (-4.650)	-0.319*** (-4.567)	-0.324*** (-4.625)	-0.324*** (-4.626)
Boardsize	0.000 (0.108)	0.001 (0.149)	0.002 (0.407)	0.002 (0.405)	-0.016** (-2.482)	-0.019*** (-2.872)	-0.020*** (-3.208)	-0.020*** (-3.204)
Inde_board	0.214* (1.713)	0.215* (1.719)	0.176 (1.403)	0.176 (1.404)	-0.759*** (-3.790)	-0.769*** (-3.824)	-0.644*** (-3.232)	-0.645*** (-3.234)
Top1	0.299*** (5.355)	0.299*** (5.349)	0.298*** (5.331)	0.298*** (5.332)	-0.807*** (-9.103)	-0.799*** (-9.031)	-0.804*** (-9.150)	-0.805*** (-9.152)
Big4	0.241*** (12.367)	0.240*** (12.226)	0.240*** (12.394)	0.240*** (12.393)	-0.226*** (-7.989)	-0.229*** (-8.040)	-0.226*** (-8.074)	-0.226*** (-8.073)
常数项	2.165*** (12.327)	2.188*** (12.428)	2.204*** (12.441)	2.204*** (12.441)	5.209*** (18.933)	5.152*** (18.736)	5.084*** (18.761)	5.084*** (18.762)
Year	Yes	Yes	Yes	Yes	Yes	Yes	Yes	Yes
Industry	Yes	Yes	Yes	Yes	Yes	Yes	Yes	Yes
Type	Yes	Yes	Yes	Yes	Yes	Yes	Yes	Yes
样本量	5673	5673	5673	5673	5673	5673	5673	5673

续表

变量	(1)	(2)	(3)	(4)	(5)	(6)	(7)	(8)
	IA	IA	IA	IA	Spreads	Spreads	Spreads	Spreads
Sobel 值	—	—	—	—	−2.15**	−2.07**	−2.97***	−2.97
Adj R²	0.254	0.254	0.255	0.255	0.666	0.666	0.668	0.668

注：＊＊＊、＊＊和＊分别表示在 1%、5% 和 10% 的水平上显著；系数下面的数值为 T 统计量。

表 6-24 中的列（1）至列（4）检验了高级管理者社会网络中心度和信息不对称的关系。可以看出，程度网络中心度（NrmDegree）、中介网络中心度（nBetweenness）、特征向量网络中心度（nEigenvec）、综合网络中心度（Composite）对信息不对称的反向代理变量（IA）的回归系数分别为 0.114、0.056、0.006 和 0.006，分别在 5%、5%、1% 和 1% 以上的置信水平上显著，表明高级管理者的社会网络中心度能够缓解信息不对称。列（5）回归结果显示，程度网络中心度（NrmDegree）对债券信用利差（Spreads）的回归系数为 −0.354，信息不对称的反向代理变量（IA）对债券信用利差（Spreads）的回归系数为 −0.349，且都在 1% 的置信水平上显著，说明程度网络中心度缓解了信息不对称，从而降低了债券信用利差，信息不对称是程度网络中心度降低债券信用利差的部分中介变量，程度网络中心度和债券信用利差的信息不对称渠道得到了验证；列（6）回归结果显示，中介网络中心度（nBetweenness）对债券信用利差 Spreads 的回归系数为 −0.123，信息不对称的反向代理变量（IA）对债券信用利差（Spreads）的回归系数为 −0.351，且都在 1% 的置信水平上显著，说明中介网络中心度缓解了信息不对称，从而降低了债券信用利差，信息不对称是中介网络中心度降低债券信用利差的部分中介变量，中介网络中心度和债券信用利差的信息不对称渠道得到了验证；列（7）回归结果显示，特征向量网络中心度（nEigenvec）对债券信用利差（Spreads）的回归系数为 −0.019，信息不对称的反向代理变量（IA）对债券信用利差（Spreads）的回归系数为 −0.346，且都在 1% 的置信水平上

显著，说明特征向量网络中心度缓解了信息不对称，从而降低了债券信用利差，信息不对称是特征向量网络中心度降低债券信用利差的部分中介变量，特征向量网络中心度和债券信用利差的信息不对称渠道得到了验证；列（8）回归结果显示，综合网络中心度（Composite）对债券信用利差（Spreads）的回归系数为-0.019，信息不对称的反向代理变量（IA）对债券信用利差（Spreads）的回归系数为-0.346，且都在1%的置信水平上显著为负，说明综合网络中心度缓解了信息不对称，从而降低了债券信用利差，信息不对称是综合网络中心度降低债券信用利差的部分中介变量，综合网络中心度和债券信用利差的信息不对称渠道得到了验证。

表6-25是信用债券发行规模（Amount）的信息不对称渠道检验的结果。列（1）至列（4）检验结果同上，表明高级管理者的社会网络中心度能够缓解信息不对称。列（5）回归结果显示，程度网络中心度（NrmDegree）对信用债券发行规模（Amount）的回归系数为2.189，信息不对称的反向代理变量（IA）对信用债券发行规模（Amount）的回归系数为1.021，且都在1%的置信水平上显著，说明程度网络中心度通过缓解信息不对称增加了信用债券发行规模，信息不对称是高级管理者社会网络中心度增加信用债券发行规模的部分中介变量，程度网络中心度和信用债券发行规模的信息不对称渠道得到了验证；列（6）回归结果显示，中介网络中心度（nBetweenness）对信用债券发行规模（Amount）的回归系数为1.652，信息不对称的反向代理变量（IA）对信用债券发行规模（Amount）的回归系数为1.016，且都在1%的置信水平上显著，说明中介网络中心度通过缓解信息不对称增加了信用债券发行规模，信息不对称是中介网络中心度增加信用债券发行规模的部分中介变量，中介网络中心度和信用债券发行规模的信息不对称渠道得到了验证；列（7）回归结果显示，特征向量网络中心度（nEigenvec）对信用债券发行规模（Amount）的回归系数为0.275，信息不对称的反向代理变量（IA）对信用债券发行规模（Amount）的回归系数为0.954，且都在1%的置信水平上显著，说明特征向量网络中心度通过缓解信息不对称增加了信用债券发

行规模，信息不对称是特征向量网络中心度增加信用债券发行规模的部分中介变量，特征向量网络中心度和信用债券发行规模的信息不对称渠道得到了验证；列（8）回归结果显示，综合网络中心度（Composite）对信用债券发行规模（Amount）的回归系数为 0.275，信息不对称的反向代理变量（IA）对信用债券发行规模（Amount）的回归系数为 0.954，且都在1%的置信水平上显著，说明综合网络中心度通过缓解信息不对称增加了信用债券发行规模，信息不对称是综合网络中心度增加信用债券发行规模的部分中介变量，综合网络中心度和信用债券发行规模的信息不对称渠道得到了验证。

表6-25　高级管理者社会网络中心度和信用债券发行规模的信息不对称

渠道检验结果

变量	（1）	（2）	（3）	（4）	（5）	（6）	（7）	（8）
	IA	IA	IA	IA	Amount	Amount	Amount	Amount
NrmDegree	0.114** (2.181)	—	—	—	2.189*** (2.900)	—	—	—
nBetweenness	—	0.056** (2.091)	—	—	—	1.652*** (3.648)	—	—
nEigenvec	—	—	0.006*** (3.044)	—	—	—	0.275*** (8.416)	—
Composite	—	—	—	0.006*** (3.041)	—	—	—	0.275*** (8.411)
IA	—	—	—	—	1.021*** (6.087)	1.016*** (6.068)	0.954*** (5.711)	0.954*** (5.712)
Size	0.084*** (12.558)	0.084*** (12.466)	0.084*** (12.663)	0.084*** (12.662)	3.226*** (26.782)	3.206*** (26.641)	3.212*** (26.872)	3.212*** (26.868)
Lev	−0.363*** (−4.937)	−0.356*** (−4.794)	−0.368*** (−5.048)	−0.368*** (−5.046)	−5.815*** (−4.811)	−5.488*** (−4.561)	−5.802*** (−4.797)	−5.799*** (−4.794)
Roa	2.606*** (7.017)	2.631*** (7.076)	2.612*** (7.049)	2.612*** (7.049)	−12.231** (−2.455)	−11.725** (−2.349)	−12.373** (−2.480)	−12.373** (−2.480)
Growth	0.019 (0.585)	0.019 (0.571)	0.024 (0.715)	0.024 (0.714)	−2.003*** (−4.402)	−2.010*** (−4.434)	−1.799*** (−4.001)	−1.799*** (−4.002)

续表

变量	(1)	(2)	(3)	(4)	(5)	(6)	(7)	(8)
	IA	IA	IA	IA	Amount	Amount	Amount	Amount
Mtb	−0.018	−0.020	−0.020	−0.020	−0.250	−0.249	−0.254	−0.254
	(−1.384)	(−1.490)	(−1.567)	(−1.566)	(−1.318)	(−1.310)	(−1.339)	(−1.336)
Tang	0.364***	0.362***	0.363***	0.363***	−0.103	−0.127	−0.067	−0.066
	(7.575)	(7.535)	(7.566)	(7.567)	(−0.145)	(−0.180)	(−0.095)	(−0.093)
Boardsize	0.000	0.001	0.002	0.002	0.551***	0.530***	0.542***	0.541***
	(0.108)	(0.149)	(0.407)	(0.405)	(8.053)	(7.772)	(8.155)	(8.150)
Inde_board	0.214*	0.215*	0.176	0.176	17.511***	17.426***	15.645***	15.650***
	(1.713)	(1.719)	(1.403)	(1.404)	(7.745)	(7.704)	(6.812)	(6.814)
Top1	0.299***	0.299***	0.298***	0.298***	8.701***	8.791***	8.878***	8.881***
	(5.355)	(5.349)	(5.331)	(5.332)	(10.381)	(10.512)	(10.560)	(10.563)
Big4	0.241***	0.240***	0.240***	0.240***	1.968***	1.898***	1.852***	1.851***
	(12.367)	(12.226)	(12.394)	(12.393)	(6.566)	(6.356)	(6.193)	(6.191)
常数项	2.165***	2.188***	2.204***	2.204***	−34.312***	−33.759***	−32.777***	−32.781***
	(12.327)	(12.428)	(12.441)	(12.441)	(−10.226)	(−10.093)	(−10.003)	(−10.004)
Year	Yes	Yes	Yes	Yes	Yes	Yes	Yes	Yes
Industry	Yes	Yes	Yes	Yes	Yes	Yes	Yes	Yes
Type	Yes	Yes	Yes	Yes	Yes	Yes	Yes	Yes
样本量	5673	5673	5673	5673	5673	5673	5673	5673
Sobel 值	—	—	—	—	2.05**	1.97**	2.68***	2.68***
Adj R^2	0.254	0.254	0.255	0.255	0.398	0.399	0.407	0.407

注：***、**和*分别表示在1%、5%和10%的水平上显著；系数下面的数值为 T 统计量。

表6-26是信用债券契约特殊性条款（Covenants）的信息不对称渠道检验的结果。列（1）至列（4）检验结果同上，表明高级管理者社会网络中心度能够缓解信息不对称。列（5）回归结果显示，程度网络中心度（NrmDegree）对信用债券契约特殊性条款（Covenants）的回归系数为−0.124，但在常规置信水平上不显著，信息不对称的反向代理变量（IA）对信用债券契约特殊性条款（Covenants）的回归系数为−0.216，且在1%的置信水平上显著，说明信息不对称不是程度网络中心度降低信用

债券契约特殊性条款数量的部分中介变量；列（6）回归结果显示，中介网络中心度（nBetweenness）对信用债券契约特殊性条款（Covenants）的回归系数为-0.157，信息不对称的反向代理变量（IA）对信用债券契约特殊性条款（Covenants）的回归系数为-0.215，且都在1%的置信水平上显著，说明中介网络中心度缓解了信息不对称，从而降低了信用债券契约特殊性条款数量，说明信息不对称是中介网络中心度降低信用债券契约特殊性条款数量的部分中介变量，中介网络中心度和信用债券契约特殊性条款数量的信息不对称渠道得到了验证；列（7）回归结果显示，特征向量网络中心度（nEigenvec）对信用债券契约特殊性条款（Covenants）的回归系数为-0.008，信息不对称的反向代理变量（IA）对信用债券契约特殊性条款（Covenants）的回归系数为-0.214，且都在1%的置信水平上显著，说明特征向量网络中心度缓解了信息不对称，从而降低了信用债券契约特殊性条款数量，说明信息不对称是特征向量网络中心度降低信用债券契约特殊性条款数量的部分中介变量，特征向量网络中心度和信用债券契约特殊性条款数量的信息不对称渠道得到了验证；列（8）回归结果显示，综合网络中心度（Composite）对信用债券契约特殊性条款（Covenants）的回归系数为-0.008，信息不对称的反向代理变量（IA）对信用债券契约特殊性条款（Covenants）的回归系数为-0.214，且都在1%的置信水平上显著，说明综合网络中心度缓解了信息不对称，从而降低了信用债券契约特殊性条款数量，说明信息不对称是综合网络中心度降低信用债券契约特殊性条款数量的部分中介变量，综合网络中心度和信用债券契约特殊性条款数量的信息不对称渠道得到了验证。

表6-26　高级管理者社会网络中心度和信用债券契约特殊性条款的信息不对称渠道检验结果

变量	（1）	（2）	（3）	（4）	（5）	（6）	（7）	（8）
	IA	IA	IA	IA	Covenants	Covenants	Covenants	Covenants
NrmDegree	0.114** (2.181)	—	—	—	-0.124 (-1.327)	—	—	—

社会资本与信用债券契约——理论和证据

续表

变量	(1) IA	(2) IA	(3) IA	(4) IA	(5) Covenants	(6) Covenants	(7) Covenants	(8) Covenants
nBetweenness	—	0.056** (2.091)	—	—	—	-0.157*** (-3.143)	—	—
nEigenvec	—	—	0.006*** (3.044)	—	—	—	-0.008** (-2.376)	—
Composite	—	—	—	0.006*** (3.041)	—	—	—	-0.008** (-2.384)
IA	—	—	—	—	-0.216*** (-8.071)	-0.215*** (-8.039)	-0.214*** (-7.970)	-0.214*** (-7.970)
Size	0.084*** (12.558)	0.084*** (12.466)	0.084*** (12.663)	0.084*** (12.662)	-0.076*** (-4.977)	-0.073*** (-4.805)	-0.076*** (-5.002)	-0.076*** (-5.001)
Lev	-0.363*** (-4.937)	-0.356*** (-4.794)	-0.368*** (-5.048)	-0.368*** (-5.046)	0.974*** (6.769)	0.935*** (6.476)	0.980*** (6.850)	0.979*** (6.850)
Roa	2.606*** (7.017)	2.631*** (7.076)	2.612*** (7.049)	2.612*** (7.049)	-1.666*** (-2.739)	-1.698*** (-2.783)	-1.673*** (-2.745)	-1.673*** (-2.745)
Growth	0.019 (0.585)	0.019 (0.571)	0.024 (0.715)	0.024 (0.714)	0.136** (2.281)	0.136** (2.290)	0.131** (2.174)	0.131** (2.174)
Mtb	-0.018 (-1.384)	-0.020 (-1.490)	-0.020 (-1.567)	-0.020 (-1.566)	0.021 (1.008)	0.018 (0.864)	0.023 (1.120)	0.023 (1.119)
Tang	0.364*** (7.575)	0.362*** (7.535)	0.363*** (7.566)	0.363*** (7.567)	-0.274*** (-3.655)	-0.273*** (-3.638)	-0.274*** (-3.650)	-0.274*** (-3.650)
Boardsize	0.000 (0.108)	0.001 (0.149)	0.002 (0.407)	0.002 (0.405)	-0.020*** (-2.801)	-0.016** (-2.272)	-0.021*** (-3.112)	-0.021*** (-3.110)
Inde_board	0.214* (1.713)	0.215* (1.719)	0.176 (1.403)	0.176 (1.404)	-0.889*** (-4.076)	-0.874*** (-4.014)	-0.841*** (-3.845)	-0.841*** (-3.844)
Top1	0.299*** (5.355)	0.299*** (5.349)	0.298*** (5.331)	0.298*** (5.332)	-0.593*** (-6.133)	-0.608*** (-6.300)	-0.594*** (-6.143)	-0.594*** (-6.144)
Big4	0.241*** (12.367)	0.240*** (12.226)	0.240*** (12.394)	0.240*** (12.393)	0.074** (2.051)	0.084** (2.313)	0.075** (2.087)	0.075** (2.088)
常数项	2.165*** (12.327)	2.188*** (12.428)	2.204*** (12.441)	2.204*** (12.441)	1.827*** (8.948)	1.781*** (8.750)	1.778*** (8.772)	1.778*** (8.772)
Year	Yes	Yes	Yes	Yes	Yes	Yes	Yes	Yes
Industry	Yes	Yes	Yes	Yes	Yes	Yes	Yes	Yes

续表

变量	(1)	(2)	(3)	(4)	(5)	(6)	(7)	(8)
	IA	IA	IA	IA	Covenants	Covenants	Covenants	Covenants
Type	Yes	Yes	Yes	Yes	Yes	Yes	Yes	Yes
样本量	5673	5673	5673	5673	5673	5673	5673	5673
Sobel 值	—	—	—	—	-2.11**	-2.02**	-2.84***	-2.84***
Adj R^2	0.254	0.254	0.255	0.255	0.325	0.326	0.325	0.325

注：***、**和*分别表示在1%、5%和10%的水平上显著；系数下面的数值为T统计量。

中国面临严重不透明的信息环境问题，缺乏高质量财务报告和透明信息环境的制度安排。中国的资本市场经常被列为全球大型经济体中最不透明的市场之一。总体而言，信息不对称性的渠道机制检验表明，在中国社会资本缓解信息不对称方面起到了关键作用，社会资本通过缓解信息不对称降低了信用债券的发行利差，增加了信用债券发行金额，并减少了信用债券契约中的特殊性条款数量。

6.5.2 公司治理

表6-27至表6-29列示了公司治理中介效应检验的结果。我们采用主成分分析法构建公司治理的代理变量。选择独立董事占比、董事会规模、前三位高管薪酬之和、董事会持股比例、高管持股比例、第一大股东持股比例、总经理与董事长是否二职合一、监事会规模、产权性质共9个变量进行主成分分析，使用第一主成分作为公司治理的代理变量，该数值越大，表示公司治理水平越高。

表6-27是债券信用利差（Spreads）的公司治理渠道检验的结果。列（1）至列（4）检验了高级管理者社会网络中心度和公司治理水平（Cor_gov）的关系。可以看出，社会资本的4个代理变量——NrmDegree、nBetweenness、nEigenvec 和 Composite 对中介变量公司治理（Cor_gov）的回归系数分别为0.256、0.093、0.003和0.006，且都在1%的置信水平

上显著，说明高级管理者社会网络中心度会提高公司治理水平。列（5）回归结果显示，程度网络中心度（NrmDegree）对债券信用利差（Spreads）的回归系数为-0.308，公司治理（Cor_gov）对债券信用利差（Spreads）的回归系数为-0.795，且都在1%的置信水平上显著，说明程度网络中心度会提高公司治理能力，从而降低了债券信用利差，公司治理（Cor_gov）是程度网络中心度降低债券信用利差的部分中介变量，程度网络中心度和债券信用利差的公司治理渠道得到了验证。列（6）回归结果显示，中介网络中心度（nBetweenness）对债券信用利差（Spreads）的回归系数为-0.136，公司治理（Cor_gov）对债券信用利差（Spreads）的回归系数为-0.799，且都在1%的置信水平上显著，说明中介网络中心度会提高公司治理水平，从而降低了债券信用利差，公司治理（Cor_gov）是中介网络中心度降低债券信用利差的部分中介变量，中介网络中心度和债券信用利差的公司治理渠道得到了验证。列（7）回归结果显示，特征向量网络中心度（nEigenvec）对债券信用利差（Spreads）的回归系数为-0.020，公司治理（Cor_gov）对债券信用利差（Spreads）的回归系数为-0.814，且都在1%的置信水平上显著，说明特征向量网络中心度会提高公司治理水平，从而降低债券信用利差，公司治理（Cor_gov）是特征向量网络中心度降低债券信用利差的部分中介变量，特征向量网络中心度和债券信用利差的公司治理渠道得到了验证。列（8）回归结果显示，综合网络中心度（Composite）对债券信用利差（Spreads）的回归系数为-0.020，公司治理（Cor_gov）对债券信用利差（Spreads）的回归系数为-0.814，且都在1%的显著性水平上显著为负，说明综合网络中心度会提高公司治理能力，从而降低了债券信用利差，公司治理是综合网络中心度降低债券信用利差的部分中介变量，综合网络中心度和债券信用利差的公司治理渠道得到了验证。同时，所有回归均通过Sobel检验。

表 6-27　高级管理者社会网络中心度和债券信用利差的公司治理渠道检验结果

变量	(1) Cor_gov	(2) Cor_gov	(3) Cor_gov	(4) Cor_gov	(5) Spreads	(6) Spreads	(7) Spreads	(8) Spreads
NrmDegree	0.256*** (8.057)	—	—	—	-0.308*** (-4.967)	—	—	—
nBetweenness	—	0.093*** (6.044)	—	—	—	-0.136*** (-4.446)	—	—
nEigenvec	—	—	0.003*** (2.834)	—	—	—	-0.020*** (-12.048)	—
Composite	—	—	—	0.006*** (3.041)	—	—	—	-0.020*** (-12.046)
Cor_gov	—	—	—	—	-0.795*** (-28.047)	-0.799*** (-28.191)	-0.814*** (-28.919)	-0.814*** (-28.917)
Size	-0.022*** (-4.804)	-0.023*** (-4.843)	-0.021*** (-4.375)	0.084*** (12.662)	-0.174*** (-18.030)	-0.173*** (-17.893)	-0.172*** (-18.052)	-0.172*** (-18.049)
Lev	-0.221*** (-4.539)	-0.218*** (-4.464)	-0.241*** (-4.932)	-0.368*** (-5.046)	0.515*** (5.211)	0.505*** (5.079)	0.506*** (5.180)	0.506*** (5.178)
Roa	-1.055*** (-4.514)	-1.010*** (-4.324)	-0.935*** (-4.014)	2.612*** (7.049)	-5.986*** (-14.052)	-6.028*** (-14.168)	-6.017*** (-14.180)	-6.017*** (-14.179)
Growth	-0.068*** (-3.041)	-0.069*** (-3.047)	-0.071*** (-3.094)	0.024 (0.714)	0.143*** (3.364)	0.144*** (3.372)	0.126*** (2.982)	0.126*** (2.983)
Mtb	-0.193*** (-19.421)	-0.196*** (-19.784)	-0.202*** (-20.313)	-0.020 (-1.566)	-0.113*** (-5.870)	-0.111*** (-5.763)	-0.116*** (-6.031)	-0.116*** (-6.032)
Tang	0.410*** (13.927)	0.403*** (13.609)	0.398*** (13.447)	0.363*** (7.567)	-0.018 (-0.318)	-0.009 (-0.158)	-0.002 (-0.028)	-0.002 (-0.031)
Boardsize	0.467*** (17.915)	0.484*** (18.615)	0.523*** (20.735)	0.002 (0.405)	0.290*** (5.269)	0.280*** (5.093)	0.286*** (5.349)	0.286*** (5.354)
Inde_board	0.202** (2.556)	0.220*** (2.794)	0.264*** (3.315)	0.176 (1.404)	-0.545*** (-3.242)	-0.560*** (-3.324)	-0.383** (-2.282)	-0.383** (-2.285)
Top1	0.741*** (20.821)	0.737*** (20.764)	0.715*** (20.389)	0.298*** (5.332)	-0.357*** (-4.762)	-0.353*** (-4.714)	-0.356*** (-4.807)	-0.357*** (-4.811)
Big4	0.043*** (3.658)	0.045*** (3.712)	0.057*** (4.810)	0.240*** (12.393)	-0.244*** (-10.740)	-0.242*** (-10.640)	-0.236*** (-10.629)	-0.236*** (-10.626)
常数项	0.518*** (4.129)	0.530*** (4.129)	0.461*** (3.618)	2.204*** (12.441)	4.896*** (19.455)	4.871*** (19.457)	4.800*** (19.402)	4.800*** (19.402)

续表

变量	（1）	（2）	（3）	（4）	（5）	（6）	（7）	（8）
	Cor_gov	Cor_gov	Cor_gov	Cor_gov	Spreads	Spreads	Spreads	Spreads
Year	Yes	Yes	Yes	Yes	Yes	Yes	Yes	Yes
Industry	Yes	Yes	Yes	Yes	Yes	Yes	Yes	Yes
Type	Yes	Yes	Yes	Yes	Yes	Yes	Yes	Yes
样本量	7571	7571	7571	5673	7571	7571	7571	7571
Sobel 值	—	—	—	—	−7.74***	−5.91***	−2.82***	−2.79***
Adj R^2	0.422	0.420	0.418	0.255	0.683	0.683	0.687	0.687

注：***、**和*分别表示在 1%、5% 和 10% 的水平上显著；系数下面的数值为 T 统计量。

表 6-28 是信用债券发行规模（Amount）的公司治理渠道检验的结果。列（1）至列（4）检验结果同上，表明高级管理者社会网络中心度能够提升公司治理水平。列（5）回归结果显示，程度网络中心度（Nrm-Degree）对信用债券发行规模（Amount）的回归系数为 1.161，但在常规置信水平不显著，公司治理（Cor_gov）对信用债券发行规模（Amount）的回归系数为 1.394，且在 1% 的置信水平上显著，说明公司治理（Cor_gov）不是程度网络中心度提高信用债券发行规模的部分中介变量；列（6）回归结果显示，中介网络中心度（nBetweenness）对信用债券发行规模（Amount）的回归系数为 1.220，公司治理（Cor_gov）对信用债券发行规模（Amount）的回归系数为 1.377，且都在 1% 的置信水平上显著，说明中介网络中心度能够提升公司治理水平，从而提高信用债券发行规模，说明公司治理（Cor_gov）是中介网络中心度提高信用债券发行规模的部分中介变量，中介网络中心度和信用债券发行规模的公司治理渠道得到了验证；列（7）回归结果显示，特征向量网络中心度（nEigen-vec）对信用债券发行规模（Amount）的回归系数为 0.282，公司治理（Cor_gov）对信用债券发行规模（Amount）的回归系数为 1.527，且都在 1% 的置信水平上显著，说明特征向量网络中心度能够提升公司治理水平，

从而提高信用债券发行规模，公司治理（Cor_gov）是特征向量网络中心度提高信用债券发行规模的部分中介变量，特征向量网络中心度和信用债券发行规模的公司治理渠道得到了验证；列（8）回归结果显示，综合网络中心度（Composite）对信用债券发行规模（Amount）的回归系数为0.282，公司治理（Cor_gov）对信用债券发行规模（Amount）的回归系数为1.526，且都在1%的置信水平上显著，说明综合网络中心度能够提升公司治理水平，从而提高信用债券发行规模，公司治理是综合网络中心度提高信用债券规模的部分中介变量，综合网络中心度和信用债券发行规模的公司治理渠道得到了验证。同时，所有回归均通过 Sobel 检验。

表6-28　高级管理者社会网络中心度和信用债券发行规模的公司治理
渠道检验结果

变量	（1）Cor_gov	（2）Cor_gov	（3）Cor_gov	（4）Cor_gov	（5）Amount	（6）Amount	（7）Amount	（8）Amount
NrmDegree	0.256*** (8.057)	—	—	—	1.161 (1.557)	—	—	—
nBetweenness	—	0.093*** (6.044)	—	—	—	1.220*** (2.877)	—	—
nEigenvec	—	—	0.003*** (2.834)	—	—	—	0.282*** (9.616)	—
Composite	—	—	—	0.006*** (3.041)	—	—	—	0.282*** (9.607)
Cor_gov	—	—	—	—	1.394*** (6.003)	1.377*** (5.943)	1.527*** (6.535)	1.526*** (6.531)
Size	−0.022*** (−4.804)	−0.023*** (−4.843)	−0.021*** (−4.375)	0.084*** (12.662)	4.134*** (35.353)	4.119*** (35.138)	4.105*** (35.391)	4.105*** (35.387)
Lev	−0.221*** (−4.539)	−0.218*** (−4.464)	−0.241*** (−4.932)	−0.368*** (−5.046)	−7.045*** (−6.320)	−6.860*** (−6.146)	−6.800*** (−6.121)	−6.798*** (−6.119)
Roa	−1.055*** (−4.514)	−1.010*** (−4.324)	−0.935*** (−4.014)	2.612*** (7.049)	5.886 (1.170)	5.551 (1.105)	5.190 (1.039)	5.183 (1.038)
Growth	−0.068*** (−3.041)	−0.069*** (−3.047)	−0.071*** (−3.094)	0.024 (0.714)	−1.231*** (−3.037)	−1.237*** (−3.065)	−1.033** (−2.572)	−1.034** (−2.573)

续表

变量	（1）Cor_gov	（2）Cor_gov	（3）Cor_gov	（4）Cor_gov	（5）Amount	（6）Amount	（7）Amount	（8）Amount
Mtb	-0.193*** (-19.421)	-0.196*** (-19.784)	-0.202*** (-20.313)	-0.020 (-1.566)	-0.764*** (-3.915)	-0.745*** (-3.811)	-0.677*** (-3.508)	-0.676*** (-3.506)
Tang	0.410*** (13.927)	0.403*** (13.609)	0.398*** (13.447)	0.363*** (7.567)	2.340*** (3.586)	2.353*** (3.613)	2.290*** (3.545)	2.292*** (3.548)
Boardsize	0.467*** (17.915)	0.484*** (18.615)	0.523*** (20.735)	0.002 (0.405)	3.689*** (5.898)	3.487*** (5.599)	3.306*** (5.393)	3.303*** (5.388)
Inde_board	0.202** (2.556)	0.220*** (2.794)	0.264*** (3.315)	0.176 (1.404)	12.274*** (5.856)	12.200*** (5.824)	10.098*** (4.736)	10.103*** (4.739)
Top1	0.741*** (20.821)	0.737*** (20.764)	0.715*** (20.389)	0.298*** (5.332)	9.692*** (12.522)	9.833*** (12.782)	9.947*** (12.823)	9.950*** (12.827)
Big4	0.043*** (3.658)	0.045*** (3.712)	0.057*** (4.810)	0.240*** (12.393)	2.549*** (8.862)	2.470*** (8.588)	2.367*** (8.327)	2.367*** (8.325)
常数项	0.518*** (4.129)	0.530*** (4.129)	0.461*** (3.618)	2.204*** (12.441)	-40.139*** (-14.267)	-39.647*** (-14.076)	-38.641*** (-13.871)	-38.640*** (-13.870)
Year	Yes	Yes	Yes	Yes	Yes	Yes	Yes	Yes
Industry	Yes	Yes	Yes	Yes	Yes	Yes	Yes	Yes
Type	Yes	Yes	Yes	Yes	Yes	Yes	Yes	Yes
样本量	7571	7571	7571	5673	7571	7571	7571	7571
Sobel 值	—	—	—	—	4.81***	4.24***	2.60***	2.58***
Adj R^2	0.422	0.420	0.418	0.255	0.458	0.459	0.466	0.466

注：***、**和*分别表示在1%、5%和10%的水平上显著；系数下面的数值为 T 统计量。

　　表 6-29 是信用债券契约特殊性条款（Covenants）的公司治理渠道检验的结果。列（1）至列（4）检验结果同上，表明高级管理者社会网络中心度能够提升公司治理水平。列（5）回归结果显示，程度网络中心度（NrmDegree）对信用债券契约特殊性条款（Covenants）的回归系数为-0.060，但在常规置信水平上不显著，公司治理（Cor_gov）对信用债券契约特殊性条款（Covenants）的回归系数为-0.300，且在1%的置信水平上显著，说明公司治理（Cor_gov）不是程度网络中心度降低信用债券契

约特殊性条款数量的部分中介变量；列（6）回归结果显示，中介网络中心度（nBetweenness）对信用债券契约特殊性条款（Covenants）的回归系数为-0.106，公司治理（Cor_gov）对信用债券契约特殊性条款（Covenants）的回归系数为-0.297，且都在1%的置信水平上显著，说明中介网络中心度会提高公司治理水平，从而降低信用债券契约特殊性条款数量，公司治理（Cor_gov）是中介网络中心度降低信用债券契约特殊性条款数量的部分中介变量，中介网络中心度和信用债券契约特殊性条款的公司治理渠道得到了验证；列（7）回归结果显示，特征向量网络中心度（nEigenvec）对信用债券契约特殊性条款（Covenants）的回归系数为-0.007，公司治理（Cor_gov）对信用债券契约特殊性条款（Covenants）的回归系数为-0.305，且都在1%的置信水平上显著，说明特征向量网络中心度会提高公司治理水平，从而降低信用债券契约特殊性条款数量，公司治理是特征向量网络中心度降低信用债券契约特殊性条款数量的部分中介变量，特征向量网络中心度和信用债券契约特殊性条款数量的公司治理渠道得到了验证；列（8）回归结果显示，综合网络中心度（Composite）对信用债券契约特殊性条款（Covenants）的回归系数为-0.007，公司治理（Cor_gov）对信用债券契约特殊性条款（Covenants）的回归系数为-0.305，且都在1%的置信水平上显著为负，说明综合网络中心度会提高公司治理水平，从而降低信用债券契约特殊性条款数量，公司治理是综合网络中心度降低信用债券契约特殊性条款数量的部分中介变量，综合网络中心度和信用债券契约特殊性条款数量的公司治理渠道得到了验证。同时，所有回归均通过 Sobel 检验。

表 6-29　高级管理者社会网络中心度和信用债券契约特殊性条款的公司治理渠道检验结果

变量	（1）	（2）	（3）	（4）	（5）	（6）	（7）	（8）
	Cor_gov	Cor_gov	Cor_gov	Cor_gov	Covenants	Covenants	Covenants	Covenants
NrmDegree	0.256*** (8.057)	—	—	—	-0.060 (-0.853)	—	—	—

续表

变量	（1）	（2）	（3）	（4）	（5）	（6）	（7）	（8）
	Cor_gov	Cor_gov	Cor_gov	Cor_gov	Covenants	Covenants	Covenants	Covenants
nBetweenness	—	0.093***	—	—	—	−0.106***	—	—
		(6.044)				(−2.983)		
nEigenvec	—	—	0.003***	—	—	—	−0.007***	—
			(2.834)				(−3.954)	
Composite	—	—	—	0.006***	—	—	—	−0.007***
				(3.041)				(−3.958)
Cor_gov	—	—	—	—	−0.300***	−0.297***	−0.305***	−0.305***
					(−9.394)	(−9.335)	(−9.638)	(−9.636)
Size	−0.022***	−0.023***	−0.021***	0.084***	−0.073***	−0.072***	−0.073***	−0.073***
	(−4.804)	(−4.843)	(−4.375)	(12.662)	(−6.299)	(−6.182)	(−6.231)	(−6.230)
Lev	−0.221***	−0.218***	−0.241***	−0.368***	0.819***	0.801***	0.812***	0.812***
	(−4.539)	(−4.464)	(−4.932)	(−5.046)	(7.533)	(7.366)	(7.493)	(7.493)
Roa	−1.055***	−1.010***	−0.935***	2.612***	−1.349***	−1.301***	−1.334***	−1.334***
	(−4.514)	(−4.324)	(−4.014)	(7.049)	(−2.856)	(−2.749)	(−2.819)	(−2.818)
Growth	−0.068***	−0.069***	−0.071***	0.024	0.095**	0.096**	0.089**	0.089**
	(−3.041)	(−3.047)	(−3.094)	(0.714)	(2.132)	(2.147)	(1.975)	(1.975)
Mtb	−0.193***	−0.196***	−0.202***	−0.020	−0.040**	−0.043**	−0.042**	−0.042**
	(−19.421)	(−19.784)	(−20.313)	(−1.566)	(−2.176)	(−2.317)	(−2.317)	(−2.318)
Tang	0.410***	0.403***	0.398***	0.363***	−0.122**	−0.125**	−0.119*	−0.119*
	(13.927)	(13.609)	(13.447)	(7.567)	(−1.994)	(−2.054)	(−1.945)	(−1.947)
Boardsize	0.467***	0.484***	0.523***	0.002	−0.051	−0.026	−0.042	−0.041
	(17.915)	(18.615)	(20.735)	(0.405)	(−0.866)	(−0.442)	(−0.728)	(−0.726)
Inde_board	0.202**	0.220***	0.264***	0.176	−0.867***	−0.855***	−0.796***	−0.797***
	(2.556)	(2.794)	(3.315)	(1.404)	(−4.838)	(−4.787)	(−4.457)	(−4.457)
Top1	0.741***	0.737***	0.715***	0.298***	−0.212***	−0.229***	−0.219***	−0.219***
	(20.821)	(20.764)	(20.389)	(5.332)	(−2.662)	(−2.877)	(−2.747)	(−2.748)
Big4	0.043***	0.045***	0.057***	0.240***	0.017	0.025	0.022	0.022
	(3.658)	(3.712)	(4.810)	(12.393)	(0.592)	(0.883)	(0.780)	(0.781)
常数项	0.518***	0.530***	0.461***	2.204***	2.489***	2.439***	2.442***	2.442***
	(4.129)	(4.129)	(3.618)	(12.441)	(9.071)	(8.861)	(8.899)	(8.899)
Year	Yes	Yes	Yes	Yes	Yes	Yes	Yes	Yes
Industry	Yes	Yes	Yes	Yes	Yes	Yes	Yes	Yes

续表

变量	（1）	（2）	（3）	（4）	（5）	（6）	（7）	（8）
	Cor_gov	Cor_gov	Cor_gov	Cor_gov	Covenants	Covenants	Covenants	Covenants
Type	Yes	Yes	Yes	Yes	Yes	Yes	Yes	Yes
样本量	7571	7571	7571	5673	7571	7571	7571	7571
Sobel 值	—	—	—	—	-6.11***	-5.07***	-2.72***	-2.67***
Adj R^2	0.422	0.420	0.418	0.255	0.339	0.340	0.341	0.341

注：***、**和*分别表示在1%、5%和10%的水平上显著；系数下面的数值为T统计量。

在中国债权人法律保护不健全的背景下，债券发行人和债券投资者之间的代理冲突更加严重。总体而言，高级管理者的社会资本有助于限制管理者机会行为和克服"搭便车"问题，能在一定程度上通过提升公司治理水平，帮助公司获得宽松的债券契约条款。

6.6　异质性分析

6.6.1　基于破产风险的异质性分析

公司的融资行为会受到破产风险的影响（Harris 和 Raviv，1991），公司的破产风险越高，债券违约风险也越大。破产风险高的公司往往面临着更大的融资约束，债券投资者作为信息劣势方会对破产风险高的发行方要求更高的风险溢价（郑曼妮等，2018）和更严格的债券契约条款。风险规避的债券投资者对高风险公司更易持有谨慎态度（Stephan 等，2012）。高级管理者的社会资本能为债券投资者提供关于企业未来的现金流、发展前景与违约风险的增量信息，有效降低债券投资者信息收集与监督成本，从而帮助投资者合理评估风险，降低债券投资者和债券发行方之间的信息不对称程度,增强投资者信心。对高破产风险的公司而言,其低效清算的可能性更高,使高级管理者的社会资本能够减缓金融摩擦的作用尤为凸显。而破产风险较低的公司面临低效清算困境的可能性比较小,社会资本发挥作用的空间相对有限。因此,我们预计社会资本与债券契约之间的关系在破产风险高的样本中更加明显。本书参考 Altman(2000)使用修正后的 Z 值法来衡量公司破产风险。Zscore 得分越高时表示公司破产风险越小,并基于破产风险得分数值中位数将样本分为破产风险高、低高两组,分组进行回归分析。

表 6-30 报告了高级管理者社会网络中心度对信用债券契约影响基于破产风险的分组回归结果。

表 6-30 高级管理者社会网络中心度对信用债券契约影响
基于破产风险的分组回归

变量	破产风险低	破产风险高	破产风险低	破产风险高	破产风险低	破产风险高
	Spreads	Spread	Amount	Amount	Covenants	Covenants
Composite	-0.022*** (-7.854)	-0.031*** (-8.686)	0.232*** (5.593)	0.294*** (5.898)	-0.000 (-0.106)	-0.021*** (-5.645)
Size	-0.199*** (-15.325)	-0.122*** (-8.133)	4.938*** (28.022)	3.166*** (23.200)	-0.155*** (-9.902)	0.015 (0.974)
Lev	-0.091 (-0.672)	1.751*** (8.354)	-15.143*** (-9.477)	1.812 (0.932)	0.855*** (5.747)	1.435*** (6.948)
Roa	-4.528*** (-7.966)	-4.433*** (-5.793)	7.041 (1.070)	-10.902 (-1.347)	-0.521 (-0.873)	-1.590** (-2.197)
Growth	0.173*** (3.149)	0.151** (2.107)	-1.407*** (-2.653)	-0.849 (-1.442)	0.085 (1.501)	0.058 (0.843)
Mtb	0.040* (1.886)	0.059 (1.162)	-0.723*** (-3.149)	-1.722*** (-4.399)	0.001 (0.029)	0.050 (1.360)
Tang	-0.246*** (-2.860)	-0.517*** (-6.284)	1.043 (0.999)	2.971*** (3.757)	-0.269*** (-3.035)	-0.228*** (-2.883)
Boardsize	-0.012* (-1.658)	-0.025*** (-3.566)	0.288*** (2.842)	0.542*** (7.076)	-0.017** (-2.150)	-0.024*** (-3.471)

续表

变量	破产风险低	破产风险高	破产风险低	破产风险高	破产风险低	破产风险高
	Spreads	Spread	Amount	Amount	Covenants	Covenants
Inde_board	0.081 (0.330)	-1.303*** (-5.668)	13.117*** (4.245)	6.878*** (2.721)	0.053 (0.217)	-1.717*** (-7.262)
Top1	-0.601*** (-6.338)	-1.243*** (-10.526)	15.914*** (14.578)	7.537*** (7.309)	-0.214** (-2.087)	-0.582*** (-5.028)
Big4	-0.193*** (-5.557)	-0.332*** (-10.466)	1.701*** (4.111)	3.222*** (7.854)	0.049 (1.316)	-0.064 (-1.619)
常数项	4.644*** (8.049)	3.746*** (5.476)	-40.464*** (-7.407)	-35.154*** (-13.146)	2.276*** (7.615)	-0.052 (-0.248)
Year	Yes	Yes	Yes	Yes	Yes	Yes
Industry	Yes	Yes	Yes	Yes	Yes	Yes
Type	Yes	Yes	Yes	Yes	Yes	Yes
样本量	4015	3963	4015	3963	4015	3963
SUEST 值	3.94**		0.90		15.76***	
Adj R^2	0.655	0.659	0.543	0.294***	0.307	0.393

注：***、**和*分别表示在1%、5%和10%的水平上显著；系数下面的数值为 T 统计量。

由表 6-30 可知，当破产风险高时，社会资本的代理变量——综合网络中心度（Composite）对债券信用利差、信用债券发行规模和信用债券契约特殊性条款的回归系数分别为-0.031、0.294 和-0.021，且都在 1%的置信水平上显著。当破产风险低，社会资本的代理变量——综合网络中心度（Composite）对债券信用利差、信用债券发行规模和信用债券契约特殊性条款的回归系数分别为-0.022、0.232 和-0.000，社会资本对债券信用利差、信用债券发行规模的影响都在 1%的置信水平上显著，而社会资本对信用债券契约特殊性条款的影响在常规置信水平上不显著。通过比较破产风险高、低两组的回归结果，发现社会资本对债券信用利差、信用债券发行规模和信用债券契约特殊性条款的回归系数绝对值和显著性水平在破产风险高的组中更大且更显著，表明社会资本对信用债券契约的影响在破产风险高的组中更为明显，尤其是债券信用利差和信用债券契约特殊性条款。这可能是因为在破产风险较低时，社会资本也发挥一定的作用，但发挥的作用相对比较小，而在破产风险较高时，社会资本发挥的作用空间更大、更有效。这表明高级管理者连锁网络关系能够减缓金融摩擦，降低投资者的监督成本和搜寻成本。相较于破产风险小的公司，破产风险较高的公司更依赖高级管理者连锁网络带来的社会资源。SUEST 检验结果表明：社会资本和债券信用利差（Spread）、信用债券契约限制性条款（Covenants）的分组回归中，破产风险高、低两组样本之间均存在显著差异；在社会资本和信用债券发行规模（Amount）分组回归虽然未通过组间差异检验，但与破产风险低的组相比，破产风险高的组的综合网络中心度（Composite）的回归系数更大一些（分别为 0.232 和 0.294）且更显著性一些（T 值分别为 5.593 和 5.898）。总的来说，我们的实证结果显示社会资本对信用债券契约的影响在破产风险高的组中更为明显，尤其是债券信用利差和信用债券契约特殊性条款。

6.6.2 基于债券违约行业的异质性分析

债券投资者和债券发行方之间存在信息不对称问题，债券投资者在做出债券投资决策之前主要依靠公开信息评估债券发行方的风险。债券违约事件作为负面影响事件会向市场参与者传递强烈的信用风险信号（刘辰嫣和肖作平，2022）。同行业内公司的经营模式、运营模式、资产结构和资本结构较为类似（Leary 和 Roberts，2014），也面临着相同的宏观风险和行业冲击，这可能会导致同行业内公司的经营风险变化趋于同步。债券违约事件带来的信用风险具有传染效应（郭超，2016），尤其会在行业内部产生严重的负面影响（张春强等，2019），进而提高投资者对行业内其他公司债券的风险预期，降低投资者信心。此时，社会资本有助于在公司和债券投资者之间建立信任关系，缓解金融摩擦，降低行业债券违约事件的负面传染效应，增强投资者的信心，进而降低债券信用利差、减少信用债券契约特殊性条款数量和增加信用债券发行规模。因此，我们预计当债券发行人所处行业发生过债券违约时，社会资本对债券契约的影响更显著。债券违约数据来自 Wind 数据库，由于 Wind 数据库中信用债券违约披露的行业使用的是 Wind 的行业分类标准，因此我们按照 Wind 行业分类标准，将债券违约个数大于违约中位数（20 只）的行业定义为债券违约较多的行业，债券违约个数小于违约中位数（20 只）的行业定义为债券违约较少的行业。

表 6-31 报告了高级管理者社会网络中心度对信用债券契约影响基于债券违约行业的分组回归结果。

表 6-31　高级管理者社会网络中心度对信用债券契约影响
基于债券违约行业的分组回归

变量	债券违约多	债券违约少	债券违约多	债券违约少	债券违约多	债券违约少
	Spreads	Spreads	Amount	Amount	Covenants	Covenants
Composite	-0.031 *** (-7.570)	-0.023 *** (-9.037)	0.360 *** (6.320)	0.282 *** (7.619)	-0.013 *** (-2.646)	-0.008 ** (-2.406)
Size	-0.096 *** (-6.131)	-0.222 *** (-15.605)	3.275 *** (22.062)	5.119 *** (27.767)	-0.049 ** (-2.416)	-0.070 *** (-5.525)
Lev	0.635 *** (3.606)	0.580 *** (4.233)	0.459 (0.275)	-12.187 *** (-8.750)	1.518 *** (7.384)	0.605 *** (4.919)
Roa	-4.442 *** (-5.679)	-4.226 *** (-7.766)	29.838 *** (3.423)	-15.685 ** (-2.546)	-0.740 (-0.892)	-1.512 *** (-2.698)
Growth	0.262 *** (3.870)	0.024 (0.396)	-1.373 ** (-2.444)	-0.657 (-1.158)	0.180 ** (2.464)	-0.005 (-0.097)
Mtb	-0.094 *** (-2.820)	0.079 *** (3.226)	0.240 (0.713)	-1.276 *** (-5.248)	-0.003 (-0.094)	0.053 *** (2.602)
Tang	-0.377 *** (-3.230)	-0.390 *** (-5.312)	-0.613 (-0.449)	2.786 *** (3.856)	-0.175 (-1.406)	-0.150 ** (-2.103)
Boardsize	-0.045 *** (-5.684)	0.013 * (1.874)	0.563 *** (5.475)	0.301 *** (3.971)	-0.028 *** (-3.411)	-0.018 *** (-2.642)
Inde_ board	-0.869 *** (-3.521)	-0.745 *** (-3.136)	9.110 *** (3.272)	14.299 *** (5.047)	-1.066 *** (-3.875)	-0.583 *** (-2.772)

续表

变量	债券违约多	债券违约少	债券违约多	债券违约少	债券违约多	债券违约少
	Spreads	Spreads	Amount	Amount	Covenants	Covenants
Top1	−1.508*** (−11.806)	−0.588*** (−6.364)	6.992*** (6.323)	14.636*** (13.960)	−0.354** (−2.385)	−0.514*** (−5.986)
Big4	−0.338*** (−9.735)	−0.299*** (−9.255)	2.732*** (5.771)	1.862*** (5.004)	−0.129*** (−2.889)	0.095*** (2.638)
常数项	3.716*** (16.587)	5.036*** (9.931)	−21.043*** (−4.020)	−41.708*** (−11.034)	1.079*** (2.587)	1.353*** (6.708)
Year	Yes	Yes	Yes	Yes	Yes	Yes
Industry	Yes	Yes	Yes	Yes	Yes	Yes
Type	Yes	Yes	Yes	Yes	Yes	Yes
样本量	3634	4344	3634	4344	3634	4344
SUEST 值	3.07*		1.34		0.70	
Adj R²	0.675	0.633	0.434	0.552	0.364	0.319

注：***、**和*分别表示在1%、5%和10%的水平上显著；系数下面的数值为T统计量。

由表6-31可知，在债券违约多的组别中：社会资本的代理变量——综合网络中心度（Composite）对债券信用利差（Spreads）的回归系数为−0.031，且在1%的置信水平上显著；社会资本的代理变量——综合网络中心度（Composite）对信用债券发行规模（Amount）的回归系数为0.360，且在1%的置信水平上显著；社会资本的代理变量——综合网络中心度（Composite）对信用债券契约特殊性条款（Covenants）的回归系数为−0.013，且在1%的置信水平上显著。在债券违约少的组别中：社会资本的代理变量——综合网络中心度（Composite）对债券信用利差（Spreads）的回归系数为−0.023，且在1%的置信水平上显著；社会资本的代理变量——综合网络中心度（Composite）对信用债券发行规模（Amount）的回归系数为0.282，且在1%的置信水平上显著；社会资本的代理变量——综合网络中心度（Composite）对信用债券契约特殊性条款（Covenants）的回归系数为−0.008，且在5%的置信水平上显著。社会资

本的代理变量——综合网络中心度（Composite）对信用债券契约的回归
系数在两组回归中均具有统计意义，但是在债券违约多的组别中，社会资
本的代理变量——综合网络中心度（Composite）对信用债券契约的回归
系数的绝对值更大。总体而言，债券违约数量多的行业对于高级管理者连
锁网络的反应程度更强，即债券违约较多的行业受到高级管理者连锁网络
的影响更大，说明债券违约数量多的行业，社会资本在债券契约中所起的
作用更大。同时 SUEST 检验结果表明，债券违约较多行业的样本债券信
用利差受到高级管理者连锁网络的影响更大。

6.6.3 基于行业集中度的异质性分析

一方面，企业所在的行业竞争越激烈，面临的经营风险越大（夏卓
秀和邓路，2023）。尤其是在市场低迷时，企业面临投资不足、经营亏损
等问题无法形成独特的竞争优势（Haushalter 等，2007），面临更大的破
产风险（Aguerrevere，2009）。投资者面临的经营风险越高，要求的投资
回报越大，金融契约条款将更严格。另一方面，行业竞争越激烈，企业避
免竞争对手的信息掠夺，越倾向采用更不透明的信息披露政策（Li，
2010），给债券投资者带来更高的信息风险（Bharath 等，2008）。这对依
赖公开市场信息的债券投资者来说，将面临更为严重的信息不对称问题。
此时，高级管理者连锁构建的关系网络可以提供一个信息流通的渠道，缓
解信息不对称，阻止机会主义行为。同时，拥有较高社会资本的公司不仅
能够增强投资者对其的认可度和信心，还能通过其丰富的社会资源和良好
的声誉提升公司的整体质量。因此，我们预计社会资本与债券契约之间的
关系在行业集中度高的样本中更加明显。市场竞争程度，我们使用赫芬达
尔指数，$HHI = Sum[(X_i/X)^2]$，利用单个公司主营业务收入计算其所占
行业市场份额。其中，X_i 为单个公司的主营业务收入，X 为该公司所属
行业的主营业务收入合计，(X_i/X) 为该公司所占的行业市场份额，即行
业内的每家公司的主营业务收入与行业主营业务收入合计的比值的平方累
加，HHI 越大代表行业集中度越高。我们基于行业集中度数值中位数将

样本分为行业集中度低和行业集中度高两组，分组进行回归分析。

表 6-32 报告了高级管理者社会网络中心度对信用债券契约特殊性条款影响基于行业集中度的分组回归结果。

表 6-32　高级管理者社会网络中心度对信用债券契约特殊性条款影响
基于行业集中度的分组回归

变量	行业集中度高	行业集中度低	行业集中度高	行业集中度低	行业集中度高	行业集中度低
	Spreads	Spreads	Amount	Amount	Covenants	Covenants
Composite	−0.031*** (−10.788)	−0.023*** (−5.903)	0.313*** (7.317)	0.291*** (6.449)	−0.013*** (−4.615)	−0.005 (−1.028)
Size	−0.178*** (−12.423)	−0.120*** (−7.508)	4.856*** (29.899)	2.880*** (20.270)	−0.090*** (−5.979)	−0.014 (−0.780)
Lev	0.699*** (4.904)	0.743*** (4.593)	−11.956*** (−7.559)	−4.555*** (−3.258)	0.816*** (5.830)	0.769*** (4.501)
Roa	−4.229*** (−7.449)	−4.861*** (−7.036)	9.096 (1.202)	1.159 (0.177)	−1.061* (−1.945)	−1.947** (−2.504)
Growth	0.249*** (3.911)	0.073 (1.109)	−0.952 (−1.608)	−0.250 (−0.514)	0.064 (1.063)	0.160** (2.397)
Mtb	0.003 (0.114)	0.113*** (3.660)	−0.871*** (−3.340)	−1.515*** (−6.554)	0.026 (1.333)	0.057* (1.897)
Tang	−0.562*** (−6.321)	−0.091 (−1.020)	5.104*** (4.845)	−1.578** (−1.971)	−0.033 (−0.371)	−0.329*** (−3.776)
Boardsize	−0.026*** (−3.527)	−0.008 (−1.024)	0.561*** (5.507)	0.379*** (5.133)	−0.030*** (−4.390)	−0.008 (−1.024)
Inde_board	−0.798*** (−3.474)	−0.413 (−1.613)	0.239 (0.081)	17.120*** (6.275)	−1.197*** (−5.162)	−0.054 (−0.217)
Top1	−1.072*** (−9.741)	−0.979*** (−9.322)	12.257*** (12.493)	9.185*** (8.606)	−0.210** (−2.132)	−0.675*** (−5.859)
Big4	−0.271*** (−8.173)	−0.275*** (−8.053)	3.768*** (8.404)	1.314*** (3.368)	0.102*** (2.834)	−0.151*** (−3.693)
常数项	4.809*** (21.724)	2.973*** (12.052)	−37.833*** (−11.302)	−20.475*** (−6.753)	1.728*** (9.362)	1.160*** (3.023)
Year	Yes	Yes	Yes	Yes	Yes	Yes
Industry	Yes	Yes	Yes	Yes	Yes	Yes

续表

变量	行业集中度高	行业集中度低	行业集中度高	行业集中度低	行业集中度高	行业集中度低
	Spreads	Spreads	Amount	Amount	Covenants	Covenants
Type	Yes	Yes	Yes	Yes	Yes	Yes
样本量	4171	3807	4171	3807	4171	3807
SUEST 值	2.89*		0.13		1.72	
Adj R^2	0.655	0.633	0.579	0.346	0.320	0.369

注：＊＊＊、＊＊和＊分别表示在 1%、5% 和 10% 的水平上显著；系数下面的数值为 T 统计量。

由表 6-32 可知，当行业集中度高时，社会资本的代理变量——综合网络中心度（Composite）对债券信用利差（Spreads）、信用债券发行规模（Amount）和信用债券契约特殊性条款（Covenants）的回归系数分别为 -0.031、0.313 和 -0.013，且都在 1% 的置信水平上显著。当行业集中度低时，社会资本的代理变量——综合网络中心度（Composite）对债券信用利差（Spreads）、信用债券发行规模（Amount）和信用债券契约特殊性条款（Covenants）的回归系数分别 -0.023、0.291 和 -0.005，社会资本对债券信用利差和信用债券发行规模的影响都在 1% 的置信水平上显著，而社会资本对信用债券契约特殊性条款的影响在常规置信水平上不显著。与行业集中度低的组别相比，在行业集中度高的组别中，社会资本的代理变量——综合网络中心度（Composite）对债券契约的回归系数的绝对值更大（回归系数分别为 -0.023 和 -0.031，0.291 和 0.313，-0.005 和 -0.013）且更显著性（T 值分别为 -5.903 和 -10.788，6.449 和 7.317，-1.028 和 -4.615）。总的说来，在行业集中度较高时，社会资本在信用债券契约中发挥更重要作用，尤其是债券信用利差和信用债券契约特殊性条款。同时，SUEST 检验结果表明，行业集中度高的样本中债券信用利差受到高管连锁网络的影响更大。

6.7 本章小结

本章选取从 2007 年 9 月 1 日至 2020 年 12 月 31 日在沪、深证券交易所、银行间交易商协会发行的信用债券作为研究样本（总共 7978 个观察值），在控制公司特征、公司治理、行业、年度和信用债券类别等因素下，借鉴 Freeman（1979）、Opsahl 等（2010）、El-Khatib 等（2015）和 Fogel 等（2018）的研究，采用点度中心强度、中介中心强度、特征向量中心强度和综合中心度 4 个代理变量度量社会资本，实证研究社会资本对信用债券契约的影响，包括债券信用利差、信用债券发行规模和信用债券契约特殊性条款等。研究发现，社会资本的提升有助于公司签订更宽松的信用债券契约条款，即社会资本与债券信用利差显著负相关，与信用债券发行规模显著正相关，与信用债券契约特殊性条款数量显著负相关。同时，本书采用倾向得分匹配法（PSM）、工具变量法（IV）、两阶段最小二乘回归法（2SLS）、Heckman 两阶段等方法解决系统内生性问题，并进行了一系列的稳健性检验，结果表明研究结论并没有发生实质性的变化，研究结论是稳健可靠的。此外，本书借鉴 Baron 和 Kenny（1986）的中介传导效应检验模型，实证检验了社会资本影响信用债券契约的影响渠道——信息不对称和公司治理。研究发现，社会资本通过减缓金融摩擦，即缓解信息不对称和提升公司治理水平，进而影响信用债券契约。具体而言，社会资本通过减缓信息不对称和提升公司治理水平，进而降低债券信用利差和信用债券契约条款数量，增加信用债券发行规模。本书进行了异质性分析，包括基于破产风险的异质性分析、基于债券违约行业的异质性分析和基于行业集中度的异质性分析。研究发现，破产风险高的公司，社会资本减缓市场摩擦的作用尤为凸显，社会资本对债券契约的影响更显著，尤其是债券信用利差和信用债券契约特殊性条款；当债券发行人所处行业发生较多债券违约时，社会资本对债券契约的影响更显著，尤其是债券信用利差和信用债券契约特殊性条款；社会资本与信用债券契约之间的关系在行业集中度高的样本中更加明显，尤其是债券信用利差和信用债券契约特殊性条款。

　　总体而言，研究结果表明，社会资本作为一种重要的非正式制度在信用债券契约中发挥重要作用，社会资本可被视为一个社会监控系统，促进债券发行人和债券投资者之间的信任和合作，减缓市场摩擦（信息和代理问题），弥补契约不完备的缺陷，帮助公司签订更宽松的信用债券契约条款。社会资本与信用债券契约之间的关系因破产风险、债券违约和行业集中存在差异，尤其是债券信用利差和信用债券契约特殊性条款。

第7章 结论

7.1 主要研究结论

    近年来，随着中国资本市场的快速发展，政府相关部门也在积极发展公司债、企业债等债券融资工具。2003 年 10 月，中共十六届三中全会通过的《中共中央关于完善社会主义市场经济体制若干问题的决定》指出，要扩大直接融资，建立多层次资本市场体系，积极拓展债券市场。2008 年底，国务院办公厅发布了《关于当前金融促进经济发展的若干意见》，提出要加大对金融市场的支持力度，扩大包括企业债、公司债、短期融资券等债券的发行规模。2014 年 5 月，国务院办公厅发布的《关于进一步促进资本市场健康发展的若干意见》中为债券市场的规范发展提供若干指导建议。2015 年 1 月，证监会发布的《公司债券发行与交易管理办法》将加强市场监管、强化投资者保护作为主要内容，并对公司债契约条款做出引导性规定。随后，中国债券市场发展迅速，极大地改变了中国乃至全球的金融结构，现已成为世界第二大债券市场。债券市场的蓬勃发展意味着债券契约条款的合理设计日益重要，如何推动中国债券市场的健康发展已成为学术界和实务界亟待解决的问题。

与西方社会相比，中国的转型过程带来了更具活力的社会交流。中国的社会交往深深植根于当地的文化和历史传统。中国的社会规范、商业文化和法制外的机制在促进高水平经济活动方面发挥了重要作用。社会资本作为一种重要的非正式制度能够对正式制度起到补充作用，在公司融资活动中发挥更重要作用。作为一个新兴市场国家，中国的金融体系尚不完善，执法效率偏低，公司往往会通过"声誉"和"关系"等替代机制来保证金融交易的正常进行。中国的一个显著特征是在经济发展中对"关系"管理的重视。中国社会是一个典型的关系型社会，非常重视非正式制度（如"关系"）的潜在规则，往往忽视了理性的正式机制（如法律）。中国的资本市场经常被列为全球大型经济体中最不透明的市场之一。作为最重要的非正式制度之一的社会资本，通过信任、信息流动、惩罚和声誉等机制缓解金融摩擦，有助于克服契约问题，因为它能约束狭隘的个人利益、鼓励合作并缓解交易中的机会主义行为，帮助克服"搭便车"问题。因此，社会资本能够缓解债券发行人和债券投资者之间的代理问题。同时，社会资本能够减少对高昂的正式法律补救措施的需求，为解决契约争端提供一种选择，能最大限度地减少由契约争端所引发的负面影响，使交易参与者更容易重新谈判契约，降低公司违约风险。因此，社会资本能够帮助公司最小化不完全契约的负面后果，并通过这种联系影响债券契约。此外，社会资本还能为公司融资提供一种隐性担保，可作为正式和非正式借贷安排中的社会抵押品，有利于公司获得融资资源。因此，在中国这样的新兴市场国家中，社会资本在债券契约中发挥重要作用。社会资本通过信任、信息流动、惩罚和声誉等机制缓解了金融摩擦，帮助公司签订更宽松的债券契约条款。

　　因此，在这一现实背景下，本书意识到社会资本和债券契约条款的设计在中国的重要性，研究社会资本与债券契约之间的关系更凸显其价值和意义。

　　本书在回顾相关文献基础上，结合中国的融资制度背景，剖析了中国信用债券契约特征，并进行了国际比较，理论和实证研究社会资本对信用债券发行利差、信用债券发行金额和信用债券契约特殊条款的影响，并研究了社会资本对信用债券契约影响的渠道机制。具体来说，本书理论推演了社会资本作为非正式制度如何影响信用债券契约条款，并进一步分析了社会资本通过缓解信息不对称和提高公司治理水平，进而对信用债券契约产生积极的影响。在理论推演的基础上，采用普通最小二乘法（OLS）、倾向匹配得分（PSM）、二阶段最小二乘法（2SLS）、Heckman 两阶段检验和工具变量（IV）等方法对本书提出的研究假设进行实证分析，并进行了异质性分析。实证结果表明：社会资本的提高能帮助公司获得宽松的信用债券契约条款；社会资本通过缓解信息不对称和提高公司治理水平影响信用债券契约；社会资本与信用债券契约之间的关系因破产风险、债券违约和行业集中存在差异，尤其是债券信用利差和信用债券契约特殊性条款。

具体而言，本书的研究结论总结如下：

第一，中国的银行主导了整体融资体系，直接融资占比低，间接融资占比高；直接融资结构中，直接融资以债券融资为主，权益融资占比低；债券市场结构中，政府债券和金融债券占比高，非金融企业债券占比相对较低。

第二，中国债券市场发行规模最大的是超短期融资债券，对短期债券融资有强烈需求；中国银行间市场在信用债发行上占据主力地位；中国信用债券的信用评级普遍存在等级虚高，发债主体信用级别分化程度较小；中国早期信用债券的特殊性条款存在部分条款实施条件模糊不清、条款设计较为单一等问题。

第三，高级管理者社会资本越丰富，债券信用利差越低。这表明在中国的社会文化背景下，高级管理者的社会关系网络在债券契约定价中扮演着重要角色，特别是在信息披露机制不完善的情况下，社会资本可以有效地传递信息，减缓代理问题，减少债券投资者对其信用风险的担忧，从而降低债券投资者要求的债券信用利差。

第四，高级管理者社会资本越丰富，信用债券发行规模越大。这表明在一个关系型社会中，高级管理者的社会关系网络在公司融资活动中扮演着重要角色，通过利用其广泛的社会关系网络，能帮助公司获得更多的融资资源，并在债券市场上募集到更多的资金。

第五，高级管理者社会资本越丰富，信用债券契约特殊性条款越少。这表明在中国，高级管理者的社会资本作为缓解金融摩擦的一种重要的非正式机制对信用债券契约特殊性条款产生积极的作用，社会资本越丰富，金融摩擦越少，债券投资者对公司的信任度越高，从而减少了对严格监督和控制的需求，进而减少了信用债券契约特殊性条款数量。

第六，高级管理者社会资本通过缓解信息不对称和改善公司治理两条路径影响债券契约。这表明高级管理者的社会资本有助于缓解金融摩擦（信息和代理问题），减缓信息不对称问题，限制管理者机会行为和克服"搭便车"问题，从而帮助公司获得宽松的债券契约条款。

第七，在破产风险高、行业集中度高以及债券违约多的行业所处的公司，高级管理者社会资本与信用债券契约之间的关系更明显，尤其是债券信用利差和信用债券契约特殊性条款。这表明高级管理者社会资本与信用债券契约之间的关系因破产风险、债券违约和行业集中存在差异，社会资本在破产风险高、债券违约多和行业集中度高的环境中，社会资本更能充分发挥对信用债券契约的作用。

总体而言，本书揭示了高级管理者社会资本在公司融资活动中的重要性，并为债券市场的风险定价、融资策略和债券契约特殊性条款的设计提供了新的视角。

7.2　政策启示

基于本书的理论分析与实证结果，结合制度比较和专家咨询，我们可以为公司管理者、债券投资者、政策制定者和监管部门提出若干重要的政策启示，这些启示对于优化企业融资环境、提升债券市场效率和推动债券市场高质量发展具有深远的意义。

第一，公司及管理层应高度重视社会关系网络的建设和维护，从社会资本中获得最大的利益，以达到最佳经济效益，特别是在公司的融资领域。研究表明，高级管理者在社会网络中的中心度对债券信用利差、发行规模及特殊性条款具有显著积极影响。这意味着通过提升高级管理者在社会网络中的位置，可以有效缓解金融摩擦，减少信息不对称和代理问题，降低融资成本，并提高融资效率。公司管理者应该与周围的所有社会行为者保持平衡的态度。不仅要照顾到正式的网络关系，而且非正式的人际关系也要得到同等加强。因此，公司应制定明确的策略，鼓励管理层积极拓展和维护跨公司、跨行业的关系网络，例如，通过参与行业协会、学术研讨会或其他专业网络平台，来扩大其社会影响力和资源获取能力。这不仅能为公司带来更优的融资条件，也有助于增强公司整体的市场竞争力。

第二，完善和细化债券契约特殊性条款（也称保护性或限制性条款）设计，包括债务、支付、资产出售限制等方面的保护性条款，以及控制权变更回售、交叉违约等。监管部门应评估分析债务风险变化的新特征，细化债券契约特殊性条款内容，健全受托管理人制度，促进受托管理人归位尽责，充分发挥对债券发行人的监督作用，督促债券发行人履行契约条款和偿还义务，推动特殊性条款在信用债券发行过程中的应用。同时，债券发行人要充分认识特殊性条款对企业经营和债务管理的影响，债券投资人要注意甄别特殊性条款的有效性。

第三，信息披露的完善和透明至关重要。研究显示，信息不对称是影响债券契约的关键因素之一。因此，公司在债券发行过程中，应严格遵守信息披露的相关规定，确保信息的及时性、准确性和完整性。这包括披露公司财务状况、经营前景、高管变动等重要信息，以增加市场透明度，减少投资者的疑虑，进而优化融资条件。此外，如何提高信息披露质量，也成为监管部门亟待解决的实践问题。监管部门应积极推动信息披露机制的完善，通过实施一系列监管措施来优化信息披露流程，降低信息披露成本，并增强信息的可读性和透明度，确保债券市场信息披露质量，从而提升市场的整体透明度和公信力。

第四，政策制定者应考虑通过制度设计和激励机制，鼓励公司管理层在不同公司间兼职任职。公司管理者在多个公司中的任职不仅能够促进企业间的资源共享和协同效应，还能提升公司治理水平，进而降低企业融资成本和市场交易风险。因此，鼓励公司管理者在跨公司担任董事或顾问等职务，既有助于增强其社会网络的广度和深度，也能够提升其在行业中的领导力和影响力。这种做法不仅有利于企业内部治理结构的优化，也能增强企业在债券市场中的信誉度，从而实现更有利的融资条件。

第五，政策制定者应大力支持和推广社会网络分析在企业管理中的应用。社会网络分析，特别是针对高级管理者连锁网络的量化研究，能够为企业提供关于社会资本运作的深度洞察，帮助企业更好地规划和利用其社会资源。通过加强对高级管理者社会网络的分析和监测，公司可以更加精准地定位和利用关键资源，提升企业在市场中的地位。政府和监管机构可以通过专项研究基金、政策引导等方式，推动这一领域的研究发展，从而为企业的战略规划和资本运作提供更加科学的依据。

第六，政府和监管机构应积极优化债券市场环境，营造风清气正的评级市场环境。监管部门应统一市场规则，加强信用债券市场统筹规划和监管协同，充分发挥监管约束作用，按照分类趋同原则，逐步统一信用评级等制度规则和执行标准，强化市场化约束机制，提高风险揭示能力，为债券的风险识别和有效定价进一步夯实基础，减少因信用和代理问题引发的市场失灵问题，提高市场的整体效率和稳定性，完善投资者保护机制，持续推动信用评级行业健康发展。

第七，政策制定者应加强市场监管，制定和完善相关法规，防止市场中的不正当行为，特别是在信息不对称导致的市场失灵方面。政府相关部门应推动建立健全市场化、法治化的债券违约风险处置机制，形成司法、行政、自律有机结合、良性互动的违约处置框架，促进债券市场信用风险有序出清，提高市场韧性和风险防范化解能力。通过强化市场监管，确保企业通过合法合规的手段获取和利用社会资本，将有助于促进债券市场的健康发展，提升企业融资能力，最终为经济增长提供坚实的支持。

第八，大力发展直接融资，构建多层次债券市场体系，发挥不同交易场所的比较优势，提升信用债券市场服务实体经济的能力和水平。监管部门应持续推动债券发行、交易、托管、结算等规则分类统一，扩大柜台债券投资品种，拓宽居民投资渠道，促进资金、债券等要素依法合规自由流通，构建制度健全、竞争有序、透明高效的多层次市场体系，优化社会融资结构，降低融资成本，有效发挥市场在资源配置中的决定性作用，促进资源有效配置，提升债券市场活力。

综合以上政策建议，通过加强高级管理者社会关系网络建设、完善信息披露机制、促进信用评级健康发展、推广社会网络分析应用、优化市场环境、强化市场监管等措施，企业可以在更有利的环境中进行融资活动，债券市场也将因此变得更加健康和高效。这不仅有助于降低企业的融资成本，增强市场信心，还将为经济的长期稳定发展提供有力保障。

7.3 研究局限与未来研究展望

尽管本书在揭示高级管理者社会资本对债券契约的影响方面取得了一些重要发现，但仍然存在若干局限性，这为未来的研究提供了方向和改进空间。

第一，本书主要依赖现有的公开数据和文献对高级管理者社会网络的分析，而这些数据和文献可能并未全面反映高级管理者社会网络的复杂性。高级管理者社交网络不仅包括其在企业内部的关系，还包括与政府官员、媒体、学术界等外部群体的联系，这些可能对债券契约产生深远影响。然而，由于数据的局限性，本书未能全面覆盖这些多样化的社会关系。因此，未来的研究可以通过获取更为丰富和详细的数据，如通过社交媒体分析或深入访谈，进一步挖掘高级管理者社会网络的多维度影响。

第二，本书采用了横截面数据进行分析，这在一定程度上限制了对因果关系的准确识别。尽管本书通过控制变量和采用适当的统计方法尽量减小这一问题，但横截面数据难以避免时间序列数据所能提供的动态分析视角。因此，未来的研究可以考虑使用纵向数据，通过追踪企业和高级管理者社会网络的动态变化，更加深入地探讨社会网络在不同时间点对债券契约的影响，从而更加准确地识别因果关系。

第三，本书主要聚焦于中国市场，这使研究结论在其他市场或国家的适用性存在不确定性。中国的社会文化环境和经济制度具有独特性，尤其是在人际关系和社会网络的运作方式上，与其他国家可能存在显著差异。因此，未来的研究可以在不同国家或地区的背景下，进行跨国比较分析，探讨高级管理者社会网络对债券契约影响的普适性和差异性。这将有助于更加全面地理解社会网络在全球资本市场中的作用。

第四，本书未能深入探讨高级管理者社会网络的具体构成因素及其相互作用的复杂性。例如，高级管理者在社会网络中的中心度、网络的强度与广度、网络中的弱联系与强联系等因素可能在不同情境下对债券契约产生不同的影响。这些因素之间的交互作用及其对债券契约的综合影响尚未得到充分揭示。因此，未来的研究可以进一步细化对高级管理者社会网络构成因素的分析，探讨不同网络特征对融资结果的具体影响路径。

第五，随着数字化和信息技术的飞速发展，高级管理者社会网络的构建和运作方式正在发生深刻变化。本书所采用的分析方法可能未能完全捕捉这些新兴趋势对社会网络的影响。因此，未来研究可以引入新兴的分析工具和方法，如大数据分析、机器学习等，来更好地理解数字化背景下社会网络的动态变化及其对债券契约的影响。

综上所述，尽管本书在探索高级管理者社会网络与债券契约之间关系方面迈出了重要的一步，但仍然存在一些局限性。未来的研究应通过多维度的数据获取、纵向的因果分析、跨国比较研究、深入的网络特征分析以及新兴技术的引入，进一步扩展和深化这一领域的研究，为理论发展和实践应用奠定更加坚实的基础。

参考文献

[1] Acquaah, M.. Managerial Social Capital, Strategic Orientation, and Organizational Performance in an Emerging Economy [J]. Strategic Management Journal, 2007 (28): 1235-1255.

[2] Adler, P.S., and Kwon, S.W.. Social Capital: Prospects for a New Concept [J]. Academy of Management Review, 2002 (27): 17-40.

[3] Aghion, P., and Bolton, P.. An Incomplete Contracts Approach to Financial Contracting [J]. The Review of Economic Studies, 1992 (59): 473-494.

[4] Aguerrevere, F.L.. Real Options, Product Market Competition, and Asset Returns [J]. The Journal of Finance, 2009 (64): 957-983.

[5] Ahlstrom, D., and Bruton, G.D.. An Institutional Perspective on the Role of Culture in Shaping Strategic Actions by Technology-Focused Entrepreneurial Firms in China [J]. Entrepreneurship Theory and Practice, 2002 (26): 53-68.

[6] Ahlstrom, D., and Bruton, G.D.. Venture Capital in Emerging Economies: Networks and Institution Change [J]. Entrepreneurship: Theory and Practice, 2006 (30): 299-320.

[7] Akbas, F., Meschke, F., and Wintoki, M.B.. Director Networks and Informed Traders [J]. Journal of Accounting and Economics, 2016 (62): 1-23.

［8］ Akdoğu, E. , and Paukowits, A. A. . Supply of Credit and Corporate Bond Covenants ［J］. Journal of Corporate Finance, 2022（72）: 102157.

［9］ Akdoğu, E. , Paukowits, A. A. , and Celikyurt, U. . Bondholder Governance, Takeover Likelihood, and Division of Gains ［J］. Journal of Corporate Finance, 2023（79）: 102383.

［10］ Akerlof, G. A. . The Market for "Lemons": Quality Uncertainty and the Market Mechanism ［J］. The Quarterly Journal of Economics, 1970 （84）: 488-500.

［11］ Alberto A. , and Giuliano, P. . Culture and Institutions ［J］. Journal of Economic Literature, 2015（53）: 898-944.

［12］ Allen, F. , Qian, J. , and Qian, M. . Law, Finance and Economic Growth in China ［J］. Journal of Financial Economics, 2005（77）: 57-116.

［13］ Allen, L. , Chakraborty, S. , Hazarika, S. , and Su, C. H. . Bank Dependence in Emerging Countries: Cross-Border Information Percolation in Mutual Fund Equity Investing ［J］. Journal of International Business Studies, 2019（51）: 218-243.

［14］ Al-Thaqeb, S. A. , and Algharabali, B. G. . Economic Policy Uncertainty: A Literature Review ［J］. Journal of Economic Asymmetries, 2019 （20）: 1-11.

［15］ Altman, E. I. . Predicting Financial Distress of Companies: Revisiting the Z-score and Zeta Models ［R］. New York University Working Paper, 2000.

［16］ Ambrus, A. , Mobius, M. , and Szeidl, A. . Consumption Risk-Sharing in Social Networks ［J］. American Economic Review, 2014（104）: 149-182.

［17］ Anandi, B. S. . A Resource-Based Perspective on Information Technology Capability and Firm Performance: an Empirical Investigation ［J］. MIS

Quarterly, 2000 (24): 169-198.

[18] Anderson, R. C., Mansi, S. A., and Reeb, D. M.. Founding Family Ownership and the Agency Cost of Debt [J]. Journal of Financial Economics, 2003 (68): 263-285.

[19] Ang, J. S., Cheng, Y., and Wu, C.. Trust, Investment, and Business Contracting [J]. Journal of Financial and Quantitative Analysis, 2015 (50): 569-595.

[20] Antonio, and Santos, N.. Social Connections in China: Institutions, Culture, and the Changing Nature of Guanxi [J]. Asian Business and Management, 2004 (03): 127-129.

[21] Arouri, M., Estay, C., Rault, C., and Roubaud, D.. Economic Policy Uncertainty and Stock Markets: Long-Run Evidence from the US [J]. Finance Research Letters, 2016 (18): 136-141.

[22] Arrow, K. J.. Gifts and Exchanges [J]. Philosophy and Public Affairs, 1972 (01): 343-362.

[23] Arrow, K. J.. Some Ordinalist-Utilitarian Notes on Rawls's Theory of Justice [J]. Journal of Philosophy, 1973 (70): 245-263.

[24] Asimakopoulos, P., Asimakopoulos, S., and Li, X. Y.. The Combined Effects of Economic Policy Uncertainty and Environmental, Social, and Governance Ratings on Leverage [J]. The European Journal of Finance, 2023 (02): 69-88.

[25] Åstebro, T., and Elhedhli, S.. The Effectiveness of Simple Decision Heuristics: Forecasting Commercial Success for Early - Stage Ventures [J]. Management Science, 2006 (52): 395-409.

[26] Attig, N., Boubakri, N., El Ghoul, S., and Guedhami, O.. The Global Financial Crisis, Family Control, and Dividend Policy [J]. Financial Management, 2016 (45): 291-313.

[27] Awartani, B., Belkhir, M., Boubaker, S., and Maghyereh,

A.. Corporate Debt Maturity in the MENA Region: Does Institutional Quality Matter? [J]. International Review of Financial Analysis, 2016 (46): 309-325.

[28] Badoer, D. C., and Demiroglu, C.. The Relevance of Credit Ratings in Transparent Bond Markets [J]. The Review of Financial Studies, 2019 (32): 42-74.

[29] Baier, A.. Trust and Antitrust [J]. Ethics, 1986 (96): 231-260.

[30] Baker S. R, Bloom, N.. Does Uncertainty Reduce Growth? Using Disasters as Natural Experiments [R]. SSRN Working Paper, 2013.

[31] Baker, S. R., Bloom, N., and Davis, S. J.. Has Economic Policy Uncertainty Hampered the Recovery? [R]. BFI Working Paper, 2012.

[32] Baker, S. R., Bloom, N., and Davis, S. J.. Measuring Economic Policy Uncertainty [J]. Quarterly Journal of Economics, 2016 (131): 1593-1636.

[33] Balcilar, M., Gupta, R., Lee, C. C., and Olasehinde - Williams, G.. Insurance-Growth Nexus in Africa [J]. The Geneva Papers on Risk and Insurance-Issues and Practice, 2020 (45): 335-360.

[34] Barbalet, J. M.. A Characterization of Trust, and its Consequences [J]. Theory and Society, 2009 (38): 367-382.

[35] Barnea, A., and Guedj, I.. CEO Compensation and Director Networks [R]. SSRN Working Paper, 2009.

[36] Barnea, A., Haugen, R. A., and Senbet, L. W.. A Rationale for Debt Maturity Structure and Call Provisions in the Agency Theoretic Framework [J]. The Journal of Finance, 1980 (35): 1223-1234.

[37] Barnea, A., Haugen, R. A., and Senbet, L. W.. Agency Problems and Financial Contracting [M]. Englewood Cliffs: Prentice-Hall, 1985.

[38] Baron, R. M., and Kenny, D. A.. The Moderator-mediator Variable Distinction in Social Psychological Research: Conceptual, Strategic, and

Statistical Considerations [J]. Journal of Personality and Social Psychology, 1986 (51): 1173-1182.

[39] Batjargal, B.. Social Capital and Entrepreneurial Performance in Russia: A Longitudinal Study [J]. Organization Studies, 2003 (24): 535-556.

[40] Baxamusa, M., Javaid, S., and Harery, K.. Network Centrality and Mergers [J]. Review of Quantitative Finance and Accounting, 2015 (44): 393-423.

[41] Bean, F. D., and Bell-Rose, S.. Immigration and Opportuntity: Race, Ethnicity, and Employment in the United States [M]. Russell Sage Foundation, 1999.

[42] Beatty, R., and Ritter, J.. Investment Banking, Reputation, and the Underpricing of Initial Public Offerings [J]. Journal of Financial Economics, 1986 (15): 213-232.

[43] Bebchuk, L.. Ex Ante Costs of Violating Absolute Priority in Bankruptcy [J]. The Journal of Finance, 2002 (57): 445-460.

[44] Bedford, O.. Guanxi-Building in the Workplace: A Dynamic Process Model of Working and Backdoor Guanxi [J]. Journal of Business Ethics, 2011 (104): 149-158.

[45] Begley, J., and Feltham, G. A.. An empirical Examination of the Relation between Debt Contracts and Management Incentives [J]. Journal of Accounting and Economics, 1999 (27): 229-259.

[46] Beneish, M., and Press, E.. Costs of Technical Violation of Accounting-based Debt Covenants [J]. The Accounting Review, 1993 (68): 233-257.

[47] Benlemlih, M., Yavas, Ç. V., and Assaf, C.. Economic Policy Uncertainty and Access to Finance: An International Evidence [J]. International Journal of Finance and Economics, 2023 (02): 51-79.

[48] Benson, B. W., Iyer, S. R., Kemper, K. J., and Zhao, J.. Director Networks and Credit Ratings [J]. Financial Review, 2018 (53): 301-336.

[49] Berle, A., and Means, G.. The Modern Corporation and Private Property [M]. New York: Commerce Clearing House, 1932.

[50] Bernanke, B. S.. Irreversibility, Uncertainty, and Cyclical Investment [J]. The Quarterly Journal of Economics, 1983 (98): 85-106.

[51] Bertrand, M., and Mullainathan, S.. Are CEOs Rewarded for Luck? The Ones without Principals Are [J]. The Quarterly Journal of Economics, 2001 (116): 901-932.

[52] Besanko, D., and Kanatas, G.. Credit Market Equilibrium with Bank Monitoring and Moral Hazard [J]. The Review of Financial Studies, 1993 (06): 213-232.

[53] Bettis, R. A.. Organizationally Intractable Decision Problems and the Intellectual Virtues of Heuristics [J]. Journal of Management, 2017 (43): 2620-2637.

[54] Bharath, S. T., Sunder, J., and Sunder, S. V.. Accounting Quality and Debt Contracting [J]. The Accounting Review, 2008 (83): 1-28.

[55] Bhaskar, L., Krishnan, G., and Yu, W.. Debt Covenant Violations, Firm Financial Distress, and Auditor Actions [J]. Contemporary Accounting Research, 2017 (34): 186-215.

[56] Bhattacharya, U., Hsu, P. H., Tian, X., and Xu, Y.. What Affects Innovation More: Policy or Policy Uncertainty? [J]. Journal of Financial and Quantitative Analysis, 2017 (52): 1869-1901.

[57] Bhojraj, S., and Sengupta, P.. Effect of Corporate Governance on Bond Ratings and Yields: The Role of Institutional Investors and Outside Directors [J]. Journal of Business, 2003 (76): 455-475.

［58］Billett, M. T., Jiang, Z., and Lie, E.. The Effect of Change - in - control Covenants on Takeovers: Evidence from Leveraged Buyouts ［J］. Journal of Corporate Finance, 2010 (16): 1-15.

［59］Billett, M. T., King, T. H. D., and Mauer, D. C.. Growth Opportunities and the Choice of Leverage, Debt Maturity, and Covenants ［J］. The Journal of Finance, 2007 (62): 697-730.

［60］Birley, S.. The Role of Networks in the Entrepreneurial Process ［J］. Journal of Business Venturing, 1985 (01): 107-117.

［61］Bjørnskov, C.. Corruption and Social Capital ［J］. Department of Economics Aarhus School of Business, 2003 (02): 95-121.

［62］Black, F.. The Dividend Puzzle ［J］. Journal of portfolio management, 1976 (02): 5-8.

［63］Blair, M. M.. Ownership and Control: Rethinking Corporate Governance for the Twenty-First Century ［M］. Washington, DC: The Brookings Institution, 1995.

［64］Bloch, F., Genicot, G., and Ray, D.. Informal Insurance in Social Networks ［J］. Journal of Economic Theory, 2008 (143): 36-58.

［65］Bloom, N., Floetotto, M., Jaimovich, N., Saporta - Eksten, I., and Terry, S. J.. Really Uncertain Business Cycles ［J］. Econometrica, 2018 (86): 1031-1065.

［66］Bonacich, P.. Power and Centrality: A Family of Measures ［J］. American Journal of Sociology, 1987 (92): 1170-1182.

［67］Bonaime, A., Gulen, H., and Ion, M.. Does Policy Uncertainty Affect Mergers and Acquisitions? ［J］. Journal of Financial Economics, 2018 (129): 531-558.

［68］Boot, A. W. A., and Thakor, A. V.. Security Design ［J］. The Journal of Finance, 1993 (48): 1349-1378.

［69］Booth, L., Aivazian, V., Demirguc-Kunt, A., and Maksimovic, V.. Capital Structures in Developing Countries [J]. The Journal of Finance, 2001 (56): 87-130.

[70] Borisova, G., and Megginson, W. L.. Does Government Ownership Affect the Cost of Debt? Evidence from Privatization [J]. The Review of Financial Studies, 2011 (24): 2693-2737.

[71] Borisova, G., Fotak, V., Holland, K., and Megginson, W. L.. Government Ownership and the Cost of Debt: Evidence from Government Investments in Publicly Traded Firms [J]. Journal of Financial Economics, 2015 (118): 168-191.

[72] Born, B., and Pfeifer, J.. Policy Risk and the Business Cycle [J]. Journal of Monetary Economics, 2014 (68): 68-85.

[73] Botosan, C. A.. Disclosure Level and the Cost of Equity Capital [J]. The Accounting Review, 1997 (72): 323-349.

[74] Bottazzi, L., Da Rin, M., and Hellmann, T.. The Importance of Trust for Investment: Evidence from Venture Capital [J]. The Review of Financial Studies, 2016 (29): 2283-2318.

[75] Boubakri, N., and Ghouma, H.. Control/Ownership Structure, Creditor Rights Protection, and the Cost of Debt Financing: International Evidence [J]. Journal of Banking and Finance, 2010 (34): 2481-2499.

[76] Boubakri, N., Guedhami, O., Mishra, D., and Saffar, W.. Political Connections and the Cost of Equity Capital [J]. Journal of Corporate Finance, 2012 (18): 541-559.

[77] Bourdieu, P.. Distinction: A Social Critique of the Judgment of Taste [M]. Boston: Harvard University Press, 1984.

[78] Bourdieu, P.. The Social Space and the Genesis of Groups [J]. Social Science Information, 1985 (24): 195-220.

[79] Bourdieu, P.. The Forms of Capital [M]. Greenwood Press, 1986.

[80] Bourdieu, P.. Social Space And Symbolic Power [J]. Sociological

Theory, 1989（07）: 14-15.

[81] Boytsun, A. , Deloof, M. , and Matthyssens, P. . Social Norms, Social Cohesion, and Corporate Governance [J]. Corporate Governance: An International Review, 2011（19）: 41-60.

[82] Bozanic, Z. . The Ex-ante Monitoring Role of Accounting Covenants in Public Debt [J]. Journal of Business Finance and Accounting, 2016（43）: 803-829.

[83] Bradley, M. , and Roberts, M. R. . The Structure and Pricing of Corporate Debt Covenants [J]. Quarterly Journal of Finance, 2015（05）: 1-37.

[84] Braggion, F. . Managers and（Secret）Social Networks: The Influence of Freemasonry on Firms Performance [J]. Journal of the European Economic Association, 2011（09）: 1053-1081.

[85] Bramoullé, Y. , and Kranton, R. . Public Goods in Networks [J]. Journal of Economic Theory, 2007（135）: 478-494.

[86] Brandt, L. , and Li, H. . Bank Discrimination in Transition Economies: Ideology, Information, or Incentives? [J]. Journal of Comparative Economics, 2003（31）: 387-413.

[87] Brass, D. J, Galaskiewicz, J. , Greve, H. R. , and Tsai, W. . Taking Stock of Networks and Organizations: A Multilevel Perspective [J]. Academy of Management Journal, 2004（47）: 795-817.

[88] Brogaard, J. , and Detzel, A. . The Asset-pricing Implications of Government Economic Policy Uncertainty [J]. Management Science, 2015（61）: 3-18.

[89] Buonanno, P. , Montolio, D. , and Vanin, P. . Does Social Capital Reduce Crime? [J]. The Journal of Law and Economics, 2009（52）: 145-170.

[90] Burt, R. . Structural Holes [M]. Boston: Harvard University Press,

1992.

[91] Burt, R. . The Network Structure of Social Capital [J]. Research in Organizational Behavior, 2000 (22): 130-138.

[92] Bushman, R. M. , Piotroski, J. D. , and Smith, A. J. . What Determines Corporate Transparency? [J]. Journal of Accounting Research, 2004 (42): 207-252.

[93] Caglayan, M. , and Xu, B. . Economic Policy Uncertainty Effects on Credit and Stability of Financial Institutions [J]. Bulletin of Economic Research, 2019 (71): 342-347.

[94] Cai, J. , and Shi G. . Value of Faith: Evidence on Religious Environment and Cost of Debt [R]. SSRN Working Paper, 2013.

[95] Cai, J. , Cheung, Y. , and Goyal, V. K. . Bank Monitoring and the Maturity Structure of Japanese Corporate Debt Issues [J]. Pacific-Basin Finance Journal, 1999 (07): 229-250.

[96] Cai, Y. , and Sevilir, M. . Board Connections and M&A Transactions [J]. Journal of Financial Economics, 2012 (103): 327-349.

[97] Callen, J. L. , and Chy, M. . The Agency Costs of Investment Opportunities and Debt Contracting: Evidence from Exogenous Shocks to Government Spending [J]. Journal of Business Finance and Accounting, 2023 (02): 131-145.

[98] Calomiris, C. W. . Financial Factors in the Great Depression [J]. The Journal of Economic Perspectives, 1993 (07): 61-85.

[99] Cao, G. H. , Geng, W. J. , Zhang, J. , and Li, Q. . Social Network, Financial Constraint, and Corporate Innovation [J]. Eurasian Business Review, 2023 (13): 667-692.

[100] Cao, M. , and Xie, Q. . Trust and Use of Covenants [J]. Research in International Business and Finance, 2021 (57): 101423.

[101] Cao, W. , Duan, X. , and Uysal, V. B. . Does Political Uncer-

tainty Affect Capital Structure Choices [R]. SSRN Working Paper, 2013.

[102] Cao, Y., Myers, J. N., Myers, L. A., and Omer, T. C.. Company Reputation and the Cost of Equity Capital [J]. Review of Accounting Studies, 2015 (20): 42-81.

[103] Carlin, B. I., Dorobantu, F., and Viswanathan, S.. Public Trust, the Law, and Financial Investment [J]. Journal of Financial Economics, 2009 (92): 321-341.

[104] Cen, L., Dasgupta, S., Elkamhi, R., and Pungaliya, R. S.. Reputation and Loan Contract Terms: The Role of Principal Customers [J]. Review of Finance, 2015 (20): 501-533.

[105] Chahine, S., Fang, Y., Hasan, I., and Mazboudi, M.. Entrenchment through Corporate Social Responsibility: Evidence from Ceo Network Centrality [J]. International Review of Financial Analysis, 2019 (66): 101347.

[106] Chang, S. C., Tein, S. T., and Lee, L. M.. Social Capital, Creativity, and New Product Advantage: An Empirical Study [J]. International Journal of Electronic Business Management, 2010 (08): 43-55.

[107] Charles, K. K., and Kline, P.. Relational Costs and the Production of Social Capital: Evidence from Carpooling [J]. The Economic Journal, 2006 (116): 581-604.

[108] Chava, S., and Roberts, M. R.. How Does Financing Impact Investment? The Role of Debt Covenants [J]. The Journal of Finance, 2008 (63): 117-161.

[109] Chava, S., Kumar, P., and Warga, A.. Managerial Agency and Bond Covenants [J]. The Review of Financial Studies, 2010 (23): 1120-1148.

[110] Chen, T., Liao, H., Kuo, H., and Hsieh, Y.. Suppliers' and Customers' Information Asymmetry and Corporate Bond Yield Spreads

[J]. Journal of Banking and Finance, 2013 (37): 3181-3191.

[111] Chen, Y. Y., Duong, H. N., Goyal, A., and Veeraraghavan, M. . Social Capital and the Pricing of Initial Public Offerings [J]. Journal of Empirical Finance, 2023 (74): 101418.

[112] Cheng, L., and Sun, Z. . Do Politically Connected Independent Directors Matter? Evidence from Mandatory Resignation Events in China [J]. China Economic Review, 2019 (58): 101188.

[113] Chetty, R., Jackson, M. O., Kuchler, T., Stroebel, J., Hendren, N., Fluegge, R. B., Gong, S., Gonzalez, F., Grondin, A., and Jacob, M. . Social Capital II: Determinants of Economic Connectedness [J]. Nature, 2022 (608): 108-121.

[114] Chi, Q., and Li, W. . Economic Policy Uncertainty, Credit Risks and Banks' Lending Decisions: Evidence from Chinese Commercial Banks [J]. China Journal of Accounting Research, 2017 (10): 33-50.

[115] Cho, H., Choi, S., Lee, W. -J., and Yang, S. . Regional Crime Rates and Corporate Misreporting [J]. Spanish Journal of Finance and Accounting/Revista Española de Financiacióny Contabilidad, 2020 (49): 94-123.

[116] Chowdhury, H., Hossain, A., and Jha, A. . Acquisitions and Social Capital [J]. Journal of Business Finance and Accounting, 2024 (01): 142-155.

[117] Christensen, H., and Nikolaev, V. . Capital versus Performance Covenants in Debt Contracts [J]. Journal of Accounting Research, 2012 (50): 75-116.

[118] Chuluun, T., Prevost, A., and Puthenpurackal, J. . Board Ties and the Cost of Corporate Debt [J]. Financial Management, 2014 (04): 533-568.

[119] Coase, R. H. . The Nature of the Firm [J]. Economica, 1937

(04): 386-405.

[120] Cochran, P. L., and Wartick, S. L.. Corporate Governance: A Review of the Literature [M]. International Corporate Governance. Perntice Hall, 1994.

[121] Cohen, L., Frazzini, A., and Malloy, C.. The Small World of Investing: Board Connections and Mutual Fund Returns [J]. Journal of Political Economy, 2008 (116): 951-979.

[122] Coleman, J. S.. Social Capital in the Creation of Human Capital [J]. American Journal of Sociology, 1988 (94): 95-120.

[123] Coleman, J. S.. Commentary: Social Institutions and Social Theory [J]. American Sociological Review, 1990 (55): 333-339.

[124] Coleman, J. S. Foundations of Social Theory [M]. Harvard university press, 1994.

[125] Collier, P., and Gunning, J. W.. The Imf's Role in Structural Adjustment [J]. The economic journal, 1999 (109): 634-651.

[126] Colquitt, J. A., Scott, B. A., and LePine, J. A.. Trust, Trustworthiness, and Trust Propensity: A Meta-Analytic Test of Their Unique Relationships with Risk Taking and Job Performance [J]. Journal of Applied Psychology, 2007 (92): 909.

[127] Cook, D. O., Fu, X. D., and Tang, T.. The Effect of Liquidity and Solvency Risk on the Inclusion of Bond Covenants [J]. Journal of Banking and Finance, 2014 (48): 120-136.

[128] Cremers, K. J. M., Nair, V. B., and Wei, C.. Governance Mechanisms and Bond Prices [J]. The Review of Financial Studies, 2007 (20): 1359-1388.

[129] Cull, R., Li, W., Sun, B., and Xu, L. C.. Government Connections and Financial Constraints: Evidence from a Large Representative Sample of Chinese Firms [J]. Journal of Corporate Finance, 2015 (32):

271−294.

[130] D'Mello, R. , and Toscano, F. . Economic Policy Uncertainty and Short−term Financing: The Case of Trade Credit [J]. Journal of Corporate Finance, 2020 (64): 101686.

[131] Daher, M. M. , and Ismail, A. K. . Debt Covenants and Corporate Acquisitions [J]. Journal of Corporate Finance, 2018 (53): 174−201.

[132] Dakhli, M. , and De Clercq, D. . Human Capital, Social Capital, and Innovation: A Multi−Country Study [J]. Entrepreneurship and Regional Development, 2004 (16): 107−128.

[133] Dasgupta, P. . The Welfare Economics of Knowledge Production [J]. Oxford Review of Economic Policy, 1988 (04): 1−12.

[134] Dasgupta, P. . Economics of Social Capital [J]. Economic Record, 2005 (81): S2−S21.

[135] Dass, N. , and Massa, M. . The Impact of a Strong Bank−Firm Relationship on the Borrowing Firm [J]. The Review of Financial Studies, 2011 (24): 1204−1260.

[136] Datta, S. , Doan, T. , and Iskandar−Datta, M. . Policy Uncertainty and Maturity Structure of Corporate Debt [J]. Journal of Financial Stability, 2019 (44): 1−18.

[137] Davaadorj, Z. . Does Social Capital Affect Dividend Policy? [J]. Journal of Behavioral and Experimental Finance, 2019 (22): 116−128.

[138] Davidsson, P. , and Honig, B. . The Role of Social and Human Capital among Nascent Entrepreneurs [J]. Journal of Business Venturing, 2003 (18): 301−331.

[139] Davis, G. F. . Agents without Principles? The Spread of the Poison Pill through the Intercorporate Network [J]. Administrative Science Quarterly, 1991 (36): 583.

[140] DeFond, M. L. , and Jiambalvo, J. . Debt Covenant Violation and

Manipulation of Accruals [J]. Journal of Accounting and Economics, 1994 (17): 145-176.

[141] Deglopper, D. R.. Lukang: Commerce and Community in a Chinese City [J]. The Journal of Asian Studies, 1995 (56): 468-469.

[142] Deller, S. C., and Deller, M. A.. Rural Crime and Social Capital [J]. Growth and Change, 2010 (41): 221-275.

[143] Demirguc-Kunt, A., and Maksimovic, V.. Law, Finance, and Firm growth [J]. The Journal of Finance, 1998 (53): 2107-2137.

[144] Demirguc-Kunt, A., and Maksimovic, V.. Institutions, Financial Markets, and Firm Debt Maturity [J]. Journal of Financial Economics, 1999 (54): 295-336.

[145] Deng, X., Zhong, Y., Lü, L., Xiong, N., and Yeung, C.. A General and Effective Diffusion-Based Recommendation Scheme on Coupled Social Networks [J]. Information Sciences, 2017 (417): 420-434.

[146] Devos, E., Rahman, S., and Tsang, D.. Debt Covenants and the Speed of Capital Structure Adjustment [J]. Journal of Corporate Finance, 2017 (45): 1-18.

[147] Diamond, D. W.. Financial Intermediation and Delegated Monitoring [J]. The Review of Economic Studies, 1984 (51): 393-414.

[148] Diamond D. W. Debt Maturity and Liquidity Risk [J]. Quarterly Journal of Economics, 1991a (106): 709-737.

[149] Diamond, D. W.. Monitoring and Reputation: The Choice between Bank Loans and Directly Placed Debt [J]. Journal of Political Economy, 1991b (99): 689-721.

[150] Diamond D. W. Committing to Commit: Short-term Debt when Enforcement Is Costly [J]. The Journal of Finance, 2004 (59): 1447-1480.

[151] Díaz-Díaz, N. L., López-Iturriaga, F. J., and Santana-Martín, D. J.. The Role of Political Ties and Political Uncertainty in Corporate

Innovation [J]. Long Range Planning, 2022 (55): 102111.

[152] Djankov, S., Glaeser, E., La Porta, R., Lopez-de-Silanes, F. and Shleifer, A.. The New Comparative Economics. Journal of Comparative Economics, 2003 (31): 595-619.

[153] Doan, H. Q., Masciarelli, F., Prencipe, A., and Vu, N. H.. Social Capital and Firm Performance in Transition Economies [J]. Eurasian Business Review, 2023 (13): 751-780.

[154] Dollinger, M. J., Golden, P. A., and Saxton, T.. The Effect of Reputation on the Decision to Joint Venture [J]. Strategic management journal, 1997 (18): 127-140.

[155] Donaldson, G.. Corporate Debt Capacity: A Study of Corporate Debt Policy and the Determination of Corporate Debt Capacity [M]. Boston, Division of Research, Harvard Graduate School of Business Administration, 1961.

[156] Drees, J. M., and Heugens, P. P. M. A. R.. Synthesizing and Extending Resource Dependence Theory: A Meta-Analysis [J]. Journal of Management, 2013 (39): 1666-1698.

[157] Drobetz, W., El Ghoul, S., Guedhami O., and Janzen, M.. Policy Uncertainty, Investment, and the Cost of Capital [J]. Journal of Financial Stability, 2018 (39): 28-45.

[158] Droege, S. B., and Hoobler, J. M.. Employee Turnover and Tacit Knowledge Diffusion: A Network Perspective [J]. Journal of Managerial Issues, 2003 (15): 50-64.

[159] Duarte, J., Siegel, S., and Young, L.. Trust and Credit: The Role of Appearance in Peer-to-peer Lending [J]. The Review of Financial Studies, 2012 (25): 2455-2483.

[160] Dubini, P., and Aldricb, H. E.. Personal and Extended Networks are Central to the Entrepreneurial Process [J]. Journal of Business Ven-

turing, 1991 (06): 305-313.

[161] Durlauf, S. N.. The Case "against" Social Capital: Social Systems Research Institute [M]. University of Wisconsin, 1999.

[162] Durlauf, S. N.. On the Empirics of Social Capital [J]. The Economic Journal, 2002 (112): 459-479.

[163] Ederington, L. H., Yawitz, J. B., and Roberts, B. E.. The Informational cContent of Bond Ratings [J]. Journal of Financial Research, 1987 (10): 211-226.

[164] Einhorn, H. J., and Hogarth, R. M.. Rationality and the Sanctity of Competence [J]. Behavioral and Brain Sciences, 1981 (04): 334-335.

[165] El-Attar, M., and Poschke, M.. Trust and the Choice between Housing and Financial Assets: Evidence from Spanish Households [J]. Review of Finance, 2011 (15): 727-756.

[166] El-Khatib, R., Fogel, K., and Jandik, T.. CEO Network Centrality and Merger Performance [J]. Journal of Financial Economics, 2015 (116): 349-382.

[167] Ellison, N. B., Steinfield, C., and Lampe, C.. The Benefits of Facebook "Friends:" Social Capital and College Students' Use of Online Social Network Sites [J]. Journal of Computer-mediated Communication, 2007 (12): 1143-1168.

[168] Elster, J.. The Cement of Society: A Study of Social Order [M]. Cambridge University Press, 1989.

[169] Elster, J.. Emotions and Economic Theory [J]. Journal of Economic Literature, 1998 (36): 47-74.

[170] Engelberg, J., Gao, P., and Parsons, C. A.. Friends with Money [J]. Journal of Financial Economics, 2012 (103): 169-188.

[171] Faccio, M., Masulis, R. W., and McConnell, J. J.. Political

Connections and Corporate Bailouts [J]. The Journal of Finance, 2006 (61): 2597-2635.

[172] Fafchamps, M.. The Enforcement of Commercial Contracts in Ghana [J]. World Development, 1996 (24): 427-448.

[173] Fafchamps, M.. Spontaneous Market Emergence [J]. Journal of Theoretical Economics, 2002 (02): 1-37.

[174] Faleye, O., Kovacs, T., and Venkateswaran, A.. Do Better-Connected CEOs Innovate More? [J]. Journal of Financial and Quantitative Analysis, 2014 (49): 1201-1225.

[175] Fama, E.. What's Different about Banks? [J]. Journal of Monetary Economics, 1985 (15): 29-39.

[176] Fama, E. F., and Jensen, M. C.. Agency Problems and Residual Claims [J]. The Journal of Law and Economics, 1983 (26): 327-349.

[177] Fama, E. F., and Miller, M. H.. The Theory of Finance [M]. New York: Holt, Rinehart and Winston, 1972.

[178] Fan J. P. H., Rui O. M., Zhao M. X.. Public Governance and Corporate Finance: Evidence from Corruption Cases [J]. Journal of Comparative Economics, 2008 (36): 343-364.

[179] Fan, J. P. H., and Wong, T. J.. Do External Auditors Perform a Corporate Governance Role in Emerging Markets? Evidence from East Asia [J]. Journal of Accounting Research, 2005 (43): 35-72.

[180] Fang, X. H., Rao, X., and Zhang, W. J.. Social Networks and Managerial Rent-seeking: Evidence from Executive Trading Profitability [J]. European Financial Management, 2024 (30): 602-633.

[181] Farooq, O., Jabbouri, I., and Naili, M.. The Nexus between Economic Policy Uncertainty and Access to Finance: A Study of Developing Countries [J]. International Journal of Managerial Finance, 2024 (20): 222-246.

[182] Feng, X. , Lo, Y. L. , and Chan, K. C. . Impact of Economic Policy Uncertainty on Cash Holdings: Firm-Level Evidence from an Emerging Market [J]. Asia-Pacific Journal of Accounting and Economics, 2019 (26): 363-385.

[183] Ferris, S. P. , Javakhadze, D. , and Rajkovic, T. . The International Effect of Managerial Social Capital on the Cost of Equity [J]. Journal of Banking and Finance, 2017a (74): 69-84.

[184] Ferris, S. P. , Javakhadze, D. , and Rajkovic, T. . CEO Social Capital, Risk-taking and Corporate Policies [J]. Journal of Corporate Finance, 2017b (47): 46-71.

[185] Ferris, S. P. , Javakhadze, D. , and Rajkovic, T. . An International Analysis of CEO Social Capital and Corporate Risk-taking [J]. Financial Management, 2019 (01): 3-37.

[186] Fischer, H. M. , and Pollock, T. G. . Effects of Social Capital and Power on Surviving Transformational Change: The Case of Initial Public Offerings [J]. Academy of Management Journal, 2004 (47): 463-481.

[187] Flannery, M. . Asymmetric Information and Risk Debt Maturity Structure Choice [J]. The Journal of Finance, 1986 (41): 18-38.

[188] Fogel, K. , Jandik, T. , and McCumber, W. R. . CFO Social Capital and Private Debt [J]. Journal of Corporate Finance, 2018 (52): 28-52.

[189] Fornoni, M. , Arribas, I. , and Vila, J. E. . An Entrepreneur's Social Capital and Performance: The Role of Access to Information in the Argentinean Case [J]. Journal of Organizational Change Management, 2012 (25): 682-698.

[190] Fracassi, C. , and Tate, G. . External Networking and Internal Firm Governance [J]. The Journal of Finance, 2012 (67): 153-194.

[191] Fracassi, C. . Corporate Finance Policies and Social Networks

[J]. Management Science, 2017 (63): 2420-2438.

[192] Francis, B. B., Hasan, I., and Zhu, Y.. Political Uncertainty and Bank Loan Contracting [J]. Journal of Empirical Finance, 2014 (29): 281-286.

[193] Francis, B. B., Hasan, I., John, K., and Waisman, M.. The Effect of State Antitakeover Laws on the Firm's Bondholders [J]. Journal of Financial Economics, 2010 (96): 127-154.

[194] Freeman, L. C.. Centrality in Social Networks: Conceptual Classification [J]. Social Networks, 1979 (01): 215-239.

[195] Freitag, M., and Traunmüller, R.. Spheres of Trust: An Empirical Analysis of the Foundations of Particularised and Generalised Trust [J]. European Journal of Political Research, 2009 (48): 782-803.

[196] Fukuyama, F.. Social Capital and the Global Economy [J]. Foreign Affairs, 1995a (74): 89-103.

[197] Fukuyama, F.. Trust: The Social Virtues and the Creation of Prosperity [M]. New York: The Free Press, 1995b.

[198] Fukuyama, F.. Social Capital and the Modern Capitalist Economy: Creating a High Trust Workplace [J]. Stern Business Magazine, 1997 (04): 1-16.

[199] Galai, D., and Masulis, R. W.. The Option Pricing Model and the Risk Factor of Stock [J]. Journal of Financial Economics, 1976 (03): 53-81.

[200] Gale, D., and Hellwig, M.. Incentive - Compatible Debt Contracts: The One - Period Problem [J]. The Review of Economic Studies, 1985 (52): 647-663.

[201] Gambetta, D.. Can we Trust Trust? [M]. Oxford: Blackwell, 1990.

[202] Ganguly, A., Talukdar, A., and Chatterjee, D.. Evaluating

the Role of Social Capital, Tacit Knowledge Sharing, Knowledge Quality and Reciprocity in Determining Innovation Capability of an Organization [J]. Journal of Knowledge Management, 2019 (26): 1105-1135.

[203] Gao, Z. , Li, L. , and Lu, L. Y.. Social Capital and Managers' Use of Corporate Resources [J]. Journal of Business Ethics, 2021 (168): 593-613.

[204] Gargiulo, M. , and Benassi, M.. The Dark Side of Social Capital [M]. In: Leenders, R. T. A. J. , Gabbay, S. M. , (eds) Corporate Social Capital and Liability. Springer, Boston, MA. 1999.

[205] Ge, W. , and Kim, B.. Real Earnings Management and the Cost of New Corporate Bonds [J]. Journal of Business Research, 2014 (67): 641-647.

[206] Geletkanycz, M. A. , and Finkelstein, B. S.. The Strategic Value of CEO External Directorate Networks: Implications for CEO Compensation [J]. Strategic Management Journal, 2001 (22): 889-898.

[207] Genicot, G. , and Ray, D.. Informal Insurance, Enforcement Constraints, and Group Formation [J]. Group Formation in Economics: Networks, Clubs and Coalitions, 2005 (02): 430-446.

[208] Ghouma, H.. How Does Managerial Opportunism Affect the Cost of Debt Financing? [J]. Research in International Business and Finance, 2017 (39): 13-29.

[209] Giannetti, M.. Do Better Institutions Mitigate Agency Problems? Evidence from Corporate Finance Choices [J]. The Journal of Financial and Quantitative Analysis, 2003 (38): 185-212.

[210] Giddens, A.. The Consequences of Modernity [M]. Stanford University Press, 1990.

[211] Glaeser, E. L. , Kolko, J. , and Saiz, A.. Consumer City [J]. Journal of economic geography, 2001 (01): 27-50.

［212］Glaeser, E. L. , Laibson, D. , and Sacerdote, B. . An Economic Approach to Social Capital ［J］. The Economic Journal, 2002 （112）: F437-F458.

［213］Glaeser, E. L. . The Formation of Social Capital ［J］. Canadian Journal of Policy Research, 2001 （02）: 34-40.

［214］Glosten, L. R. , and Milgrom, P. R. . Bid, Ask and Transaction Prices in a Specialist Market with Heterogeneously Informed Traders ［J］. Journal of Financial Economics, 1985 （14）: 71-100.

［215］Gong, G. M. , Su, S. , and Gong, X. . Bond Covenants and the Cost of Debt: Evidence from China ［J］. Emerging Markets Finance and Trade, 2017 （53）: 587-610.

［216］Gong, G. M. , Xu, S. , and Gong, X. . On the Value of Corporate Social Responsibility Disclosure: An Empirical Investigation of Corporate Bond Issues in China ［J］. Journal of Business Ethics, 2018 （150）: 1-32.

［217］Goodell, J. W. , Li, M. , Liu, D. , and Wang, Y. . Is Social Trust a Governance Mechanism? Evidence from Dividend Payouts of Chinese Firms ［J］. British Journal of Management, 2023 （34）: 1948-1973.

［218］Goss, A. , and Roberts, G. S. . The Impact of Corporate Social Responsibility on the Cost of Bank Loans ［J］. Journal of Banking and Finance, 2011 （35）: 1794-1810.

［219］Graham, J. R. , Li, S. , and Qiu, J. . Corporate Misreporting and Bank Loan Contracting ［J］. Journal of Financial Economics, 2008 （89）: 44-61.

［220］Granovetter, M. . The Strength of Weak Ties ［J］. American Journal of Sociology, 1973 （78）: 347-367.

［221］Granovetter, M. . The Strength of Weak Ties: A Network Theory Revisited ［J］. Sociological Theory, 1983 （01）: 201-233.

［222］Granovetter, M. . Economic Action and Social Structure: The

Problem of Embeddedness [J]. American Journal of Sociology, 1985 (91): 481-510.

[223] Granovetter, M.. Economic Institutions as Social Constructions: A Framework for Analysis [J]. Acta Sociologica, 1992 (35): 3-11.

[224] Granovetter, M.. The Impact of Social Structure on Economic Outcomes [J]. Journal of Economic Perspectives, 2005 (19): 33-50.

[225] Griffin, P. A., Hong, H. A., Liu, Y., and Ryou, J. W.. The Dark Side of CEO Social Capital: Evidence from Real Earnings Management and Future Operating Performance [J]. Journal of Corporate Finance, 2021 (68): 101920.

[226] Grootaert, C., Narayan, D., Jones, V. N., and Woolcock, M.. Measuring Social Capital: An Integrated Questionnaire [R]. The International Bank for Reconstruction and Development, 2003.

[227] Grossman, S. J., and Hart, O. D.. Takeover Bids, the Free-Rider Problem, and the Theory of the Corporation [J]. The Bell Journal of Economics, 1980 (11): 42-64.

[228] Grossman, S. J., and Hart, O. D.. Corporate Financial Structure and Managerial Incentives [M]. In: McCall J., The Economics of Information and Uncertainty [M]. Chicago: University of Chicago Press, 1982.

[229] Grossman, S. J., and Hart, O. D.. The Costs and Benefits of Ownership: A Theory of Vertical and Lateral Integration [J]. Journal of Political Economy, 1986 (94): 691-719.

[230] Gu, T., and Venkateswaran, A.. Firm-Supplier Relations and Managerial Compensation [J]. Review of Quantitative Finance and Accounting, 2018 (51): 621-649.

[231] Gu, Z., Kim, J-B., Lu, L. Y., and Yu, Y.. Local Community's Social Capital and CEO Pay Duration [J]. Journal of Business Finance and Accounting, 2023 (02): 131-141.

［232］Guiso, L. , Sapienza, P. , and Zingales, L. . The Role of Social Capital in Financial Development ［J］. American Economic Review, 2004a (94): 526-556.

［233］Guiso, L. , Sapienza, P. , and Zingales, L. . Does Local Financial Development Matter? ［J］. The Quarterly Journal of Economics, 2004b (119): 929-969.

［234］Guiso, L. , Sapienza, P. , and Zingales, L. . Trusting the Stock Market ［J］. The Journal of Finance, 2008 (63): 2557-2600.

［235］Guiso, L. , Sapienza, P. , and Zingales, L. . Cultural Biases in Economic Exchange? ［J］. The Quarterly Journal of Economics, 2009 (124): 1095-1131.

［236］Guiso, L. , Sapienza, P. , and Zingales, L. . Civic Capital as the Missing Link ［J］. NBER Macroeconomics Annual, 2010 (24): 417-466.

［237］Guiso, L. , Sapienza, P. , and Zingales, L. . Corporate Culture, Societal Culture, and Institutions ［J］. American Economic Review, 2015 (105): 336-339.

［238］Gulati, R. , Norhria, N. , and Zaheer, A. . Strategic Networks ［J］. Strategic Management Journal, 2000 (21): 203-215.

［239］Gulen, H. , and Ion, M. . Policy Uncertainty and Corporate Investment ［J］. The Review of Financial Studies, 2016 (29): 523-564.

［240］Gupta, A. , Raman, K. , and Shang, C. . Social Capital and the Cost of Equity ［J］. Journal of Banking and Finance, 2018 (87): 102-117.

［241］Gupta, A. , Raman, K. , and Shang, C. . Do Informal Contracts Matter for Corporate Innovation? Evidence from Social Capital ［J］. Journal of Financial and Quantitative Analysis, 2020 (55): 1657-1684.

［242］Gupta, G. , Mahakud, J. , and Singh, V. K. . Economic Policy Uncertainty and Investment - cash Flow Sensitivity: Evidence from India

[J]. International Journal of Emerging Markets, 2024 (19): 494-518.

[243] Habib, A., and Hasan, M. M.. Social Capital and Corporate Cash Holdings [J]. International Review of Economics and Finance, 2017 (52): 1-20.

[244] Haeckel, S. H.. About the Nature and Future of Interactive Marketing [J]. Journal of Interactive Marketing, 1998 (12): 63-71.

[245] Hammoudeh, S., Kim, W. J., and Sarafrazi, S.. Sources of Fluctuations in Islamic, Us, Eu, and Asia Equity Markets: The Roles of Economic Uncertainty, Interest Rates, and Stock Indexes [J]. Emerging Markets Finance and Trade, 2016 (52): 1195-1209.

[246] Harris, M., and Raviv, A.. Corporate Control Contests and Capital Structure [J]. Journal of Financial Economics, 1988 (20): 55-86.

[247] Harris, M., and Raviv, A.. Capital Structure and the Informational Role of Debt [J]. The Journal of Finance, 1990 (45): 321-349.

[248] Harris, M., and Raviv, A.. The Theory of Capital Structure [J]. The Journal of Finance, 1991 (46): 297-355.

[249] Hart, O., and Moore, J.. Property Rights and the Nature of the Firm [J]. Journal of Political Economy, 1990 (98): 1119-1158.

[250] Hart, O., and Moore, J.. Debt and Seniority: An Analysis of the Role of Hard Claims in Constraining Management [J]. The American Economic Review, 1995 (85): 567-585.

[251] Hart, O.. Firms, Contracts, and Financial Structure [M]. Boston: Oxford University Press, 1995.

[252] Hasan, I., He, Q., and Lu, H.. Social Capital, Trusting, and Trustworthiness: Evidence from Peer-to-peer Lending [J]. Journal of Financial and Quantitative Analysis, 2022 (57): 1409-1453.

[253] Hasan, I., Hoi, C. K., Wu, Q., and Zhang, H.. Beauty Is in the Eye of the Beholder: The Effect of Corporate Tax Avoidance on the Cost

of Bank Loans [J]. Journal of Financial Economics, 2014 (113): 109-130.

[254] Hasan, I., Hoi, C. K., Wu, Q., and Zhang, H.. Social Capital and Debt Contracting: Evidence from Bank Loans and Public Bonds [J]. Journal of Financial and Quantitative Analysis, 2017a (52): 1017-1047.

[255] Hasan, I., Hoi, C. K., Wu, Q., and Zhang, H.. Does Social Capital Matter in Corporate Decisions? Evidence from Corporate Tax Avoidance [J]. Journal of Accounting Research, 2017b (55): 629-668.

[256] Hasan, M. M., and Habib, A.. Social Capital and Trade Credit [J]. International Review of Financial Analysis, 2019 (61): 158-174.

[257] Hasan, I., Hoi, C. K., Wu, Q., and Zhang, H.. Is Social Capital Associated with Corporate Innovation? Evidence from Publicly Listed Firms in the U. S. [J]. Journal of Corporate Finance, 2020 (62): 101623.

[258] Haselmann, R. F. H., Schoenherr, D., and Vig, V.. Rent-seeking in Elite Networks [J]. Journal of Political Economy, 2018 (126): 1638-1690.

[259] Haushalter, D., Klasa, S., and Maxwell, W. F.. The Influence of Product Market Dynamics on a Firm's Cash Holdings and Hedging Behavior [J]. Journal of Financial Economics, 2007 (84): 797-825.

[260] Haynes P.. Before Going Any Further With Social Capital: Eight Key Criticisms to Address [R]. Ingenio (CSIC-UPV), 2009.

[261] He, X., and Ng, K. H.. 'It Must Be Rock Strong!' Guanxi'sImpact on Judicial Decision Making in China [J]. American Journal of Comparative Law, 2017 (05): 841-871.

[262] Herpfer, C.. The Role of Bankers in the U. S. Syndicated Loan Market [J]. Journal of Accounting and Economics, 2021 (71): 101383.

[263] Herzenstein, M., Dholakia, U. M., and Andrews, R. L.. Strategic Herding Behavior in Peer-to-Peer Loan Auctions [J]. Journal of Interactive Marketing, 2011 (25): 27-36.

[264] Higgins, E. T.. Self-discrepancy: A Theory Relating Self and Affect [J]. Psychological Review, 1987 (94): 319-340.

[265] Higgins, E. T., and Bargh, J. A.. Social Cognition and Social Perception [J]. Annual Review of Psychology, 1987 (38): 369-425.

[266] Hilary, G., and Hui, K. W.. Does Religion Matter in Corporate Decision Making in America? [J]. Journal of Financial Economics, 2009 (93): 455-473.

[267] Hochberg, Y. V., Ljungqvist, A., and Lu, Y.. Whom You Know Matters: Venture Capital Networks and Investment Performance [J]. The Journal of Finance, 2007 (62): 251-301.

[268] Hoi, C. K., Ke, Y., Wu, Q., and Zhang, H.. Social Capital and Dividend Policies in US Corporations [J]. Journal of Financial Stability, 2023 (69): 101186.

[269] Hoi, C. K., Wu, Q., and Zhang, H.. Community Social Capital and Corporate Social Responsibility [J]. Journal of Business Ethics, 2018 (152): 647-665.

[270] Hoi, C. K., Wu, Q., and Zhang, H.. Does Social Capital Mitigate Agency Problems? Evidence from Chief Executive Officer (CEO) Compensation [J]. Journal of Financial Economics, 2019 (133): 498-519.

[271] Holmström, B., and Tirole, J.. Market Liquidity and Performance Monitoring [J]. Journal of Political Economy, 1993 (101): 678-709.

[272] Hong, H., Kubik, J. D., and Stein, J. C.. Thy Neighbor's Portfolio: Word-of-Mouth Effects in the Holdings and Trades of Money Managers [J]. The Journal of Finance, 2005 (60): 2801-2824.

[273] Honigsberg, C., Katz, S., and Sadka, G.. State Contract Law and Debt Contracts [J]. The Journal of Law and Economics, 2014 (57): 1031-1061.

[274] Horton, J., Millo, Y., and Serafeim, G.. Resources or Power?

Implications of Social Networks on Compensation and Firm Performance [J]. Journal of Business Finance and Accounting, 2012 (39): 399-426.

[275] Hossain, A., Saadi, S., and Amin, A. S.. Does Ceo Risk - Aversion Affect Carbon Emission? [J]. Journal of Business Ethics, 2023 (182): 1171-1198.

[276] Houston J. F, and James, C. M.. Do Relationships Have Limits? Banking Relationships, Financial Constraints, and Investment [J]. Journal of Business, 2001 (74): 347-374.

[277] Houston, J. F., Jiang, L., Lin, C., and Yue, M. A.. Political Connections and the Cost of Bank Loans [J]. Journal of Accounting Research, 2014 (52): 193-243.

[278] Huang, K., and Petkevich, A.. Corporate Bond Pricing and Ownership Heterogeneity [J]. Journal of Corporate Finance, 2016 (36): 54-74.

[279] Huang, K., and Shang, C.. Leverage, Debt Maturity, and Social Capital [J]. Journal of Corporate Finance, 2019 (54): 26-46.

[280] Huang, J. Z., and Huang, M.. How Much of the Corporate - treasury Yield Spread is Due to Credit Risk? [J]. Review of Asset Pricing Studies, 2012 (02): 153-202.

[281] Huang, Y., and Luk, P.. Measuring Economic Policy Uncertainty in China [J]. China Economic Review, 2020 (59): 101367.

[282] Hughes, M., Morgan, R. E., Ireland, R. D., and Hughes, P.. Social Capital and Learning Advantages: A Problem of Absorptive Capacity [J]. Strategic Entrepreneurship Journal, 2014 (08): 214-233.

[283] Im, H. J., Kang, Y., and Shon, J.. How Does Uncertainty Influence Target Capital Structure? [J]. Journal of Corporate Finance, 2020 (64): 101642.

[284] Inkpen, A. C., and Tsang, E. W. K.. Social Capital, Networks,

and Knowledge Transfer [J]. Academy of Management Review, 2005 (30): 146-165.

[285] Israel, R.. Capital Structure and the Market for Corporate Control: The Defensive Role of Debt Financing [J]. The Journal of Finance, 1991 (46): 1391-1409.

[286] Itzkowitz, J.. Buyers as Stakeholders: How Relationships Affect Suppliers' Financial Constraints [J]. Journal of Corporate Finance, 2015 (31): 54-66.

[287] Iyke, B. N.. Economic Policy Uncertainty in Times of COVID-19 Pandemic [J]. Asian Economics Letters, 2020 (01): 17665.

[288] Jackson, M.. Social and Economic Networks [M]. Princeton University Press, 2008.

[289] Jacobs, J.. The Death and Life of Great American Cities [M]. New York: Random House, 1961.

[290] Jaiswal - Dale, A., Simon - Lee, F., Zanotti, G., and Cincinelli, P.. The Role of Social Networking in Capital Sourcing [J]. Global Business Review, 2019 (02): 2042678845.

[291] Javakhadze, D., Ferris, S. P., and French, D. W.. Social Capital, Investments, and External Financing [J]. Journal of Corporate Finance, 2016 (37): 38-55.

[292] Jayachandran, S.. The Jeffords Effect [J]. Journal of Law and Economics, 2006 (49): 397-425.

[293] Jensen, M. C.. Agency Costs of Free Cash Flows, Corporate Finance, and Takeovers [J]. American Economics Review, 1986 (76): 323-329.

[294] Jensen, M. C., and Meckling, W. H.. Theory of the Firm: Managerial Behavior, Agency Costs and Capital Structure [J]. Journal of Financial Economics, 1976 (03): 305-360.

[295] Jha, A. , and Chen, Y. . Audit Fees and Social Capital [J]. The Accounting Review, 2015 (90): 611-639.

[296] Jha, A. , and Cox, J. . Corporate Social Responsibility and Social Capital [J]. Journal of Banking and Finance, 2015 (60): 252-270.

[297] Jha, A. . Financial Reports and Social Capital [J]. Journal of Business Ethics, 2019 (155): 567-596.

[298] Jha, S. . Trade, Institutions, and Ethnic Tolerance: Evidence from South Asia [J]. American Political Science Review, 2013 (107): 806-832.

[299] Jin, J. Y. , Kanagaretnam, K. , Lobo, G. J. , and Mathieu, R. . Social Capital and Bank Stability [J]. Journal of Financial Stability, 2017 (32): 99-114.

[300] Johanson, J. , and Mattsson, L. G. . Interorganizational Relations in Industrial Systems: A Network Approach Compared with the Transaction - cost Approach [J]. International Studies of Management and Organization, 1987 (17): 34-48.

[301] Johnson, S. , McMillan, J. , and Woodruff, C. . Entrepreneurs and the Ordering of Institutional Reform: Poland, Slovakia, Romania, Russia and Ukraine Compared [J]. Economics of Transition, 2000 (08): 1-36.

[302] Johnson, S. , McMillan, J. , and Woodruff, C. . Courts and Relational Contracts [J]. Journal of Law Economics and Organization, 2002 (18): 221-277.

[303] Jonsson, S. , and Lindbergh, J. . The Development of Social Capital and Financing of Entrepreneurial Firms: From Financial Bootstrapping to Bank Funding [J]. Entrepreneurship Theory and Practice, 2013 (37): 661-686.

[304] Jory, S. R. , Khieu, H. D. , Ngo, T. N. , and Phan, H. V. . The Influence of Economic Policy Uncertainty on Corporate Trade Credit and Firm

Value [J]. Journal of Corporate Finance, 2020 (64): 101671.

[305] Jøsang, A., Ismail, R., and Boyd, C.. A Survey of Trust and Reputation Systems for Online Service Provision [J]. Decision Support Systems, 2006 (43): 618–644.

[306] Julio, B., and Yook, Y.. Political Uncertainty and Corporate Investment Cycles [J]. The Journal of Finance, 2012 (67): 45–83.

[307] Jung, B., Lee, W. J., and Yang, Y. S.. The Impact of Dividend Covenants on Investment and Operating Performance [J]. Journal of Business Finance and Accounting, 2016 (43): 414–447.

[308] Kahle, K. M., and Stulz, R. M.. Access to Capital, Investment, and the Financial Crisis [J]. Journal of Financial Economics, 2013 (110): 280–299.

[309] Kale, J. R., and Noe, T. H.. Risky Debt Maturity Choice in a Sequential Game Equilibrium [J]. Journal of Financial Research, 1990 (13): 155–166.

[310] Kale, P., Singh, H., and Perlmutter, H.. Learning and Protection of Proprietary Assets in Strategic Alliances: Building Relational Capital [J]. Strategic management journal, 2000 (21): 217–237.

[311] Kanagaretnam, K., Lee, J., Lim, C. Y., and Lobo, G. J.. Trusting the Stock Market: Further Evidence from IPOs Around the World [J]. Journal of Banking and Finance, 2022 (142): 106557.

[312] Kandori, M.. Social Norms and Community Enforcement [J]. The Review of Economic Studies, 1992 (59): 63–80.

[313] Kao, C. S.. 'Personal Trust' in the Large Businesses in Taiwan: A Traditional Foundation for Contemporary Economic Activities [M]. in Gary G. Hamilton (ed.), Asian Business Networks. New York: Walter de Gruyter, 1996.

[314] Kargar, M., Lester, B., Lindsay, D., Liu, S., Weill, P. -

O. , and Zúñiga, D. . Corporate Bond Liquidity During the Covid-19 Crisis [J]. The Review of Financial Studies, 2021 (34): 5352-5401.

[315] Karlan, D. S. . Using Experimental Economics to Measure Social Capital and Predict Financial Decisions [J]. American Economic Review, 2005 (95): 1688-1699.

[316] Karlan, D. , and Zinman, J. . Observing Unobservables: Identifying Information Asymmetries with a Consumer Credit Field Experiment [J]. Econometrica, 2009 (77): 1993-2008.

[317] Kawachi, I. , Subramanian, S. V. , and Kim, D. . Social Capital and Health: A Decade of Progress and Beyond [M]. Springer New York, 2008.

[318] Keddad, B. . Asian Stock Market Volatility and Economic Policy Uncertainty: The Role of World and Regional Leaders [J]. Journal of International Financial Markets, Institutions and Money, 2024 (91): 101928.

[319] Khwaja, A. and Mian, A. . Do Lenders Favor Politically Connected Firms? Rent Provision in an Emerging Financial Market [J]. Quarterly Journal of Economics, 2005 (120): 401-411.

[320] Kim, S. . It Pays to Have Friends [J]. Journal of Financial Economics, 2009 (93): 138-158.

[321] Kinnan, C. , and Townsend, R. . Kinship and Financial Networks, Formal Financial Access, and Risk Reduction [J]. American Economic Review, 2012 (102): 289-293.

[322] Kirkbesoglu, E. . The Impact of Social Capital on Managerial Reputation [J]. Procedia-Social and Behavioral Sciences, 2013 (99): 439-445.

[323] Klock, M. S. , Mansi, S. A. , and Maxwel, W. F. . Does Corporate Governance Matter to Bondholders? [J]. Journal of Financial and Quantitative Analysis, 2005 (40): 693-719.

[324] Knack, S., and Keefer, P.. Does Social Capital Have an Economic Payoff? A Cross-country Investigation [J]. Quarterly Journal of Economics, 1997 (112): 1251-1288.

[325] Knack, S.. Social Capital and the Quality of Government: Evidence from the States [J]. American Journal of Political Sciences, 2002 (46): 772-785.

[326] Koka, B. R., and Prescott, J. E.. Strategic Alliances as Social Capital: A Multidimensional View [J]. Strategic Management Journal, 2002 (23): 795-816.

[327] Kortum, S., and Lerner J. P.. Assessing the Contribution of Venture Capital to Innovation [J]. RANDJournal of Economics, 2000 (31): 674-692.

[328] Krainer, R. E.. Financial Contracting as Behavior towards Risk: The Corporate Finance of Business Cycles [J]. Journal of Financial Stability, 2023 (65): 101104.

[329] Krishna, A., and Shradder, E.. Social Capital Assessment Tool [C]. Conference on Social Capital and Poverty Reduction, Washington, D. C. : World Bank, 1999.

[330] Krishna, A.. Moving From the Stock of Social Capital to the Flow of Benefit: the Role of Agency [J]. World Development, 2001 (29): 925-43.

[331] Kruglanski, A. W., and Ajzen, I.. Bias and Error in Human Judgment [J]. European Journal of Social Psychology, 1983 (13): 1-44.

[332] Krull, J. L., and MacKinnon, D. P.. Multilevel Modeling of Individual and Group Level Mediated Effects [J]. Multivariate Behavioral Research, 2001 (36): 249-277.

[333] Kuhnen, C. M.. Business Networks, Corporate Governance, and Contracting in the Mutual Fund Industry [J]. The Journal of Finance, 2009

(64): 2185-2220.

[334] Kupfer, A., and Zorn, J.. A Language – Independent Measurement of Economic Policy Uncertainty in Eastern European Countries [J]. Emerging Markets Finance and Trade, 2020 (56): 1166-1180.

[335] Kwon, S. W., Heflin, C., and Ruef, M.. Community Social Capital and Entrepreneurship [J]. American Sociological Review, 2013 (78): 980-1008.

[336] Kyle, A. S.. Continuous Auctions and Insider Trading [J]. Econometrica: Journal of the Econometric Society, 1985 (02): 1315-1335.

[337] La Porta, R., Lopez-de-Silanes, F., and Zamarripa, G.. Related Lending [J]. The Quarterly Journal of Economics, 2003 (118): 231-268.

[338] La Porta, R., Lopez – de – Silanes, F., Shleifer, A., and Vishny, R. W.. Investor Protection and Corporate Valuation [J]. The Journal of Finance, 2002 (57): 1147-1170.

[339] La Porta, R., Lopez-de-Silanes, F., Shleifer, A. and Vishny, R. W.. Trust in Large Organizations [J]. The American Economic Review, 1997 (87): 333-338.

[340] La Porta, R., Lopez-de-Silanes, F., Shleifer, A., and Vishny, R. W.. Law and Finance [J]. Journal of Political Economy, 1998 (106): 1131-1155.

[341] La Porta, R., Lopez – de – Silanes, F., Shleifer, A., and Vishny, R. W.. The Quality of Government [J]. The Journal of Law, Economics, and Organization, 1999 (15): 222-279.

[342] La Porta, R., Lopez – de – Silanes, F., Shleifer, A., and Vishny, R. W.. Agency Problems and Dividend Policies around the World [J]. The Journal of Finance, 2000 (55): 1-33.

[343] Larcker, D. F., So, E. C., and Wang, C. C. Y.. Boardroom

Centrality and Firm Performance [J]. Journal of Accounting and Economics, 2013 (55): 225-250.

[344] Larrimore, L., Jiang, L., Larrimore, J., Markowitz, D., and Gorski, S.. Peer to Peer Lending: The Relationship between Language Features, Trustworthiness, and Persuasion Success [J]. Journal of Applied Communication Research, 2011 (39): 19-37.

[345] Laursen, K., Masciarelli, F., and Prencipe, A.. Regions Matter: How Localized Social Capital Affects Innovation and External Knowledge Acquisition [J]. Organization Science, 2012 (23): 177-193.

[346] Lawrence, T., Suddaby, R., and Leca, B.. Institutional Work: Refocusing Institutional Studies of Organization [J]. Journal of Management Inquiry, 2011 (20): 52-58.

[347] Le, N.T., and Nguyen, T.V.. The Impact of Networking on Bank Financing: The Case of Small and Medium-sized Enterprises in Vietnam [J]. Entrepreneurship Theory and Practice, 2009 (33): 867-887.

[348] Le, Q.V., and Zak, P.J.. Political Risk and Capital Flight [J]. Journal of International Money and Finance, 2006 (25): 308-329.

[349] Leary, M.T., and Roberts, M.R.. Do Peer Firms Affect Corporate Financial Policy? [J]. The Journal of Finance, 2014 (69): 139-178.

[350] Lederman, D., Loayza, N., and Menendez, A.M.. Violent Crime: Does Social Capital Matter? [J]. Economic Development and Cultural Change, 2002 (50): 509-539.

[351] Lee, R., Tuselmann, H., Jayawarna, D., and Rouse, J.. Effects of Structural, Relational and Cognitive Social Capital on Resource Acquisition: A Study of Entrepreneurs Residing in Multiply Deprived Areas [J]. Entrepreneurship and Regional Development, 2019 (31): 534-554.

[352] Lee, S.. Alliance Networks, Corporate Investment, and Firm Valuation [R]. SSRN Working Paper, 2016.

[353] Lehn, K., and Poulsen, A.. Contractual Resolution of Bond-holder-shareholder Conflicts in Leveraged Buy-outs. Journal of Law and Economics, 1991 (34): 645-674.

[354] Leland, H. E., and Pyle, D. H.. Informational Asymmetries, Financial Structure, and Financial Intermediation [J]. The Journal of Finance, 1977 (32): 371-387.

[355] Leland, H. E., and Toft, K. B.. Optimal Capital Structure, Endogenous Bankruptcy, and the Term Structure of Credit Spreads [J]. The Journal of Finance, 1996 (51): 987-1019.

[356] Levine, R.. Bank-Based or Market-Based Financial Systems: Which Is Better? [J]. Journal of Financial Intermediation, 2002 (11): 398-428.

[357] Li, G., and Zhang, C.. Counterparty Credit Risk and Derivatives Pricing [J]. Journal of Financial Economics, 2019 (134): 647-668.

[358] Li, X.. The Impacts of Product Market Competition on the Quantity and Quality of Voluntary Disclosures [J]. Review of Accounting Studies, 2010 (15): 663-711.

[359] Li, X., Tuna, I., and Vasvari, F.. Corporate Governance and Restrictions in Debt Contracts [R]. SSRN Working Paper, 2014.

[360] Li, X., Wang, S., and Wang, X.. Trust and IPO Underpricing [J]. Journal of Corporate Finance, 2019 (56): 224-248.

[361] Li, X. M., and Qiu, M.. The Joint Effects of Economic Policy Uncertainty and Firm Characteristics on Capital Structure: Evidence from US Firms [J]. Journal of International Money and Finance, 2021 (110): 102279.

[362] Liedong, T. A., Aghanya, D., and Rajwani, T.. Corporate Political Strategies in Weak Institutional Environments: A Break from Conventions [J]. Journal of Business Ethics, 2019 (161): 855-876.

[363] Lin, J. R., Wang, C. J., Chou, D. W., and Chueh, F. C..

Financial Constraint and the Choice between Leasing and Debt [J]. International Review of Economics and Finance, 2013 (27): 171-182.

[364] Lin, N.. Building a Network Theory of Social Capital [J]. Connections, 1999 (22): 28-51.

[365] Lin, N.. Social Capital: A Theory of Social Structure and Action [M]. Cambridge University Press, 2002.

[366] Lin, N., Cook, K. S., and Burt, R. S.. Social Capital: Theory and Research [M]. Transaction Publishers, 2001.

[367] Lin, S., Sawani, A., and Wang, C.. Managerial Stock Ownership, Debt Covenants, and the Cost of Debt [J]. Pacific-Basin Finance Journal, 2023 (77): 101917.

[368] Lin, T. C., and Pursiainen, V.. Fund What You Trust? Social Capital and Moral Hazard in Crowdfunding [C]. Financial Management Association Asia-Pacific Conference, Financial Management Association, 2018.

[369] Lins, K. V., Servaes, H., and Tamayo, A.. Social Capital, Trust, and Firm Performance: The Value of Corporate Social Responsibility during the Financial Crisis [J]. The Journal of Finance, 2017 (72): 1785-1824.

[370] Liu, J., and Zhong, R.. Political Uncertainty and a Firm's Credit Risk: Evidence from the International CDS Market [J]. Journal of Financial Stability, 2017 (30): 53-66.

[371] Liu, Y., and Jiraporn, P.. The Effect of CEO Power on Bond Ratings and Yields [J]. Journal of Empirical Finance, 2010 (17): 744-762.

[372] Lou, Y., and Otto, C. A.. Debt Heterogeneity and Covenants [J]. Management Science, 2020 (66): 70-92.

[373] Lubatkin, M. H., Lane, P. J., Collin, S. O., and Very, P.. Origins of Corporate Governance in the USA, Sweden and France

[J]. Organization Studies, 2005 (26): 867-888.

[374] Luhmann, N.. Trust and Power [M]. Chichester: Wiley, 1979.

[375] Ma, Z., Stice, D., and Williams C.. The Effect of Bank Monitoring on Public Bond Terms [J]. Journal of Financial Economics, 2019 (133): 379-396.

[376] Mählmann, T.. Is there a Relationship Benefit in Credit Ratings? [J]. Review of Finance, 2011 (15): 475-510.

[377] Malitz, I.. On Financial Contracting: The Determinants of Bond Covenants [J]. Financial Management, 1986 (02): 18-25.

[378] Mansi, S. A., Maxwell, W. F., and Miller, D. P.. Analyst Forecast Characteristics and the Cost of Debt [J]. Review of Accounting Studies, 2011 (16): 116-142.

[379] Mansi, S. A., Qi, Y., and Wald, J. K.. Bond Covenants, Bankruptcy Risk, and the Cost of Debt [J]. Journal of Corporate Finance, 2021 (66): 101799.

[380] Mattei, M. M., and Platikanova, P.. Enhancing Bank Transparency: Financial Reporting Quality, Fraudulent Peers and Social Capital [J]. Accounting and Finance, 2023 (63): 3419-3454.

[381] Mazar, N., Amir, O., and Ariely, D.. The Dishonesty of Honest People: A Theory of Self-concept Maintenance [J]. Journal of marketing research, 2008 (45): 633-644.

[382] Mertzanis, C.. Family Ties, Institutions and Financing Constraints in Developing Countries [J]. Journal of Banking and Finance, 2019 (108): 105650.

[383] Meyer, J. B.. Network Approach Versus Brain Drain: Lessons from the Diaspora [J]. International Migration, 2001 (39): 91-110.

[384] Meyer, J. W., and Rowan, B.. Institutionalized organizations: Formal Structure as Myth and Ceremony [J]. American Journal of Sociology,

1977（83）：340-363.

［385］ Michels, J.. Do Unverifiable Disclosures Matter? Evidence from Peer-to-Peer Lending ［J］. The Accounting Review, 2012（87）：1385-1413.

［386］ Mikkelson, W. H.. Convertible Calls and Security Returns ［J］. Journal of Financial Economics, 1981（09）：237-264.

［387］ Miller, D., and Reisel, N.. Do Country-level Investor Protections Affect Security-level Contract Design? Evidence from Foreign Bond Covenants ［J］. The Review of Financial Studies, 2012（25）：408-438.

［388］ Miller, D. P., and Puthenpurackal, J. J.. The Costs, Wealth Effects, and Determinants of International Capital Raising: Evidence from Public Yankee Bonds ［J］. Journal of Financial Intermediation, 2002（11）：455-485.

［389］ Miller, G., and Cantor, N.. Review of Human Inference: Strategies and Shortcomings of Social Judgment ［J］. Social Cognition, 1982（01）：83-93.

［390］ Mitchell, C. J.. The Concept and Use of Social Situations ［M］. Manchester: Manchester University Press, 1969.

［391］ Modigliani, F., and Miller, M. H.. The Cost of Capital, Corporation Finance and the Theory of Investment ［J］. American Economic Review, 1958（48）：261-297.

［392］ Monin, B., and Jordan, A. H.. The Dynamic Moral Self: A Social Psychological Perspective ［M］. In D. Narvaez, D., and Lapsley, D. K., （Eds.）, Personality, Identity, and Character: Explorations in Moral Psychology（341-354）, Cambridge University Press, 2009.

［393］ Morgan, R.. The Commitment-Trust Theory of Relationship Marketing ［J］. Journal of Marketing, 1994（02）：140-150.

［394］ Moran, P.. Structural Vs. Relational Embeddedness: Social Capital and Managerial Performance [J]. Strategic Management Journal, 2005 (26): 1129-1151.

[395] Mun, H., Mun, S., and Kim, H. J.. Social Capital and Stock Price Crash Risk: Evidence from US Terrorist Attacks [J]. Corporate Governance: An International Review, 2024 (32): 33-62.

[396] Myers, S. C.. Determinants of Corporate Borrowing [J]. Journal of Financial Economics, 1977 (05): 147-175.

[397] Myers, S. C.. The Capital Structure Puzzle [J]. The Journal of Finance, 1984 (39): 575-592.

[398] Myers, S. C., and Majluf, N. S.. Corporate Financing and Investment Decisions When Firms Have Information That Investors Do Not Have [J]. Journal of Financial Economics, 1984 (13): 187-221.

[399] Nagar, V., Schoenfeld, J., and Wellman, L.. The Effect of Economic Policy Uncertainty on Investor Information Asymmetry and Management Disclosures [J]. Journal of Accounting and Economics, 2019 (67): 36-57.

[400] Nahapiet, J., and Ghoshal, S.. Social Capital, Intellectual Capital, and the Organizational Advantage [J]. Academy of Management Review, 1998 (23): 242-266.

[401] Nahapiet, J., and Ghoshal, S.. Social Capital, Intellectual Capital, and the Organizational Advantage Knowledge and Social Capital [J]. Foundations and Applications, 2000 (23): 119-157.

[402] Nanda, D., and Wysocki, P.. The Relation between Trust and Accounting Quality [J]. Boston University 2011 (02): 691-703.

[403] Nash, C. R., Netter, J. M., and Poulsen, A. B.. Determinants of Contractual Relations between Shareholders and Bondholders: Investment Opportunities and Restrictive Covenants [J]. Journal of Corporate Finance, 2003 (09): 201-232.

[404] Newman, M.. Networks: An Introduction [M]. Oxford University

Press, 2010.

[405] Nguyen, N. , and Luu, N. T. H. . Determinants of Financing Pattern and Access to Formal-Informal Credit: The Case of Small and Medium Sized Enterprises in Viet Nam [J]. Journal of Management Research, 2013 (05): 240-259.

[406] Nguyen, T. D. K. , and Ramachandran, N. . Capital Structure in Small and Medium-Sized Enterprises: The Case of Vietnam [J]. ASEAN Economic Bulletin, 2006 (23): 192-211.

[407] Nguyen, T. V. , Weinstein, M. , and Meyer, A. D. . Development of Trust: A Study of Inter-firm Relationships in Vietnam [J]. Asia Pacific Journal of Management, 2005 (22): 211-235.

[408] Nikolaev, V. V. . Debt Covenants and Accounting Conservatism [J]. Journal of Accounting Research, 2010 (48): 137-175.

[409] Nini, G. , Smith, D. C. , and Sufi, A. . Creditor Control Rights, Corporate Governance, and Firm Value [J]. The Review of Financial Studies, 2012 (25): 1713-1761.

[410] North, D. C. . Institutions, Institutional Change and Economic Performance [M]. Cambridge University Press, 1990.

[411] North, D. C. . Economic Performance Through Time [J]. American Economic Review, 1994 (84): 359-368.

[412] Opsahl, T. , Agneessens, F. , and Skvoretz, J. . Node Centrality in Weighted Networks: Generalizing Degree and Shortest Paths [J]. Social Networks, 2010 (32): 245-251.

[413] Ortiz-Molina, H. . Top Management Incentives and the Pricing of Corporate Public Debt [J]. Journal of Financial and Quantitative Analysis, 2006 (41): 317-340.

[414] Panta, H. . Does Social Capital Influence Corporate Risk-Taking? [J]. Journal of Behavioral and Experimental Finance, 2020 (26): 100301.

[415] Park, C. K., Lee, C., and Jeon, J. Q.. Centrality and Corporate Governance Decisions of Korean Chaebols: A Social Network Approach [J]. Pacific-Basin Finance Journal, 2022 (62): 101390.

[416] Pástor, L., and Veronesi, P.. Uncertainty about Government Policy and Stock Prices [J]. The Journal of Finance, 2012 (67): 1219-1264.

[417] Pástor, L., and Veronesi, P.. Political Uncertainty and Risk Premia [J]. Journal of Financial Economics, 2013 (110): 520-545.

[418] Payne, G. T., Moore, C. B., Griffis, S. E., and Autry, C. W.. Multilevel Challenges and Opportunities in Social Capital Research [J]. Journal of Management, 2011 (37): 491-520.

[419] Peng, M. W., and Heath, P. S.. The Growth of the Firm in Planned Economies in Transition: Institutions, Organizations, and Strategic Choice [J]. Academy of Management Review, 1996 (21): 492-528.

[420] Peng, M. W., and Luo, Y. D.. Managerial Ties and Firm Performance in a Transition Economy: The Nature of a Micro - macro Link [J]. Academy of Management Journal, 2000 (43): 486-501.

[421] Peng, M. W., Lu, Y., Shenkar, O., and Wang, D. Y. L.. Treasures in the China House: A Review of Management and Organizational Research on Greater China [J]. Journal of Business Research, 2001 (52): 95-110.

[422] Pérez, F., Fernandez de Guevara, J., Serrano, L., and Montesinos, V.. Measurement of Social Capital and Growth: An Economic Methodology [R]. University Library of Munich, 2006.

[423] Pessarossi, P., and Weill, L.. Choice of Corporate Debt in China: The role of State Ownership [J]. China Economic Review, 2013 (26): 1-16.

[424] Petersen, M. A., and Rajan, R. G.. The Benefits of Lending Re-

lationships: Evidence from Small Business Data [J]. The Journal of Finance, 1994 (49): 3-37.

[425] Pevzner, M., Xie, F., and Xin, X.. When Firms Talk, Do Investors Listen? The Role of Trust in Stock Market Reactions to Corporate Earnings Announcements [J]. Journal of Financial Economics, 2015 (117): 190-223.

[426] Pfeffer, J., and Salancik, G.. The External Control of Organizations: A Resource Dependence Perspective [M]. New York: Harper and Row Publishers, 1978.

[427] Pham, A. V.. Political Risk and Cost of Equity: The Mediating Role of Political Connections [J]. Journal of Corporate Finance, 2019 (56): 64-87.

[428] Pham, T., and Talavera, O.. Discrimination, Social Capital, and Financial Constraints: The Case of Vietnam [J]. World Development, 2018 (102): 228-242.

[429] Phan, H. V., Nguyen, N. H., Nguyen, H. T, and Hegde, S.. Policy Uncertainty and Firm Cash Holdings [J]. Journal of Business Research, 2019 (95): 71-82.

[430] Piotroski J D, Wong T J. Institutions and Information Environment of Chinese Listed Firms [M]. Capitalizing China. University of Chicago Press, 2012 (02): 201-242.

[431] Poder, T. G.. What Is Really Social Capital? A Critical Review [J]. The American Sociologist, 2011 (42): 341-367.

[432] Podolny, J. M., and Page, K. L.. Network Forms of Organization [J]. Annual Review of Sociology, 1998 (24): 57-76.

[433] Podolny, J. M., and Phillips, D. J.. The Dynamics of Organizational Status [J]. Industrial and Corporate Change, 1996 (05): 453-471.

[434] Portes, A.. Economic Sociology of Immigration: Essays on Net-

works, Ethnicity, and Entrepreneurship [M]. Russell Sage Foundation, New York, 1995.

[435] Portes, A.. Social Capital: Its Origins and Applications in Modern Sociology [J]. Annual Review of Sociology, 1998 (24): 1-24.

[436] Posner, E.. Law and Social Norms [M]. Harvard University Press, 2000.

[437] Pratono, A. H.. From Social Network to Firm Performance: The Mediating Effect of Trust, Selling Capability and Pricing Capability [J]. Management Research Review, 2018 (41): 680-700.

[438] Putnam, R. D.. Making Democracy Work Civil Traditions in Modern Italy [M]. Princeton University Press, 1993.

[439] Putnam, R. D.. Bowling Alone: America's Declining Social Capital [J]. Journal of Democracy, 1995 (06): 65-78.

[440] Putnam, R. D.. Bowling Alone: The Collapse and Revival of American Community [M]. Simon and Schuster, New York, 2000.

[441] Putnam, R. D.. Social Capital: Measurement and Consequences [J]. Canadian Journal of Policy Research, 2001 (02): 41-51.

[442] Putnam, R. D.. E Pluribus Unum: Diversity and Community in the Twenty-First Century the 2006 Johan Skytte Prize Lecture [J]. Scandinavian Political Studies, 2007 (30): 137-174.

[443] Qi, Y., and Wald, J. L.. State Laws and Debt Covenants [J]. Journal of Law and Economics, 2008 (51): 179-207.

[444] Qi, Y., Roth, L., and Wald, J. K.. How Legal Environments Affect the Use of Bond Covenants [J]. Journal of International Business Studies, 2011 (42): 235-262.

[445] Qiu X. M, Su Z. Q., and Xiao Z. P.. Do Social Ties Matter for Corporate Bond Yield Spreads? Evidence from China [J]. Corporate Governance: An International Review, 2019 (27): 427-457.

［446］Rajan, R. G. , and Zingales, L. . What Do We Know About Capital Structure? Some Evidence from International Data ［J］. The Journal of Finance, 1995（50）: 1421-1460.

［447］Rauch, J. E. , and Casella, A. . Overcoming Informational Barriers to International Resource Allocation: Prices and Ties ［J］. The Economic Journal, 2003（113）: 21-42.

［448］Reboredo, J. C. , and Naifar, N. . Do Islamic Bond（Sukuk）Prices Reflect Financial and Policy Uncertainty? A Quantile Regression Approach ［J］. Emerging Markets Finance and Trade, 2017（53）: 1535-1546.

［449］Reisel, N. . On the Value of Restrictive Covenants: Empirical Investigation of Public Bond Issues ［J］. Journal of Corporate Finance, 2014（27）: 251-268.

［450］Roberts, M. R. , and Sufi, A. . Control Rights and Capital Structure: An Empirical Investigation ［J］. The Journal of Finance, 2009（64）: 1657-1695.

［451］Roberts, P. W. , and Dowling, G. R. . Corporate Reputation and Sustained Superior Financial Performance ［J］. Strategic management journal, 2002（23）: 1077-1093.

［452］Rogers, E. M. , and Kincaid, D. L. . Communication Networks: Toward a New Paradigm for Research ［M］. New York: Free Press, 1981.

［453］Solow, R. M. . Notes on Social Capital and Economic Performance ［M］. In Social Capital: A Multifaceted Perspective, edited by Dasgupta, P. , and Serageldin, I. , Washington, DC: World Bank, 1999.

［454］Ross, S. A. . The Determination of Financial Structure: The Incentive-Signalling Approach ［J］. The Bell Journal of Economics, 1977（08）: 23-40.

［455］Rousseau, D. M. , Sitkin, S. B. , Burt, R. S. , and Camerer, C. . Not So Different after All: A Cross-Discipline View of Trust ［J］. Academy of Management Review, 1998 (23): 393-404.

[456] Rumelt, R. P.. Theory, Strategy, and Entrepreneurship [M]. The Competitive Challenge, Edited by D. Teece, Ballinger, Cambridge, 1987 (02): 137-158.

[457] Rupasingha, A., Goetz, S. J., and Freshwater, D.. The Production of Social Capital in US Counties [J]. Journal of Socio-Economics, 2006 (35): 83-101.

[458] Rupasingha, A., Goetz, S. J., and Freshwater, D.. US County-level Social Capital Data, 1990-2005 [R]. The Northeast Regional Center for Rural Development, Penn State University, 2008.

[459] Sabatini F.. The Empirics of Social Capital and Economic Development: A Critical Perspective [M]. Social Capital, Lifelong Learning and the Management of Place, Routledge, 2007 (02): 92-110.

[460] Sánchez-Ballesta, J. P., and Yagüe, J.. Financial Reporting Incentives, Earnings Management, and Tax Avoidance in Smes [J]. Journal of Business Finance and Accounting, 2021 (48): 1404-1433.

[461] Santarelli, E., and Tran, H. T.. The Interplay of Human and Social Capital in Shaping Entrepreneurial Performance: The Case of Vietnam [J]. Small Business Economics, 2013 (40): 435-458.

[462] Santikian, L.. The Ties That Bind: Bank Relationships and Small Business Lending [J]. Journal of Financial Intermediation, 2014 (23): 177-213.

[463] Sargut, F. Z., and Romeijn, H. E.. Capacitated Production and Subcontracting in a Serial Supply Chain [J]. IIE Transactions, 2007 (39): 1031-1043.

[464] Schneider, J. A.. Social Capital and Welfare Reform Organizations, Congregations, and Communities [M]. Columbia University Press, 2006.

[465] Scott, W. R.. Institutions and Organizations: Ideas, Interests,

and Identities [M]. Sage Publications, 2013.

[466] Scrivens, K., and Smith, C.. Four Interpretations of Social Capital: An Agenda for Measurement [R]. OECD Statistics Working Papers, 2013.

[467] Shane, S., and Cable, D.. Network Ties, Reputation, and the Financing of New Ventures [J]. Management Science, 2002 (48): 364-381.

[468] Shen, C. H., and Lin, C. Y.. Political Connections, Financial Constraints, and Corporate Investment [J]. Review of Quantitative Finance and Accounting, 2016 (47): 343-368.

[469] Shen, C. H., and Wang, C. A.. Does Bank Relationship Matter for a Firm's Investment and Financial Constraints? The Case of Taiwan [J]. Pacific-Basin Finance Journal, 2005 (13): 163-184.

[470] Shleifer, A., and Vishny, R. W.. Large Shareholders and Corporate Control [J]. Journal of Political Economy, 1986 (94): 461-488.

[471] Shleifer, A., and Vishny, R. W.. Liquidation Values and Debt Capacity: A Market Equilibrium Approach [J]. The Journal of Finance, 1992 (47): 1343-1366.

[472] Shleifer, A., and Vishny, R. W.. A Survey of Corporate Governance [J]. The Journal of Finance, 1997 (52): 737-783.

[473] Singh, P., and Schonlau, R.. Board Networks and Merger Performance [R]. SSRN Working Paper, 2009.

[474] Skousen, C. J., Song, X. J., and Sun, L.. CEO Network Centrality and Bond Ratings [J]. Advances in Accounting, 2018 (40): 42-60.

[475] Smith C. W. A Perspective on Accounting-Based Debt Covenant Violations [J]. The Accounting Review, 1993 (68): 289-303.

[476] Smith, C. W., and Warner, J. B.. On Financial Contracting: An Analysis of Bond Covenants [J]. Journal of Financial Economics, 1979 (07): 117-161.

[477] Smith, R. C., and Walter, I.. Rating Agencies: Is There an A-gency Issue? [M]. In Ratings, Rating Agencies and the Global Financial System, Boston, MA: Springer US, 2002.

[478] Spagnolo, G.. Social Relations and Cooperation in Organizations [J]. Journal of Economic Behavior and Organizations, 1999 (38): 1-25.

[479] Spence, A. M.. Time and Communication in Economic and Social Interaction [J]. The Quarterly Journal of Economics, 1973 (87): 651-660.

[480] Stafsudd, A.. Corporate Networks as Informal Governance Mechanisms: A Small Worlds Approach to Sweden [J]. Corporate Governance: An International Review, 2009 (17): 62-76.

[481] Stephan, A., Tsapin, A., and Talavera, O.. Main Bank Power, Switching Costs, and Firm Performance: Theory and Evidence from U-kraine [J]. Emerging Markets Finance and Trade, 2012 (48): 76-93.

[482] Stiglitz, J. E. On the Irrelevance of Corporate Financial Policy [J]. The American Review, 1974 (64): 851-866.

[483] Stiglitz, J. E.. The Theory of "Screening" Education, and the Distribution of Income [J]. The American Economic Review, 1975 (65): 283-300.

[484] Stiglitz, J. E., and Weiss, A.. Credit Rationing in Markets with Imperfect Information [J]. American Economic Review, 1981 (71): 393-410.

[485] Stulz, R., and Johnson, H.. An Analysis of Secured Debt [J]. Journal of Financial Economics, 1985 (14): 501-521.

[486] Stulz, R.. Managerial Control of Voting Rights: Financing Policies and the Market for Corporate Control [J]. Journal of Financial Economics, 1988 (20): 25-54.

[487] Stulz, R.. Managerial Discretion and Optimal Financing Policies [J]. Journal of Financial Economics, 1990 (26): 3-27.

[488] Tabash, M. I. , Farooq, U. , Ashfaq, K. , and Tiwari, A. K. . Economic Policy Uncertainty and Financing Structure: A New Panel Data Evidence from Selected Asian Economies [J]. Research in International Business and Finance, 2022 (60): 101574.

[489] Talavera, O. , Xiong, L. , and Xiong, X. . Social Capital and Access to Bank Financing: The Case of Chinese Entrepreneurs [J]. Emerging Markets Finance and Trade, 2012 (48): 55-69.

[490] Tanaka, T. . How Do Managerial Incentives Affect the Maturity Structure of Corporate Public Debt? [J]. Pacific – Basin Finance Journal, 2016 (40): 130-146.

[491] Tirole, J. . The Theory of Corporate Finance [J]. Economic Journal, 2006 (116): 499-507.

[492] Toscano, F. . Does the Dodd-Frank Act Reduce the Conflict of Interests of Credit Rating Agencies? [J]. Journal of Corporate Finance, 2020 (62): 101595.

[493] Tsai, W. , and Ghoshal, S. . Social Capital and Value Creation: The Role of Intrafirm Networks [J]. The Academy of Management Journal, 1998 (41): 464-476.

[494] Tullberg, J. . Trust-the Importance of Trustfulness Versus Trustworthiness [J]. The Journal of Socio-Economics, 2008 (37): 2059-2071.

[495] Tuomela, R. , and Tuomela, M. . Cooperation and Trust in Group Context [J]. Mind & Society, 2005 (04): 49-84.

[496] Uhlaner, C. J. . "Relational Goods" and Participation: Incorporating Sociability into a Theory of Rational Action [J]. Public Choice, 1989 (62): 253-285.

[497] Uphoff, N. . Understanding Social Capital: Learning from the Analysis and Experience of Participation [R]. Washington, DC: World Bank, 1999.

[498] Uzzi, B. . The Sources and Consequences of Embeddedness for the

Economic Performance of Organizations: The Network Effect [J]. American Sociological Review, 1996 (61): 674-698.

[499] Uzzi, B.. Social Structure and Competition in Interfirm Networks: The Paradox of Embeddedness [J]. Administrative Science Quarterly, 1997 (42): 35-67.

[500] Uzzi, B.. Embeddedness in the Making of Financial Capital: How Social Relations and Networks Benefit Firms Seeking Financing [J]. American Sociological Review, 1999 (64): 481-505.

[501] Van Bastelaer, T.. Imperfect Information, Social Capital and the Poor's Access to Credit [R]. IRIS Center Working Paper, 2001.

[502] Van Den Hooff, B., and Huysman, M.. Managing Knowledge Sharing: Emergent and Engineering Approaches [J]. Information & Management, 2009 (46): 1-8.

[503] Van Der Gaag, M., and Snijders, T. A.. A Comparison of Measures for Individual Social Capital [C] //conference "Creation and returns of Social Capital", 2003 (02): 30-31.

[504] Waldinger, R.. The 'Other Side' of Embedded Ness: A Case-Study of the Interplay of Economy and Ethnicity [J]. Ethnic and Racial Studies, 1995 (18): 555-580.

[505] Wasserman, S., and Galaskiewicz, J.. Introduction: Advances in the Social and Behavioural Sciences from Social Network Analysis [M]. Advances in Social Network Analysis: Research in the Social and Behavioural Sciences. Thousand Oaks: Sage Publications, 1994 (02): 1-7.

[506] Whitley, R.. The Institutional Structuring of Innovation Strategies: Business Systems, Firm Types and Patterns of Technical Change in Different Market Economies [J]. Organization Studies, 2000 (21): 855-886.

[507] Williamson, O. E.. Corporate Finance and Corporate Governance [J]. The Journal of Finance, 1988 (43): 567-591.

[508] Woolcock, M., and Narayan, D.. Social Capital: Implications for Development Theory, Research, and Policy [J]. The World Bank Research Observer, 2000 (15): 225-249.

[509] Woolcock, M.. Social Capital and Economic Development: Toward a Theoretical Synthesis and Policy Framework [J]. Theory and Society, 1998 (27): 151-208.

[510] Woolcock, M.. The Place of Social Capital in Understanding Social and Economic Outcomes [J]. Canadian Journal of Policy Research, 2001 (02): 11-17.

[511] Woolcock, M.. The Rise and Routinization of Social Capital, 1988-2008 [J]. Annual Review of Political Science, 2010 (13): 469-487.

[512] Wu, W.. Dimensions of Social Capital and Firm Competitiveness Improvement: The Mediating Role of Information Sharing [J]. Journal of Management Studies, 2008 (45): 122-146.

[513] Wu, W., Firth, M., and Rui, O. M.. Trust and the Provision of Trade Credit [J]. Journal of Banking and Finance, 2014 (39): 146-159.

[514] Yamagishi, T., Kanazawa, S., Mashima, R., and Terai, S.. Separating Trust from Cooperation in a Dynamic Relationship-Prisoner's Dilemma with Variable Dependence [J]. Rationality and Society, 2005 (17): 275-308.

[515] Yang, J. Y.. Policy Uncertainty and Substitution between External Financing and Internal Funds: International Evidence [J]. Research in International Business and Finance, 2023 (66): 102083.

[516] Yang, S. C., and Farn, C. K.. Social Capital, Behavioural Control, and Tacit Knowledge Sharing a Multi-Informant Design [J]. International Journal of Information Management, 2009 (29): 210-218.

[517] Yen, J. F., Chen, Y. S., Lin, C. Y., and Tsai, C. H.. Can Political and Business Connections Alleviate Financial Constraints? [J]. Ap-

plied Economics Letters, 2014 (21): 550-555.

[518] Yermack, D.. Good Timing: Ceo Stock Option Awards and Company News Announcements [J]. The Journal of Finance, 1997 (52): 449-476.

[519] Yeung, I. Y. M., and Tung, R. L.. Achieving Business Success in Confucian Societies: The Importance of Guanxi (Connections) [J]. Organizational Dynamics, 1996 (25): 54-65.

[520] Yli-Renko, H., Autio, E., and Sapienza, H. J.. Social Capital, Knowledge Acquisition, and Knowledge Exploitation in Young Technology-Based Firms [J]. Strategic management journal, 2001 (22): 587-613.

[521] Zaheer, A., McEvily, B., and Perrone, V.. Does Trust Matter? Exploring the Effects of Interorganizational and Interpersonal Trust on Performance [J]. Organization Science, 1998 (09): 141-159.

[522] Zak, P. J., and Knack, S.. Trust and Growth [J]. The Economic Journal, 2001 (111): 295-321.

[523] Zhang, G., Han, J., Pan, Z., and Huang, H.. Economic Policy Uncertainty and Capital Structure Choice: Evidence from China [J]. Economic Systems, 2015 (39): 439-457.

[524] Zhang, J.. Party Man, Company Man: Is China's State Capitalism Doomed? [M]. Hong Kong: Enrich Professional Publishing, 2014.

[525] Zhang, X., and Zhou, X.. Bond Covenants and Institutional Blockholding [J]. Journal of Banking and Finance, 2018 (96): 136-152.

[526] Ziebart, D. A., and Reiter, S. A.. Bond Ratings, Bond Yields and Financial Information [J]. Contemporary Accounting Research, 1992 (09): 252-282.

[527] 敖小波, 林晚发, 李晓慧. 内部控制质量与债券信用评级 [J]. 审计研究, 2017 (02): 57-64.

[528] 边燕杰, 丘海雄. 企业的社会资本及其功效 [J]. 中国社会科学, 2000 (02): 87-99+207.

[529] 蔡宁，何星．社会网络能够促进风险投资的"增值"作用吗？——基于风险投资网络与上市公司投资效率的研究 [J]．金融研究，2015（12）：178-193.

[530] 陈超，李镕伊．债券融资成本与债券契约条款设计 [J]．金融研究，2014（01）：44-57.

[531] 陈德球，孙颖，王丹．关系网络嵌入、联合创业投资与企业创新效率 [J]．经济研究，2021（11）：67-83.

[532] 陈见南，张智博．数据透视资产重组：四大趋势已现 三大特征明显 [N]．证券时报，2023-11-10.

[533] 陈运森，谢德仁．网络位置、独立董事治理与投资效率 [J]．管理世界，2011（07）：113-127.

[534] 陈智，陈学广，邓路．内部控制质量影响公司债券契约条款吗 [J]．会计研究，2023（06）：150-166.

[535] 戴亦一，张俊生，曾亚敏，潘越．社会资本与企业债务融资 [J]．中国工业经济，2009（08）：99-108.

[536] 邓建平，曾勇．金融生态环境、银行关联与债务融资——基于我国民营企业的实证研究 [J]．会计研究，2011（12）：33-40+96-97.

[537] 方红星，施继坤，张广宝．产权性质、信息质量与公司债定价——来自中国资本市场的经验证据 [J]．金融研究，2013（04）：170-182.

[538] 费孝通．乡土中国 [M]．北京：北京大学出版社，1947.

[539] 高昊宇，温慧愉．生态法治对债券融资成本的影响——基于我国环保法庭设立的准自然实验 [J]．金融研究，2021（12）：133-151.

[540] 高强，邹恒甫．企业债与公司债二级市场定价比较研究 [J]．金融研究，2015（01）：84-100.

[541] 高宇，高山行．本土企业技术跨越的路径跃迁阈值研究——基于专利竞赛理论的视角 [J]．科学学研究，2010（08）：1240-1247+1265.

［542］郭超．债券市场信用风险传染模型研究［J］．投资研究，2016（06）：120-129.

［543］郭瑾，王存峰，刘志远，彭涛．债券契约条款对企业风险承担的治理机制研究：约束效应还是威慑效应［J］．南开管理评论，2022（05）：148-158+169+159-160.

［544］黄小琳，朱松，陈关亭．债券违约对涉事信用评级机构的影响——基于中国信用债市场违约事件的分析［J］．金融研究，2017（03）：130-144.

［545］颉茂华，王娇，刘铁鑫，施诺．反腐倡廉、政治关联与企业并购重组行为［J］．经济学（季刊），2021（03）：979-998.

［546］李善民，黄灿，史欣向．信息优势对企业并购的影响——基于社会网络的视角［J］．中国工业经济，2015（11）：141-155.

［547］李思龙，韩阳阳，仝菲菲．金融生态环境与债券违约风险——基于产业债和城投债的双重视角［J］．南开经济研究，2022（07）：61-80.

［548］梁上坤，张媛，王瑞华．债券契约条款设置与企业投资行为——基于金融资产视角的考察［J］．南开经济研究，2023（05）：151-167.

［549］廖理，李梦云，王正位．借款人社会资本会降低其贷款违约概率吗——来自现金贷市场的证据［J］．中国工业经济，2020（10）：5-23.

［550］林晚发，刘岩，赵仲匡．债券评级包装与"担保正溢价"之谜［J］．经济研究，2022（02）：192-208.

［551］林晚发，刘颖斐，赵仲匡．承销商评级与债券信用利差——来自《证券公司分类监管规定》的经验证据［J］．中国工业经济，2019（01）：174-192.

［552］林晚发，钟辉勇，李青原．高管任职经历的得与失？——来自债券市场的经验证据［J］．金融研究，2018（06）：171-188.

［553］林语堂．人间世［M］．上海：良友图书印刷有限公司，1934.

［554］刘辰嫣，肖作平．事件类限制性条款与债券信用利差——基于公司债市场的经验研究［J］．会计研究，2022（09）：140-151.

［555］刘健，刘春林．不确定性下关联股东网络的并购经验与并购绩效研究［J］．南开管理评论，2016（03）：4-17.

［556］刘晓蕾，刘俏，李劢，朱妮．债券违约的区域性影响——信息效应与逃离效应分析［J］．金融研究，2023（08）：74-93.

［557］卢洪友，卢盛峰，陈思霞．关系资本、制度环境与财政转移支付有效性——来自中国地市一级的经验证据［J］．管理世界，2011（07）：9-19+187.

［558］罗党论，甄丽明．民营控制、政治关系与企业融资约束——基于中国民营上市公司的经验证据［J］．金融研究，2008（12）：164-178.

［559］毛新述，周小伟．政治关联与公开债务融资［J］．会计研究，2015（06）：26-33+96.

［560］潘越，戴亦一，吴超鹏，刘建亮．社会资本、政治关系与公司投资决策［J］．经济研究，2009（11）：82-94.

［561］彭叠峰，程晓园．刚性兑付被打破是否影响公司债的发行定价？——基于"11超日债"违约事件的实证研究［J］．管理评论，2018（12）：3-12.

［562］祁斌，查向阳．直接融资和间接融资的国际比较［J］．新金融评论，2013（06）：102-117.

［563］饶品贵，徐子慧．经济政策不确定性影响了企业高管变更吗？［J］．管理世界，2017（01）：145-157.

［564］盛丹，王永进．"企业间关系"是否会缓解企业的融资约束［J］．世界经济，2014（10）：104-122.

［565］史金艳，杨健亨，李延喜，张启望．牵一发而动全身：供应网络位置、经营风险与公司绩效［J］．中国工业经济，2019（09）：

136-154.

[566] 史永东，宋明勇，李凤羽，甄红线．控股股东股权质押与企业债权人利益保护——来自中国债券市场的证据 [J]．经济研究，2021（08）：109-126.

[567] 史永东，田渊博，马雪．契约条款、债务融资与企业成长——基于中国公司债的经验研究 [J]．会计研究，2017（09）：41-47+96.

[568] 史永东，田渊博．契约条款影响债券价格吗？——基于中国公司债市场的经验研究 [J]．金融研究，2016（08）：143-158.

[569] 史永东，王三法，齐燕山．契约条款能够降低债券发行利率吗？——基于中国上市公司债券的实证研究 [J]．证券市场导报，2018（02）：49-58.

[570] 万良勇，郑小玲．董事网络的结构洞特征与公司并购 [J]．会计研究，2014（05）：67-72+95.

[571] 王安兴，解文增，余文龙．中国公司债利差的构成及影响因素实证分析 [J]．管理科学学报，2012（05）：32-41.

[572] 王博森，施丹．市场特征下会计信息对债券定价的作用研究 [J]．会计研究，2014（04）：19-26+95.

[573] 王雷，李晓腾，张自力，等．失信风险传染会影响债券定价吗？——基于担保网络大数据的实证研究 [J]．金融研究，2022（07）：171-189.

[574] 王彤彤，史永东．机构投资者持股影响公司债券限制性条款设计吗 [J]．会计研究，2021（08）：124-136.

[575] 王雄元，高开娟．客户集中度与公司债二级市场信用利差 [J]．金融研究，2017a（01）：130-144.

[576] 王雄元，高开娟．如虎添翼抑或燕巢危幕：承销商、大客户与公司债发行定价 [J]．管理世界，2017b（09）：42-59+187-188.

[577] 王叙果，沈红波，钟霖佳．政府隐性担保、债券违约与国企

信用债利差 [J]. 财贸经济, 2019 (12): 65-78.

[578] 王营, 曹廷求. 董事网络增进企业债务融资的作用机理研究 [J]. 金融研究, 2014 (07): 189-206.

[579] 王永钦, 薛笑阳. 法治建设与金融高质量发展——来自中国债券市场的证据 [J]. 经济研究, 2022 (10): 173-190.

[580] 王正位, 王新程. 信任与捐赠: 社会网络在捐赠型众筹中的认证作用 [J]. 管理世界, 2021 (03): 34-50+4-7.

[581] 吴超鹏, 金溪. 社会资本、企业创新与会计绩效 [J]. 会计研究, 2020 (04): 45-57.

[582] 夏卓秀, 邓路. 产品市场竞争与公司债券契约条款 [J]. 经济学报, 2023, 10 (02): 28-61.

[583] 肖作平, 廖理. 大股东、债权人保护和公司债务期限结构选择——来自中国上市公司的经验证据 [J]. 管理世界, 2007 (10): 99-113.

[584] 肖作平, 刘辰嫣. 两权分离、金融发展与公司债券限制性条款——来自中国上市公司的经验证据 [J]. 证券市场导报, 2018 (12): 48-60.

[585] 徐思, 潘昕彤, 林晚发. "一带一路"倡议与公司债信用利差 [J]. 金融研究, 2022 (02): 135-152.

[586] 许浩然, 荆新. 社会关系网络与公司债务违约——基于中国A股上市公司的经验证据 [J]. 财贸经济, 2016 (09): 36-52.

[587] 杨国超, 蒋安璇. 债券投资者的"保护盾"还是债务违约的"多米诺"——对债券交叉违约制度的分析 [J]. 中国工业经济, 2022 (05): 140-158.

[588] 杨国超, 刘琪. 中国债券市场信用评级制度有效性研究 [J]. 经济研究, 2022 (10): 191-208.

[589] 叶飞, 徐学军. 供应链伙伴关系间信任与关系承诺对信息共享与运营绩效的影响 [J]. 系统工程理论与实践, 2009 (08): 36-49.

［590］尹志超，钱龙，吴雨．银企关系、银行业竞争与中小企业借贷成本［J］．金融研究，2015（01）：134-149.

［591］尹筑嘉，曾浩，毛晨旭．董事网络缓解融资约束的机制：信息效应与治理效应［J］．财贸经济，2018（11）：112-127.

［592］游家兴，刘淳．嵌入性视角下的企业家社会资本与权益资本成本——来自我国民营上市公司的经验证据［J］．中国工业经济，2011（06）：109-119.

［593］游家兴，邹雨菲．社会资本、多元化战略与公司业绩——基于企业家嵌入性网络的分析视角［J］．南开管理评论，2014（05）：91-101.

［594］于蔚，汪淼军，金祥荣．政治关联和融资约束：信息效应与资源效应［J］．经济研究，2012（09）：125-139.

［595］余明桂，潘红波．政府干预、法治、金融发展与国有企业银行贷款［J］．金融研究，2008（09）：1-22.

［596］张春强，鲍群，盛明泉．公司债券违约的信用风险传染效应研究——来自同行业公司发债定价的经验证据［J］．经济管理，2019（01）：174-190.

［597］张敦力，李四海．社会信任、政治关系与民营企业银行贷款［J］．会计研究，2012（08）：17-24+96.

［598］张敏，童丽静，许浩然．社会网络与企业风险承担——基于我国上市公司的经验证据［J］．管理世界，2015（11）：161-175.

［599］甄红线，李佳．法治建设与债券信用利差——基于新《证券法》审议通过的准自然实验研究［J］．证券市场导报，2024（01）：53-63.

［600］甄红线，王三法，王晓洪．公司债特殊条款、债券评级与会计稳健性［J］．会计研究，2019（10）：42-49.

［601］郑曼妮，黎文靖，柳建华．利率市场化与过度负债企业降杠杆：资本结构动态调整视角［J］．世界经济，2018（08）：149-170.

[602] 周宏，周畅，林晚发，李国平. 公司治理与企业债券信用利差——基于中国公司债券 2008—2016 年的经验证据 [J]. 会计研究，2018（05）：59-66.

[603] 朱松. 债券市场参与者关注会计信息质量吗 [J]. 南开管理评论，2013（03）：16-25.

[604] 朱秀梅，费宇鹏. 关系特征、资源获取与初创企业绩效关系实证研究 [J]. 南开管理评论，2010（03）：125-135.